L'ŒIL NATURE

LES CHATS

DAVID ALDERTON

Photographies de
MARC HENRIE

BORDAS

A Dorling Kindersley Book

Édition originale
Eyewitness Handbook - Cats

Édition française
Traduction et adaptation :
Pierre-René Audras et Andrew Mack
Révision, préparation et corrections :
Trudi Strub
Fabrication : Fabienne Rousseau
Responsable d'édition : Jean Arbeille

Composition et mise en pages
Nord Compo, Villeneuve-d'Ascq

ISBN : 2-04-019957-8
Dépot légal : septembre 1993
Achevé d'imprimer à Singapour
sur les presses de Kyodo Printing Co.

TABLE DES MATIÈRES

INTRODUCTION

On commença à domestiquer le chat au Moyen-Orient il y a probablement quelque 9 000 ans. Au fil des siècles, le chat domestique a connu des relations mitigées avec l'homme : idolâtré en Égypte ancienne, il fut largement condamné et persécuté comme suppôt du diable dans l'Europe du Moyen Âge. Plus tard, le chat devait regagner progressivement l'estime du public, grâce, entre autres, à son adresse dans la chasse des rongeurs, aussi bien dans les foyers domestiques qu'à bord des navires.

BASTET
Le centre d'adoration du chat en Égypte fut Bubastis, site du temple de la déesse Bastet, illustrée ici sous forme de femme à tête de chat.

AU DÉBUT DU XIXe siècle, le chat était devenu en Grande-Bretagne un compagnon familier, mais ce ne fut que dans la seconde moitié du siècle que l'on se mit sérieusement à élever des chats pour les présenter au grand public. Les expositions félines provoquèrent un véritable engouement au point de devenir des événements mondains. En créant la première exposition féline importante, le 13 juillet 1871 à Londres, un homme, surtout, Harrison Weir, s'est posé en précurseur – pour ne pas dire en parrain – de toutes les activités qui touchent à la vie féline.

L'intérêt dont bénéficiait, enfin, le chat se manifesta rapidement au-delà du Royaume-Uni. Il se répandit en France, en Europe et même plus loin puisque en 1895 eut lieu la première exposition américaine qui, toutes races confondues, se tint à New York.

HARRISON WEIR
Premier président du National Cat Club, organisateur de la première exposition féline, et célèbre dessinateur de chats.

PREMIÈRE EXPOSITION FÉLINE AU CRYSTAL PALACE
La première exposition féline importante eut lieu au Crystal Palace à Londres en juillet 1871. Organisée par Harrison Weir, elle montra principalement des British Shorthair et des persans.

L'intérêt suscité par les différentes races a varié depuis ces premiers jours, en fonction de la mode du moment. Aujourd'hui, le nombre de races et de variétés de couleurs déjà établies ne cesse de croître, avec d'autres encore en cours de développement. On dirait même que certains éleveurs sont prêts à voir changer radicalement le chat domestique. Par exemple le Munchkin, que l'on développe actuellement aux États-Unis, possède des pattes très raccourcies, ce qui pourrait provoquer des problèmes d'arthrite. C'est justement dans de tels cas que les associations félines se doivent de rester vigilantes afin d'assurer que l'élevage sélectif ne nuise pas à la santé des chats.

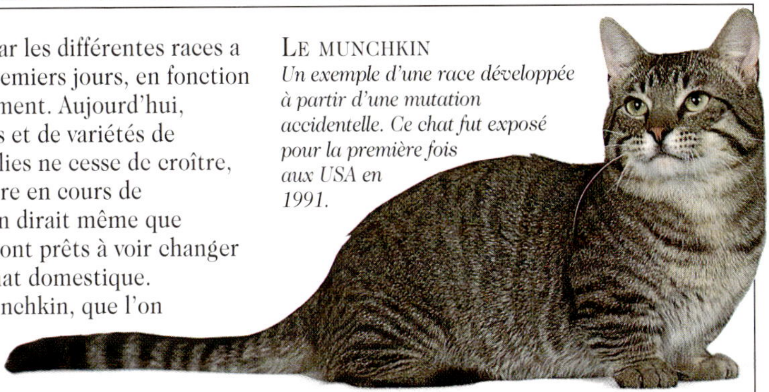

LE MUNCHKIN
Un exemple d'une race développée à partir d'une mutation accidentelle. Ce chat fut exposé pour la première fois aux USA en 1991.

LE RÔLE DES ASSOCIATIONS FÉLINES

Elles sont responsables de la reconnaissance des races et déterminent les échelles de points lors des expositions. Le standard pour chaque race décrit le chat idéal, son type, sa coloration et ses marques. La reconnaissance des races change d'une association à l'autre et de pays en pays. De nouvelles variétés sont ajoutées au fur et à mesure qu'elles deviennent plus populaires et qu'elles sont acceptées et reconnues.

DESSINATEUR FÉLIN
Louis Wain, autre président du NCC, était connu pour ses dessins humoristiques de chats.

LE BUT DE CE LIVRE

Ce livre a comme premier but d'être un guide d'identification des chats. La collaboration d'un grand nombre d'éleveurs de marque nous a permis de donner d'aussi bons exemples de type que possible.

Cependant, compte tenu du nombre d'organisations d'enregistrement et des différents standards pour chaque race, des flottements sont inévitables. Nous nous référons en premier lieu aux standards établis par le Governing Council of the Cat Fancy (GCCF), ainsi qu'à ceux de la Cat Association (CA) de Grande-Bretagne, sans oublier les organisations d'enregistrement d'Amérique du Nord et d'Europe.

LES CHAMPIONS D'EXPOSITION
Être nommé champion dans une exposition féline confère un statut et une valeur au chat concerné. Les milliers d'expositions qui ont lieu tous les ans partout dans le monde, jouent un rôle capital dans le maintien des standards.

Les pedigrees

La différence essentielle entre les chats à pedigree et ceux qui n'en ont pas, consiste dans le fait que les chats d'une race donnée se ressemblent beaucoup alors que les chats sans pedigree, appelés communément chats de gouttière, sont loin d'avoir tous le même aspect.

Le développement de nouvelles races

Certaines des races actuelles ont été créées par des accouplements sélectifs basés sur le croisement de deux races établies. La plupart d'entre elles, cependant, sont le résultat de variations naturelles qui surviennent normalement chez le chat dans les différentes régions du monde : on prend ensuite les caractéristiques particulières pour créer les traits distinctifs de la race. Le croisement avec d'autres races peut être effectué pour augmenter et diversifier la gamme de couleurs et de marques.

Un autre procédé consiste à utiliser des chats sauvages de petit taille qu'on « marie » à des chats domestiques. Cette technique, l'hybridation, existe depuis longtemps mais elle n'est pratiquée rationnellement que depuis peu. Ainsi a-t-on vu apparaître de nouvelles races, le bengale, par exemple. Lorsqu'il s'agit d'incorporer des types de Félidés dits sauvages, les éleveurs doivent prendre en considération aussi bien le caractère que l'apparence de l'animal.

Examens de l'ADN

Tous les traits de tous les chats sont codés dans les gènes. L'ADN est le porteur génétique de cette information. Il existe sous forme de chaînes, et les savants utilisent aujourd'hui l'ordre de composition de ces chaînes pour étudier l'évolution du chat. Les espèces qui sont liées étroitement présentent moins de variations dans l'ordre de composition de l'ADN que celles qui sont éloignées du point de vue de leur évolution. Cette méthode a aussi permis aux savants de déterminer quand les modifications principales ont eu lieu dans la famille des chats.

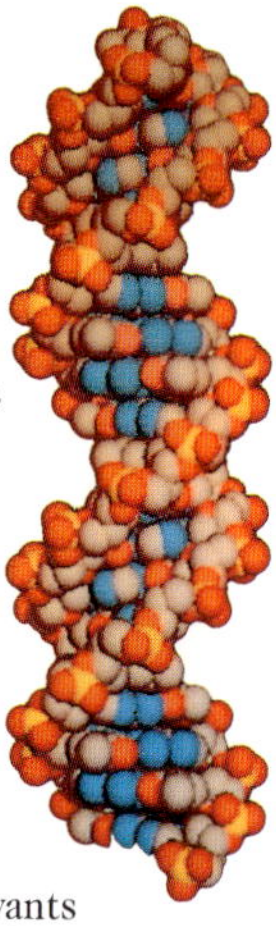

Les nouvelles couleurs

Le groupe des orientaux s'agrandit rapidement par la création de nouvelles couleurs et marques, comme chez ce sujet. On développe actuellement une version à poil long.

Le bengale

Le bengale est le résultat d'une hybridation : le croisement d'un chat tigré asiatique avec un chat domestique.

COMMENT UTILISER CE LIVRE

Après l'introduction et la clef d'identification, le corps du livre, consacré aux races, est divisé en deux parties : les chats à poil long ou mi-long (pp. 40-117) et les chats à poil court (pp. 118-245). Comme la classification conventionnelle des chats de race présuppose une large connaissance du sujet, cette division, parfois un peu arbitraire, a pour but de simplifier et de mettre l'accent davantage sur le rôle de guide d'identification. L'exemple de la fiche technique donné ci-dessous indique comment chaque race est définie.

nom du groupe ou de la race

titre sur page de droite indiquant les groupes décrits ; titre sur page de gauche indiquant la catégorie de la longueur des poils

EUROPÉEN COLOURPOINT • CHARTREUX • 165

LES CHARTREUX

introduction à l'histoire et au développement du groupe ou de la race

On ignore l'origine exacte de cette ancienne race française. Peut-être a-t-elle été créée par les moines chartreux du monastère qui existait à Paris sur l'emplacement actuel du jardin du Luxembourg. Mais la légende prétend également que de tels chats auraient été ramenés des croisades par les chevaliers qui en auraient confié la garde aux moines. Ceux-ci en auraient contrôlé la race en ne vendant que des animaux castrés. La couleur gris-bleu est distinctive : aucune autre nuance n'est acceptée. Un chartreux bleu crème, créé récemment, n'est pas admis par toutes les fédérations.

indique le pays où le groupe a été développé en premier lieu

indique les chats à l'origine de la race

indique la date du développement du groupe

Pays d'origine France	Ancêtres Poils courts sans pedigree	Date XIVe siècle

chaque couleur ou marque peut constituer une classification dans une autre race

BLEU GRIS

texte décrivant l'aspect physique du chat et renseignant sur l'historique et le développement de la race

Le chartreux fut élevé, par le passé, pour sa fourrure unique qui se vendait cher. Dans les années vingt, cependant, son nombre avait diminué ; il a survécu grâce aux efforts de religieuses qui avaient remarqué les chats bleu-gris qui vagabondaient dans l'enceinte de l'hôpital de Belle-Ile-sur-Mer. Des croisements entre des chats bleus avec et sans pedigree, et surtout, des British Shorthair, ont été utilisés pour maintenir et améliorer la race traditionnelle française.

• **TRAITS** La couleur bleu-gris soutenue peut aller de cendré à ardoise : les pointes argentées donnent du brillant à la robe.

• **REMARQUE** Cette race fut importée aux USA en 1870.

petite image dans une attitude différente de celle de l'image principale

FOURRURE : moyenne, dense, brillante

gros plan sur la fourrure ; décrit le type de fourrure

annotation soulignant les traits d'identification de la race

image principale du chat avec ses caractéristiques spécifiques

image du chaton, illustrant les différences avec le chat adulte

Option poil long Néant	Caractère Sociable

indique une option poil long ou poil court, de type et coloration similaires

décrit le caractère général de la race, qui sera modifié par l'expérience individuelle

La famille des chats

Les chats sauvages sont répartis largement à travers le monde dans tous les continents habités, à l'exception de l'Australie. Ils ont tendance à vivre seuls (sauf les lions qui vivent en meutes) et sont de redoutables prédateurs. Plusieurs espèces ont été sévèrement chassées pour leur fourrure, mais la détermination internationale de mettre fin à ce commerce illégal s'est concrétisée au

Taxonomie incertaine

Sous-famille des panthérinés

Le guépard

Le guépard est le mammifère terrestre le plus rapide du monde. Il peut atteindre des vitesses de 90 km/h. Vivant dans des espaces ouverts, sa rapidité est sa seule protection.

La lignée des panthères

Des travaux récents, surtout l'examen de l'ADN, ont établi les ressemblances génétiques des différentes espèces de la famille des chats. Les résultats font penser qu'il y a trois lignées principales qui se superposent aux catégories de classification existantes. Il s'agit de l'ocelot d'Amérique du Sud, des chats sauvages, y compris l'ancêtre du chat domestique, et du groupe des panthères, qui est composé des membres restants des sous-familles des panthérinés et des félinés.

La lignée panthère

Lion
Tigre
Panthère
Jaguar
Panthère des neiges ou once
Panthère nébuleuse
Chat marbré
Caracal
Lynx roux
Lynx d'Amérique du Nord
Lynx d'Eurasie
Lynx d'Espagne
Serval
Chat doré d'Afrique
Chat doré d'Asie
Chat du Bengale
Chat viverrin ou pêcheur
Chat à tête plate
Chat moucheté
Chat de Bornéo ou chat bai
Chat d'Iriomote
Jaguarondi
Puma
Onza

Le tigre

Facilement identifiable par ses rayures, le tigre est le plus grand des fauves. Les tigres de Sibérie peuvent atteindre 320 kilos.

cours des dernières années, et l'avenir de ces chats semble aujourd'hui plus assuré.

La plupart des espèces sont bien camouflées par leur couleur et leurs marques, mouchetées ou tigrées, et elles passent inaperçues grâce à leurs mouvements lents et discrets. Cela leur permet de s'approcher de leur proie et d'augmenter leur taux de réussite à la chasse. La couleur de leur pelage peut être directement influencée par leur habitat. Par exemple, chez les léopards d'Asie qui habitent des régions plus boisées que leurs cousins d'Afrique, on a constaté du mélanisme, c'est-à-dire que leur pelage s'assombrit ce qui contribue à mieux dissimuler leur présence.

FÉLIDÉS

SOUS-FAMILLE DES FÉLINÉS

L'OCELOT

Ces chats de petite taille, dont certains sont presque inconnus à cause de leur caractère farouche et leur habitat isolé, vivent au Nouveau Monde.

LA LIGNÉE OCELOT

Ocelot
Chat de Geoffroy
Chat des pampas
Chat des Andes
Margay
Kodkod
Oncilla

L'OCELOT
Aux États-Unis, ce chat est très rare, mais en Amérique du Sud, son habitat s'étend jusqu'à l'Argentine.

LA LIGNÉE CHAT

Ce groupe de chats comprend ceux qui vivent en Europe, en Afrique et en Asie. Son membre le plus gros est le chat de la jungle qui peut atteindre 16 kg. La plupart d'entre eux chassent des petits mammifères.

Chat de Pallas ou Manul
Chat de la jungle ou Chaus
Chat à pieds noirs
Chat de Margueritte ou chat des sables
Chats du désert de Chine
Chat sauvage
Chat domestique

LE CHAT SAUVAGE
L'apparence du chat sauvage, le plus répandu de ce groupe, varie dans toute son aire de distribution.

LES FÉLINS ET L'HOMME

Les félins, grands ou petits, ont toujours puissamment influencé l'imagination des hommes. Que ce soit en Inde, en Afrique, dans l'Asie du Sud-Est ou en Amérique du Sud, on trouve partout des félins porteurs de symboles, souvent associés à la religion et au pouvoir. On les a déifiés et leur a voué des cultes.

LE CHAT DOMESTIQUE
On pense qu'il descend de Felis libyca, *chat de Cafrerie. Les marques tabby des chats sauvages se rencontrent souvent chez la forme domestique.*

QU'EST-CE QU'UN CHAT ?

SI LA TAILLE, l'aspect général et le poids ne varient guère d'un chat domestique à un autre, les éleveurs ont donné à chaque race des éléments, notamment la forme de la tête et la longueur des poils, qui sont indiqués désormais dans les standards établis par les fédérations félines. Cela dit, les chats domestiques ressemblent toujours à leurs ancêtres sauvages. Ils possèdent la même allure souple et athlétique et ils conservent les mêmes dons de chasseur. Les chats harets, Félidés redevenus sauvages et qui ne dépendent que d'eux-mêmes pour subsister, en fournissent un bon exemple.

LA QUEUE
La queue, de forme et de taille variables, joue un rôle primordial dans l'équilibre du chat, surtout lors des chutes, où elle lui permet d'atterrir sur ses pattes.

LA FORME DU CORPS

La silhouette du corps indique clairement le groupe auquel un chat appartient. Les poils longs et leurs parents, et les poils courts, British, American ou européens, possèdent un corps râblé et sont bas sur pattes. Le burmese est de taille moyenne avec des pattes fines, tandis que l'oriental et le siamois ont une forme de corps mince et svelte.

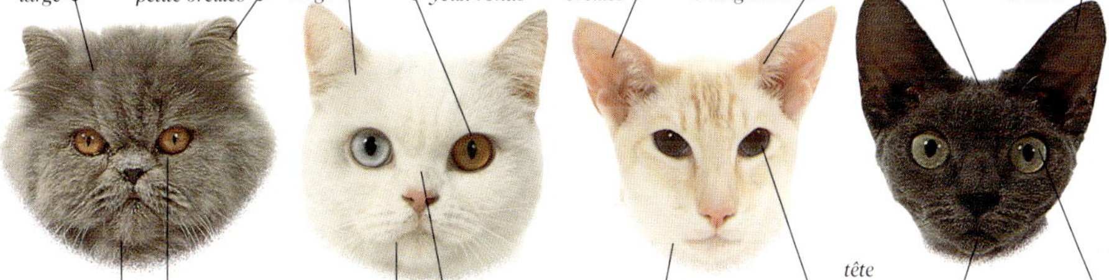

Oreilles
dressées le plus souvent, elles peuvent être pliées ou courbées chez certaines races

Yeux
la forme et la couleur peuvent varier mais tous les chats voient bien dans le noir

Intérieur des oreilles
les poils dans les oreilles sont plus ou moins drus selon les cas

Paupières
servent à protéger les yeux des blessures. La couleur contraste parfois avec celle des yeux

Truffe
endroit sans poils où sont situées les deux narines

Vibrisses ou moustaches
partie importante du système sensoriel du chat lui permettant de jauger l'environnement immédiat

Cou
le cou aide à déterminer la forme d'ensemble du corps

Poitrine
la taille varie selon la race. Ici, de type moyen, demi-râblé

Pieds avant
normalement cinq doigts, avec l'ergot surélevé

Tête
La forme de la tête chez le chat est importante pour son identification. Certaines, comme chez le British Shorthair, sont rondes, tandis que d'autres, comme chez l'oriental, sont triangulaires.

Collerette
Certaines races possèdent un poil plus long autour du cou et sur la poitrine, appelé collerette

la collerette est souvent moins marquée en été

Pieds
Les pieds du chat lui servent à se déplacer, mais aussi à grimper ou à chasser. Beaucoup de races de chats domestiques, comme les persans, ont des pieds larges et ronds, mais chez l'oriental, ils sont plus petits et de forme ovale.

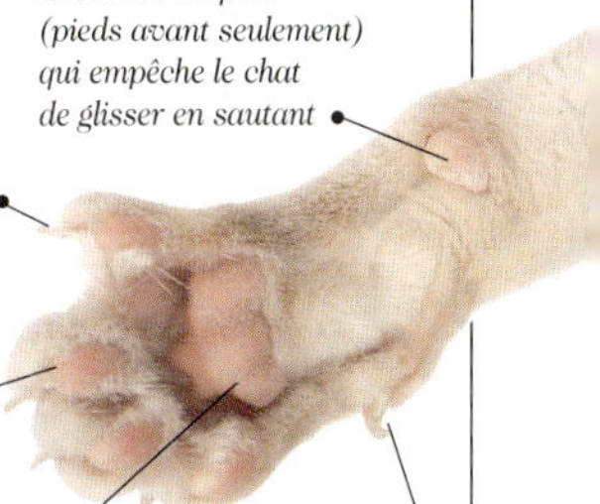

LES SENS ET LES INSTINCTS

LE SOMMEIL
le chat peut dormir pendant les trois quarts de la journée.

BIEN QUE le chat domestique retienne beaucoup de traits de caractère de ses parents sauvages, il s'est adapté à une vie domestique, ce qui a provoqué des changements notamment dans son comportement territorial. Les chats d'appartement doivent partager leur espace vital, mais lorsqu'ils sont nourris par leurs propriétaires et n'ont ainsi pas besoin de subvenir à leurs besoins, cela ne pose guère de problème.

LE SEVRAGE
Les chatons peuvent commencer à se nourrir à l'âge de trois semaines, mais ils ne seront pas tout à fait sevrés avant au moins deux mois.

LA FUITE
La plupart des chattes sont de bonnes mères et veillent étroitement sur leurs chatons ; ceux qui s'éloignent trop sont ramenés, comme ici, dans la gueule de leur mère.

LA PREMIÈRE RENCONTRE
Les chats sont prudents, lors d'une première rencontre, les mâles pouvant même être agressifs.

L'AMITIÉ
Les chatons élevés ensemble deviennent des compagnons inséparables, au moins jusqu'à l'âge adulte.

La chasse
Les chats naissent avec l'instinct de la chasse mais encore doivent-ils apprendre la technique. Cet enseignement leur est donné par leur mère alors qu'ils sont encore très jeunes. Ils deviennent très rapidement de bons chasseurs.

Attraper
Le jeu est essentiel dans l'apprentissage des chatons. Il leur apprend les techniques de la chasse, comment s'approcher, comment attraper.

L'équilibre
L'équilibre est assuré par les canaux semi-circulaires situés dans les oreilles. Si le chat tombe, son corps se retourne de sorte qu'il atterrit toujours – ou presque – sur ses pieds.

Grimper
Les chats sont de très bons grimpeurs, se servant de leurs griffes et de leurs pattes pour s'accrocher. D'eux-mêmes, les chatons corrigent rapidement leurs erreurs.

La toilette
Les chats passent beaucoup de temps chaque jour à se nettoyer. Leur langue râpeuse aide à enlever les poils morts, mais si ceux-ci sont avalés, ils peuvent former une boule dans l'estomac.

Le marquage du territoire
Le chat mâle qui n'a pas été châtré a tendance à marquer son territoire par ses urines très âcres. Le fait de gratter et de se frotter contre des objets ou des personnes sert aussi à délimiter un territoire par l'odeur.

La vision nocturne
Chasseur nocturne, le chat est muni d'une couche spéciale de cellules (tapetum lucidum), *derrière la rétine, qui reflète la lumière en l'intensifiant. C'est pourquoi les yeux du chat brillent la nuit.*

Les chats et les chatons

L'aspect des chatons est souvent différent de celui des adultes ; plusieurs années sont parfois nécessaires avant que le chaton acquière couleur et marques définitives. C'est pourquoi il est difficile de juger des chatons sur leur valeur d'animaux de concours quand ils arrivent à l'âge où on les sépare. Dans le cas de chatons à pedigree, cependant, il est essentiel de les enregistrer auprès des associations compétentes dès ce jeune âge.

La longueur de la robe
L'angora cannelle et ses quatre chatons ont la même couleur, mais la robe soyeuse des chatons est sensiblement plus courte que celle de leur mère.

Les chats mâles
Les British Shorthair lilas et chocolat (à gauche) possèdent des joues bien rondes, comme le veut le standard. Ce trait n'existe que chez les adultes : les chatons (ci-dessous) n'en ont pas encore. Elles manquent aussi chez les individus castrés.

Les marques
Ces jeunes British Shorthair ont des marques tabby (rayures, points, marbrures). Si la couleur peut s'assombrir à la suite de mues successives, le dessin, en revanche, ne changera pas. Les taches blanches resteront constantes dans leur forme.

Le changement de couleur

Le chat adulte est beaucoup plus sombre que le chaton. Les marques tabby chez les jeunes bleu crème doivent disparaître avec l'âge, mais le dessin général ne changera pas.

La couleur des pointes

La couleur des pointes se voit progressivement chez les chatons, de façon plus ou moins rapide. Elle se manifeste en premier sur les oreilles et sur la queue. Les chatons siamois ne possèdent pas la ligne qui relie le masque aux oreilles chez les adultes.

Les mouchetés

La différence de teinte et de couleur est apparente chez ce chaton et cet adulte, bien que le chaton commence à prendre la nuance définitive de ses yeux. L'effet moucheté ne changera pas, mais il devrait devenir plus net.

Les Tabby à poil long

Ce dessin peut devenir moins net avec l'âge et à mesure que la robe pousse. Les chatons de couleur plus sombre deviennent en général les adultes les plus prisés.

LE DÉVELOPPEMENT DE LA RACE

L'ÉLEVAGE sélectif des chats se pratique depuis un peu plus d'un siècle, c'est-à-dire depuis que des standards précis ont été établis pour chaque race. Sans doute peut-on observer quelques différences d'une fédération à l'autre. Elles ne sont jamais importantes. Deux points sont traditionnellement pris en considération par le standard : d'une part l'aspect général de la race dans sa forme idéale, et d'autre part la couleur et les marques de chaque race. Depuis peu, quelques associations félines tiennent également compte du caractère de l'animal...

DÉVELOPPEMENT DU SIAMOIS

Depuis que les premiers siamois ont été importés en Europe dans les années 1880, le type de cette race a beaucoup changé. Ci-dessous, un champion du début du siècle, avec son homologue moderne sur la droite.

DÉVELOPPEMENT DU PERSAN

Les éléments typiquement persans du chat (ci-dessous) tel qu'il existait au début du siècle, se retrouvent chez le persan d'aujourd'hui, mais ils ont été accentués au fil des ans.

Le développement de la couleur

On comprend bien mieux aujourd'hui la génétique féline, ce qui a permis aux éleveurs de développer des programmes qui ont pour but spécifique de créer de nouvelles formes et couleurs. Néanmoins, même aujourd'hui, il est impossible de garantir la couleur des chatons qui naîtront d'un croisement donné car les chromosomes porteurs des gènes se combinent de façon tout à fait imprévisible.

La mère

Cette variété de British Shorthair peut donner des chatons bleu crème ou bien des chatons crème. Elle peut aussi donner naissance à des bleus de qualité.

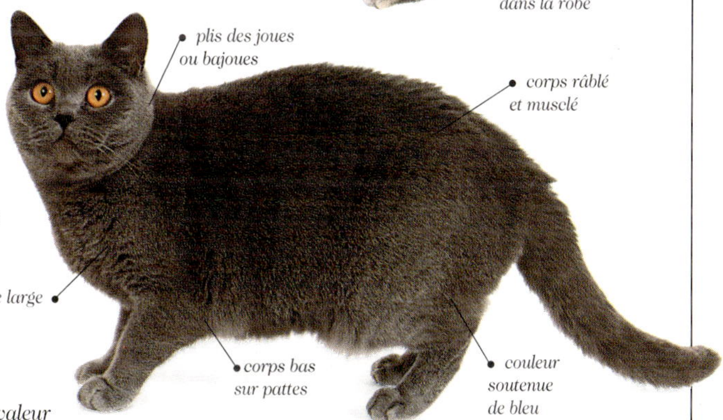

Le père

Si l'on veut des chatons de pure race, le choix de l'étalon est primordial. Il doit posséder les qualités définies par le standard et, le cas échéant, compenser les faiblesses éventuelles de la mère.

Les chatons

Il est difficile de prévoir la valeur définitive des chatons car leur couleur et leur type même peuvent changer avec l'âge.

Chaton bleu

Chaton bleu crème

Chaton crème

CHOISIR SON CHAT

LORSQU'ON a décidé d'acquérir un chat de race, une première question se pose : poil long ou poil court. Le premier exige, dès la septième semaine, une toilette quotidienne – brossage ou peignage – qui débarrassera la fourrure des poils morts et, parfois, des hôtes indésirables. Le second ne demande qu'un brossage de temps à autre et un examen hebdomadaire. Le poil long est généralement plus calme, moins enclin à la fugue ou, plus simplement, au besoin de se dépenser. Précisons que l'un comme l'autre ont aujourd'hui la même espérance de vie : quinze ans en moyenne mais souvent plus.

Si on décide d'avoir un chat digne d'une exposition, il faut savoir que c'est lorsqu'il est sevré (à trois mois) qu'un jeune chat commence à faire montre de ses qualités propres. Bien entendu, le vendeur en tiendra compte dans le prix qu'il proposera à l'acheteur. Mais il devra fournir les pièces attestant les origines et la bonne santé du chaton.

Il est évidemment plus facile – et moins coûteux – de chercher à n'avoir qu'un chat de gouttière. La S.P.A., notamment, en tient toujours à la disposition d'un éventuel acquéreur.

CHAT SANS PEDIGREE
Ces chats, nés d'un accouplement dû au hasard, se présentent sous des formes très variées ; chacun a, comme tous les chats, son caractère bien à lui.

OÙ ACHETER

Si vous décidez d'avoir un chat à pedigree, les petites annonces des revues spécialisées peuvent vous aider : sinon vous pouvez vous adresser à une fédération féline ou une association de race. Assister à des expositions est un autre moyen d'établir des contacts si vous recherchez un chat de race spécifique. Parfois, il y a des listes d'attente pour des races très demandées.

CHAT À PEDIGREE (PUR SANG)
Issus d'un élevage sélectif, ces chats ont été élevés en conformité avec le « type » spécifié dans le standard.

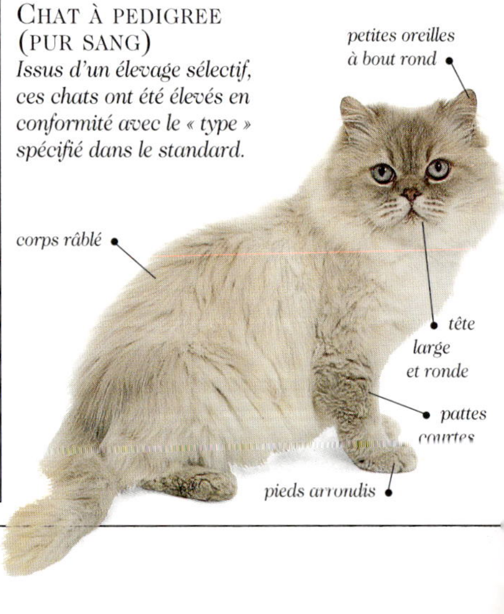

Mâle ou femelle ?

Que l'on veuille un compagnon sans pedigree ou, au contraire, un chat de race, une question se pose : mâle ou femelle ? Ils font preuve des mêmes qualités… sauf à une période : celle des amours. Le mâle devient plus ou moins nerveux et manifeste son besoin d'union souvent par des miaulements très nets. La femelle a un comportement beaucoup plus expressif avec des attitudes qui ne laissent aucun doute sur ce qu'elle désire. De nos jours la castration pour le mâle ou l'ovariectomie pour la femelle se pratiquent sans risques pour l'animal.

1 Étudiez les chatons *Observez simplement les chatons pendant quelques minutes : choisissez un individu alerte, joueur et curieux qui ne refuse pas d'être pris dans les bras.*

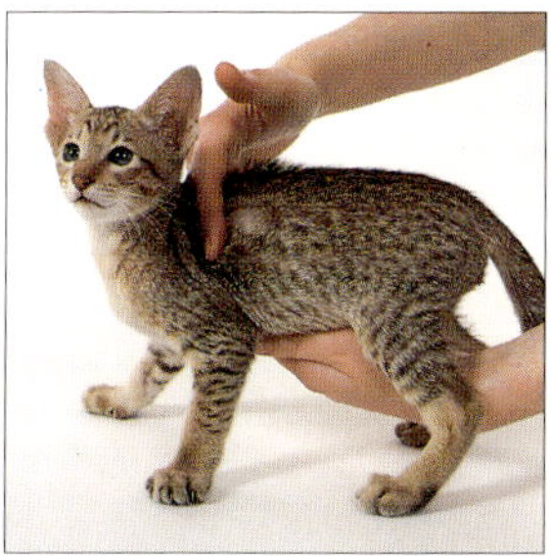

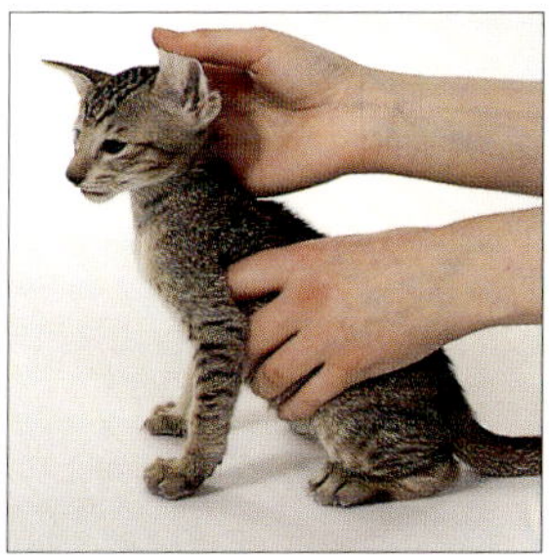

2 Vérifiez la robe *Séparez les poils et cherchez des taches sombres qui peuvent révéler la présence de puces : celles-ci peuvent servir d'hôtes intermédiaires pour les vers.*

3 Vérifiez oreilles et yeux *Les oreilles doivent être propres et exemptes de cérumen, surtout s'il est de couleur noirâtre. Les yeux doivent être sans sécrétions.*

4 Vérifiez la gueule *Cette vérification est très importante chez les chats plus âgés, plus susceptibles d'avoir des dents cassées, des infections de la gencive ou des caries.*

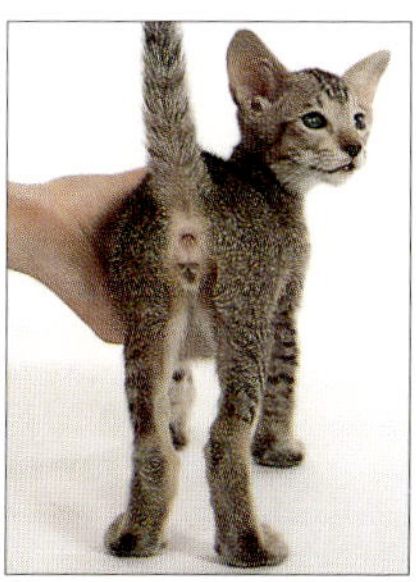

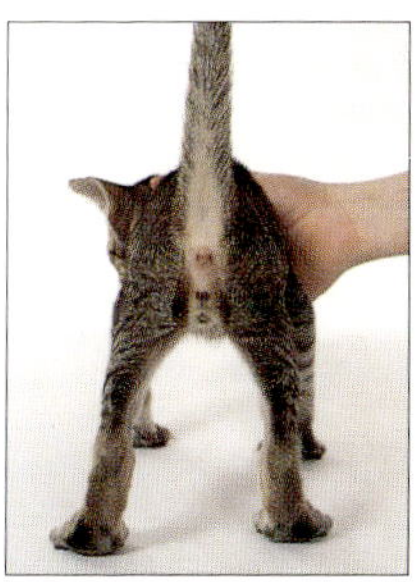

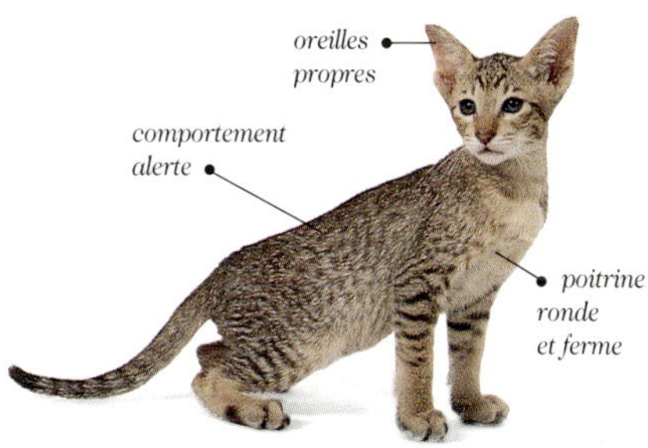

5 Vérifiez la région anale *La région périanale doit être parfaitement propre – attention aux selles non consistantes. Vérifiez en même temps le sexe du chaton : chez la femelle, les deux ouvertures sont rapprochées ; chez le mâle, elles sont plus espacées.*

6 Avant de décider *Il est conseillé de demander à un vétérinaire de regarder le chaton avant l'achat. Rappelons aussi qu'on doit exiger de l'éleveur la preuve certifiée que le chaton a été vacciné, ainsi qu'une copie de son certificat d'origine.*

Le toilettage pour l'exposition

Tous les chats on besoin d'être toilettés. Normalement, ils font leur propre toilette en se léchant, surtout pour éliminer les poils morts. Mais ceux-ci, une fois avalés, peuvent s'agglutiner en boule dans l'estomac. Le chat risque dès lors une dangereuse occlusion intestinale. Bien que ce problème se pose surtout lors de la mue, un toilettage régulier est utile tout au long de l'année, quand ce ne serait que pour éliminer les parasites (puces, poux, etc.) et éviter des affections plus ou moins graves (gale, pelade, ou pyodermites dues à des bactéries).

Dans ces pages, nous vous proposons une petite sélection d'équipement disponible sur le marché. Un brosse fine est pratique pour enlever les poils morts chez un chat à fourrure épaisse. Mais on s'en servira avec précaution pour éviter d'en arracher d'autres. Une brosse à soies de porc sera utilisée pour les chats à poil court. Certains éleveurs aiment lustrer la fourrure à l'aide d'une peau de chamois ou d'un chiffon de soie. Il vous faudra aussi de l'ouate pour le nettoyage des yeux, du nez et des oreilles, du talc et un bon shampooing.

Toilettage des poils longs

Un chat à poil long a besoin d'un toilettage quotidien pour éviter que les poils ne s'emmêlent ou forment des nœuds.

peigne à dents larges

peigne métallique à dents mobiles

brosses métallique et en nylon

peigne métallique double

pince à guillotine

brosses à soies de porc

brosses fines pour l'élimination des poils morts

1 Application du talc *Faites pénétrer le talc (ou une poudre de toilettage) dans la robe, secteur par secteur ; travaillez à la main afin que l'animal soit uniformément poudré (attention aux yeux !).*

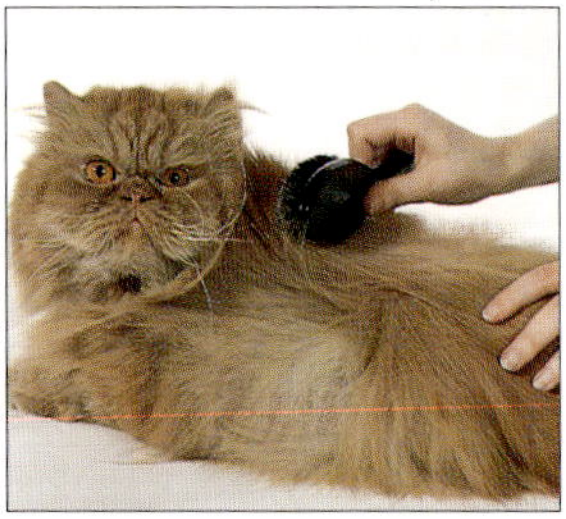

2 Élimination du talc *On utilise pour ce travail une brosse à soies de porc. La poudre a donné du lustre à la fourrure mais il n'en doit pas rester de traces lors de l'exposition.*

3 Brossage *Le brossage doit permettre à la fourrure de gonfler.*

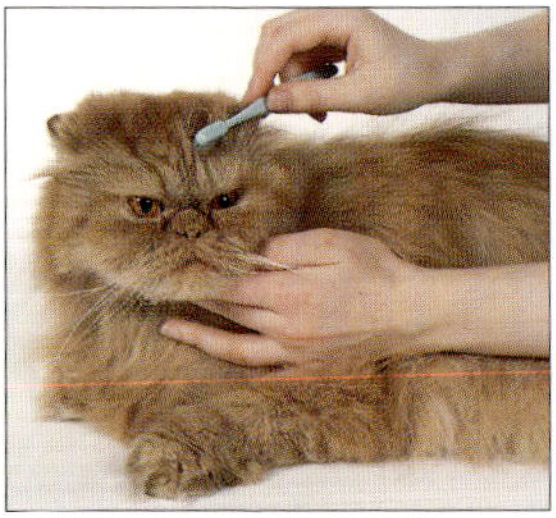

4 La face *Avec une brosse à dents très douce, on peigne la face sans trop s'approcher des yeux. On donne de l'importance à la collerette en la gonflant.*

BAIN DE SON

Pour les chats à poil court, le bain de son est un moyen très efficace de nettoyer la fourrure en éliminant les impuretés, les corps gras et, aussi, les parasites. Ainsi évite-t-on l'eau savonneuse ou le shampooing, souvent peu appréciés par le chat. D'abord, on fait chauffer pendant 20 minutes, dans un four à 150°, de 500 g à 1 kg de son. On prépare, avant de l'utiliser, un assortiment de peignes et de brosses, une vieille serviette et un chiffon à lustrer.

1 APPLICATION DU SON *Mettez le chat sur du papier journal. Faites pénétrer le son dans la robe en évitant les yeux et le nez. On peut envelopper ensuite le chat dans la serviette.*

2 ÉLIMINATION DU SON *Brossez sans brutalité, mais systématiquement. Ce bain ne convient pas aux poils longs, toute particule oubliée pouvant nouer la fourrure.*

TOILETTAGE DES POILS COURTS

Les poils courts doivent être brossés et peignés dans le sens du poil, de la tête à la queue. Utilisez un peigne à dents fines pour lisser la robe et éliminer les parasites.

brosses en caoutchouc

pince à ongles

gant à lustrer velours/peau de chamois

brosse à soies de porc pour usage général

peigne métallique pour débusquer les parasites

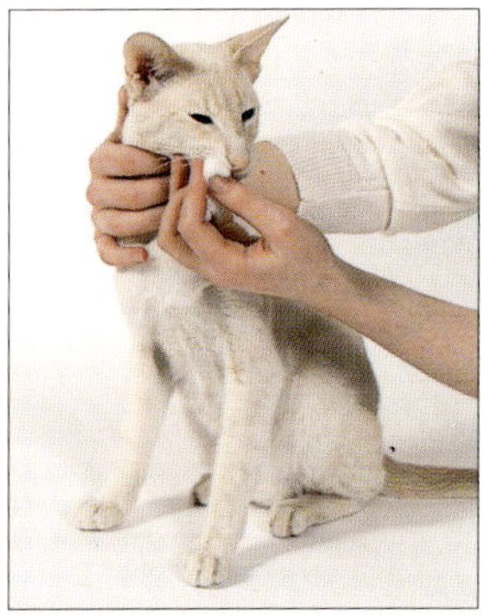

1 NETTOYAGE DE LA FACE *Avec de l'ouate et de l'eau très peu salée, nettoyez doucement les yeux, le nez, les oreilles.*

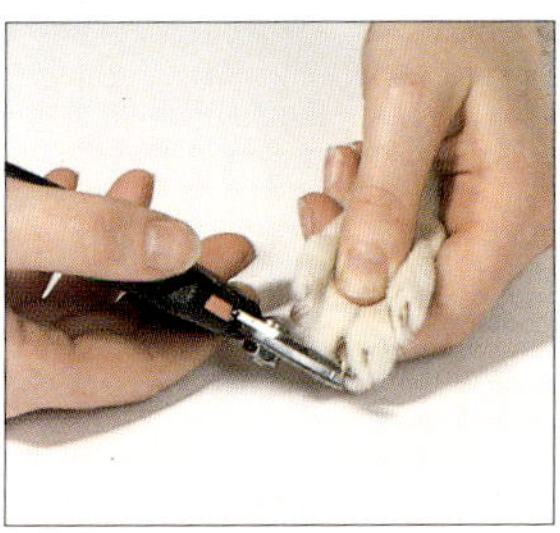

2 COUPE DES ONGLES *C'est une opération délicate. Si on pense l'exécuter soi-même, il est utile de demander conseil à son vétérinaire et user d'instruments spéciaux.*

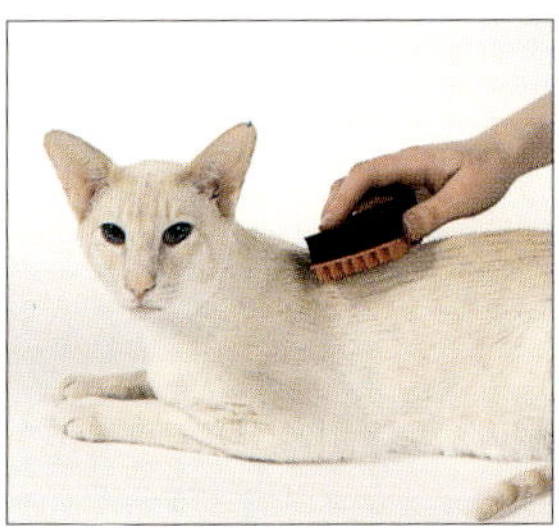

3 BROSSE EN CAOUTCHOUC *Pour les poils courts, on utilise cette brosse, mais doucement, afin d'éviter une perte de sous-poils. Elle convient aux Rex.*

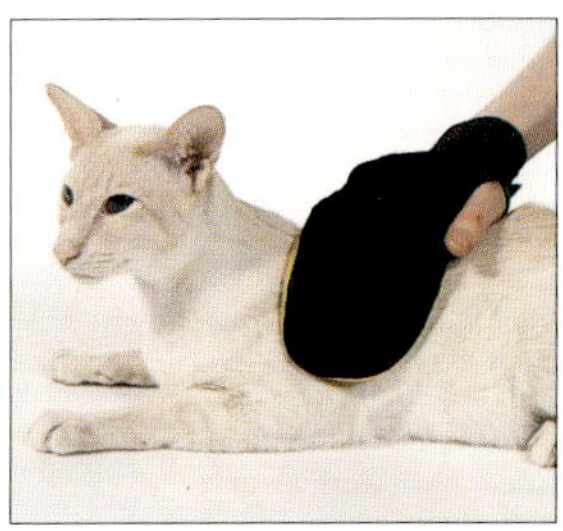

4 LUSTRAGE DE LA ROBE *Pour la touche finale, on lustre la robe avec un gant recouvert de peau de chamois d'un côté, et de velours de l'autre, ou avec un chiffon de soie.*

Les expositions

On pense souvent que seuls les chats de race peuvent participer aux expositions. Mais il y a, désormais, des catégories réservées aux chats sans pedigree. Les expositions sont annoncées dans les revues spécialisées mais on peut en avoir entendu parler de bouche à oreille. Dans les deux cas, il faut se procurer un programme qui indique toutes les catégories admises et un bulletin de participation. Certaines fédérations publient un calendrier annuel de leurs expositions où vous trouverez aussi les adresses des responsables. On y découvre également les conditions exigées pour une participation éventuelle. Si vous demandez des renseignements, ajoutez toujours une enveloppe grand format, timbrée et portant vos nom et adresse. On ne doit pas attendre les derniers jours pour faire acte de candidature.

En arrivant à l'exposition

• Tous les chats sont inspectés par des vétérinaires à leur arrivée. Seuls les animaux en bonne santé sont admis.

• Donnez à votre chat le temps de s'installer dans sa cage avant que les jugements commencent. N'oubliez pas son bac à litière, un bol d'eau propre et une couverture portant le numéro de son enregistrement.

• Brossez votre chat une dernière fois, et vérifiez ses yeux, ses oreilles et sa queue.

• On transportera votre chat à la table des juges où il sera comparé au standard. Les commentaires du juge sont consignés par écrit et le classement sera affiché sur le panneau qui annonce les résultats.

Comment remplir un bulletin

Il faut lire le programme avec attention de sorte que vous puissiez correctement remplir le bulletin. En cas de doute, prenez contact avec les organisateurs.

Le formulaire, retourné bien avant la date de clôture, doit être accompagné des frais de participation.

Il est de première importance que le chat soit vacciné si l'on désire qu'il prenne part à une exposition. La vaccination doit être pratiquée au minimum quinze jours avant la date de l'exposition. Si le chat donne quelques signes de déficience physique, il faut immédiatement consulter un

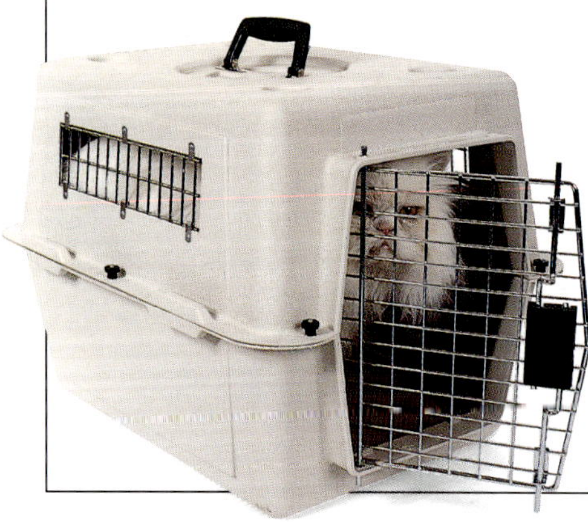

COMMENT TRANSPORTER VOTRE CHAT
Le panier de voyage (à gauche) est un moyen sûr de transporter votre chat. La cage à couvercle (à droite) est pratique à nettoyer.

CONCOURS EN ANGLETERRE ET AUX USA
En Angleterre (à gauche), les expositions varient d'importance, certaines ayant lieu au niveau national. Aux USA (en haut), l'inscription auprès de plusieurs fédérations permet de participer à plus de concours.

vétérinaire. Il indiquera si l'animal peut ou non être présenté. Le but – évident – d'une telle précaution est d'éviter la propagation de certaines maladies parfois très dangereuses. Par ailleurs, il tombe sous le sens qu'on ne peut pas présenter une chatte en gestation.

LES PRÉPARATIFS

La réglementation concernant l'équipement que vous devez apporter peut varier de club à club. Renseignez-vous à temps. Faites très attention au toilettage dans les jours qui précèdent l'exposition. Les meilleurs chats sont ceux qui acceptent d'être approchés par des étrangers. C'est pourquoi il est important d'habituer les chatons à des présences étrangères dès leur plus jeune âge. Vous devez aussi habituer, dès que possible, votre chat à voyager. Vérifiez tout l'équipement avant le départ, et préparez vos bagages le jour précédent. Afin d'éviter tout retard, pensez à bien repérer le chemin à prendre ; partez de bonne heure et ne laissez pas votre chat sortir de la maison juste avant le départ !

L'ÉQUIPEMENT
Chaque chat aura besoin d'une couverture ainsi que d'écuelles à eau et à nourriture. Prévoyez aussi un morceau de ruban pour attacher la plaque d'enregistrement du chat autour de son cou.

UN CHAMPION
Un champion peut posséder un nombre impressionnant de cocardes. Lorsque le chat a gagné trois certificats, chacun décerné par un juge différent à une exposition différente, il est reconnu comme champion international.

Les types de fourrure

Au fil des années, de nombreuses modifications, sont intervenues dans les types de fourrure chez le chat familier. Certaines se sont produites naturellement, d'autres sont dues à l'élevage sélectif. Le type de fourrure est propre à chaque race, quelle qu'en soit la couleur, et il est déterminé par le mélange spécifique de poils, de duvet et de sous-poils (voir à droite). Des gros plans, tels qu'on peut en voir dans ce livre, aident à distinguer les différentes robes de chats de la même couleur.

Poil
Autrement appelé poil de surface, partie la plus visible de la robe.

Duvet
Court et doux, le duvet est isolant. Certaines races en manquent totalement.

Sous-poil
Poil secondaire, légèrement plus long que le duvet.

Chats à poil long

La longueur de la robe peut varier selon la race et la saison. La densité est largement due au duvet qui sert également d'isolant au chat. Le persan possède un poil très long sur un duvet abondant. Les poils de l'angora sont plus fins et moins denses, alors que l'aspect ébouriffé du Maine Coon résulte de la longueur inégale de chaque poil.

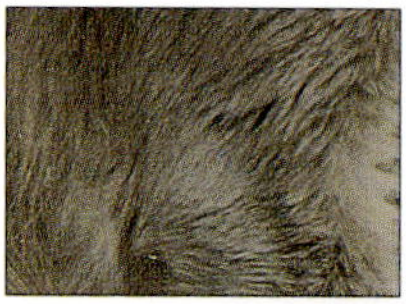

Fourrure : fine, soyeuse, sans sous-poil laineux

Angora
Quelquefois décrit comme un poil mi-long, l'angora possède une robe collant au corps, surtout en été.

Fourrure : longue, épaisse, soyeuse et fine

Persan
Le persan possède la fourrure la plus longue et la plus dense de tous les chats domestiques.

Fourrure : épaisse, soyeuse et de longueur variable

Maine Coon
Adapté à la vie en plein air, ce chat a un sous-poil abondant et un poil imperméable à l'eau.

Chats à poil court

Il existe un choix extrêmement varié dans l'aspect, la texture et les couleurs des robes des chats à poils courts. Les siamois et les orientaux présentent une robe lisse et douce avec un poil très court et fin. En revanche, le chat de l'île de Man (ou Manx) possède une double fourrure – caractéristique de la race – qui donne du volume à l'animal. Le sous-poil est court et très épais, le poil étant très légèrement plus long. Le bleu russe, autre race très belle, a, lui aussi, une double fourrure ; elle s'écarte du corps et sa texture est douce et soyeuse tout en étant courte et serrée.

FOURRURE : courte, fine, douce, ondulée et bouclée

REX DEVON
Les trois types de poils sont présents mais poils et sous-poils ont été modifiés pour ressembler à du duvet, ce qui donne cet aspect ondulé.

FOURRURE : moyenne, ondulée et rêche

AMERICAN WIREHAIR
Les poils sont ondulés par vagues et donnent à la robe une texture raide.

FOURRURE : courte, dense et crépue

BRITISH SHORTHAIR
Chez lui, la robe est volumineuse, mais ne doit pas être trop longue.

Sphinx ou chat nu

Malgré son nom, ce chat possède un léger duvet qui apparaît le plus visiblement sur les extrémités du corps. Les cils et les vibrisses sont très courts. Le corps est couvert d'un léger duvet.

FOURRURE : clairsemée, très courte et duveteuse

SPHINX
Cette race curieuse ne rencontre pas la faveur de tous les amis des chats.

Chats à poil mi-long

Cette dénomination désigne en principe des chats possédant un poil de longueur moyenne et un sous-poil peu épais, comparé à celui du persan et du Colourpoint.
Ce groupe comprend les races suivantes : birman, somali, tiffany, ragdoll, balinais/javanais, Scottish Fold et American Curl.

LES COULEURS DE LA FOURRURE

SI UN GRAND nombre de nuances sont aujourd'hui acceptées par les fédérations, la couleur de base du chat domestique reste marquée par le tabby (rayures, points, marbrures). Ce sont les pigmentations présentes dans les poils qui donnent la couleur mais celle-ci peut aussi être influencée par la lumière et, dès lors, apparaître plus pâle. Il existe aussi des variations naturelles de la même couleur, différentes d'un chat à l'autre, jusque dans une même portée. Ainsi, certains crème peuvent paraître plus rouges que d'autres.

COULEURS UNIES

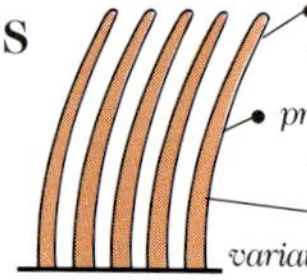

Chez les chats de couleur unie, la teinte doit être régulière, de la racine à la pointe des poils. Mais même dans ce cas, une distribution différente des pigments peut être la cause d'un changement d'intensité. Cependant, chez un chat de couleur unie, on ne constate, sur toute la longueur du poil, aucune de ces rayures caractéristiques des marques tabby. Dans le cas d'un chat blanc, une absence totale de pigmentation dans la robe ne signifie pas pour autant que l'animal soit albinos.

NOUVELLES COULEURS

FAUVE
C'est la forme diluée du cannelle. Ressemble à une ombre pâle de lilas.

CANNELLE
Cette forme de brun est le produit d'une autre mutation du gène noir.

COULEURS DILUÉES

Des exemples de formes diluées de plusieurs couleurs sont illustrés ci-contre (dans la rangée supérieure). Certaines zones, où les pigments sont moins denses, reflètent la lumière blanche, ce qui rend la teinte plus claire.

CRÈME
C'est la forme diluée du rouge. Tend à avoir une profondeur de couleur variable, souvent avec des traces de tabby.

LILAS
On note, dans cette teinte, de nombreuses variations, quelques chats étant plus clairs que d'autres.

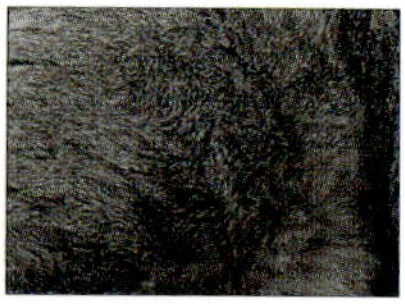

BLEU
Cette couleur se situe plus près du gris que du bleu pur, car, en fait, elle est une forme diluée du noir.

BLANC
Couleur due à un gène dominant. Des chatons blancs peuvent donc naître si un seul des parents est blanc.

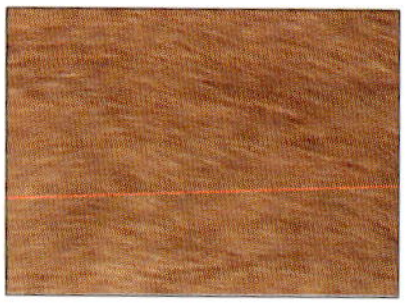

ROUGE
Parfois donné comme orange mais les éleveurs cherchent à produire un rouge qui ne soit pas orange.

CHOCOLAT
Couleur qu'on retrouve désormais mélangée à de nombreux sangs, y compris dans le groupe oriental.

NOIR
Largement représenté dans le monde félin, le noir doit être pur sans la moindre trace de poils blancs.

TIPPED

L'importance du tipping sur le poil et, dans certains cas, sur le sous-poil a une influence considérable sur l'aspect d'ensemble de la robe. Dans le cas du persan Cameo Cream Shell ci-contre, le sous-poil est d'un blanc presque pur, la couleur se limitant quasi exclusivement à la pointe du poil.

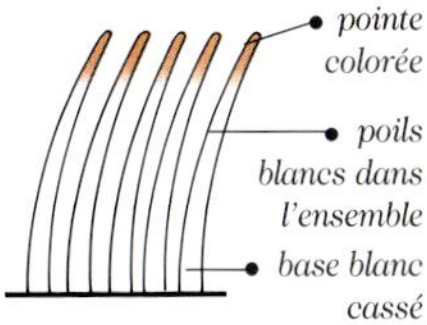

CHINCHILLA
La plus claire des formes argentées, le dessin du tipping noir créant un effet brillant.

PERSAN CAMEO CREAM SHELL
La version « cream » donne un effet équivalent grâce au sous-poil et au tipping.

SHADED

Dans ce cas, bien que le sous-poil reste presque entièrement blanc, le tipping couvre néanmoins suffisamment de longueur pour produire une apparence plus sombre. On peut voir le sous-poil plus clair lorsque le chat bouge ou simplement en faisant une raie dans la fourrure, qui révèle le contraste de couleur.

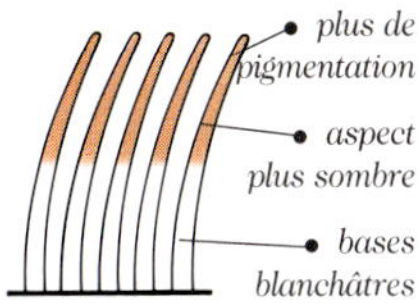

PERSAN CREAM SHADED
Ici le tipping crème est plus prononcé, donnant une coloration plus marquée.

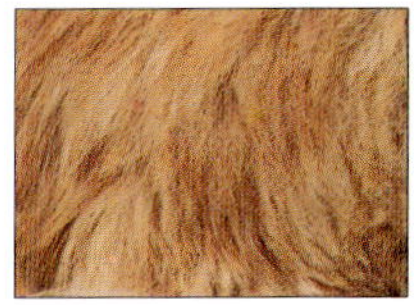

PERSAN RED SHADED
Identique au crème mais ici, la couleur rouge sombre remplace le crème.

SMOKE

C'est la forme la plus sombre du tipping. Le poil est coloré sur presque toute sa longueur. Le sous-poil reste néanmoins plus clair et le contraste devient bien visible lorsque le chat bouge. Le Smoke (fumé) est, aujourd'hui, très répandu. Il doit sa popularité à l'opposition plus grande existant entre le poil sombre et le sous-poil clair.

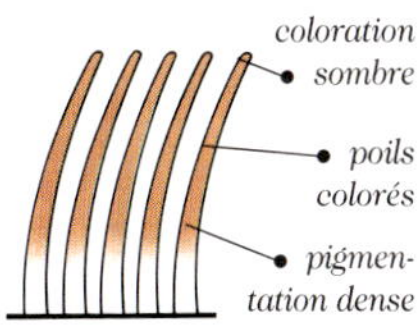

PERSAN SMOKE BLEU
Pigmentation très prononcée au point que le fumé peut ressembler à un chat de couleur unie.

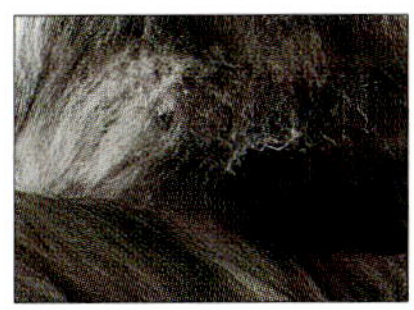

PERSAN SMOKE NOIR
Le fumé est variable et quelques chats peuvent donc paraître plus clairs que d'autres.

TIQUETÉ

Le tiquetage offre au chat un moyen efficace de camouflage. En effet, les bandes de couleurs qui se suivent sur le poil individuel, lui donnent ce qu'avec audace on pourrait appeler « une tenue de para ». Dans une fourrure où les marques tabby sont franches, il y a des poils sans bandes, ce qui crée un contraste supplémentaire, appelé parfois coloration discontinue.

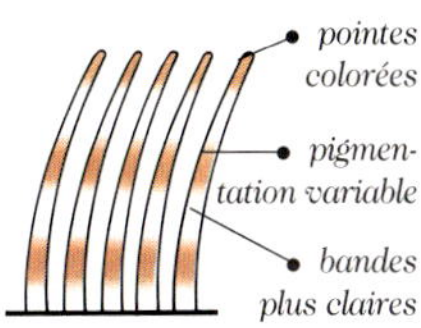

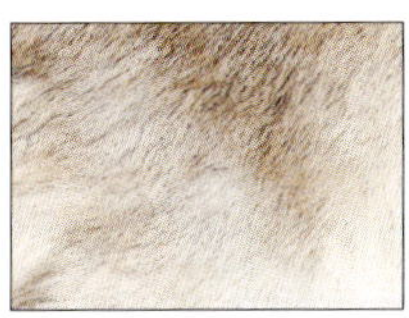

SOMALI SORREL SILVER
Ici, le poil blanc est tiqueté de chocolat, créant une impression de pêche argenté.

ABYSSIN TYPE
L'effet du tiquetage crée une couleur dont l'intensité peut varier d'une partie du corps à l'autre.

Les marques de la robe

La plupart des chats possèdent des robes qui rappellent plus ou moins les marques tabby de leurs ancêtres sauvages. Les éleveurs ont rendu ces marques plus nettes en les développant pour satisfaire à des standards précis. Peu à peu, en choisissant soigneusement les individus, de génération en génération, on a modifié les marques selon les goûts de l'époque. La chance joue un rôle important dans l'obtention de marques idéales, mais la probabilité de succès est accrue si l'on suit un programme d'élevage bien conçu.

De la même façon, les traits indésirables peuvent être diminués ou éliminés, comme c'est le cas chez l'abyssin où l'on s'est débarrassé des lignes tabby pour les remplacer par des marques tabby tiquetées.

À quelques exceptions près, les marques restent inchangées après la naissance, mais elles peuvent devenir plus distinctes.

Les couleurs mélangées

Beaucoup de chats possèdent des taches de blanc mélangées à d'autres couleurs. Cela peut aller du « pie » des chats noir et blanc, jusqu'à l'écaille et blanc, avec son mélange de taches noires, blanches et rousses.

Bicolore
L'élevage sélectif a réussi à limiter la proportion du blanc de sorte qu'il ne couvre pas plus de la moitié du corps.

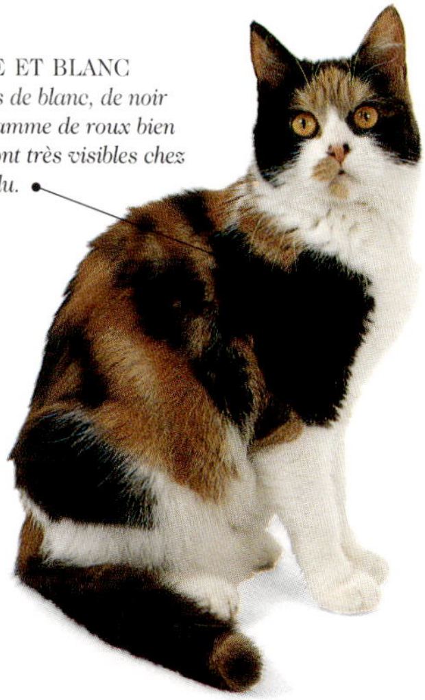

Écaille et blanc
Des taches de blanc, de noir et d'une gamme de roux bien définies sont très visibles chez cet individu.

L'écaille de tortue

Chez l'écaille de tortue, le noir et le roux doivent être répartis régulièrement sur tout le corps ; une flamme de crème ou de roux sur le visage est considérée comme un bon point.

Écaille de tortue
Pour des raisons génétiques, presque tous les chats écaille de tortue sont des femelles.

Bleu crème
Chez ce chat, qui est une variété d'écaille de tortue, le bleu remplace le noir et le crème remplace le roux, ce qui lui confère un aspect très distinctif.

LES « POINTS »

On reconnaît tout de suite ces chats aux marques plus foncées qu'ils portent et qui se situent aux extrémités du corps, notamment sur la face, les oreilles, les pattes et la queue. L'intensité de la couleur de ces marques peut varier selon la température du corps, la longueur des poils ou le climat.

SIAMOIS

C'est le plus connu des chats de race aux « pointes » marquées. Celles-ci contrastent avec le corps plus clair

MARQUE VAN

Ces marques, propres au chat turc du lac de Van, d'où le nom, peuvent exister chez d'autres races ; ici la coloration est limitée à la queue et à une partie de la tête

LES TABBY

Les différentes sortes de marques tabby chez le chat domestique existent aussi chez le chat sauvage. Les rayures et les taches, excellent camouflage, permettent au chat de se confondre avec son environnement.

TABBY CLASSIQUE

Parfois connue sous le nom de Tabby tacheté, cette variété possède de larges marques noires en forme d'huître sur les deux flancs, des marques en forme de papillon sur les épaules et de nombreux anneaux sur la queue

MOUCHETÉ

Les lignes tabby sont remplacées par une série de « mouches » rondes ou ovales ou en forme de cocarde pouvant atteindre la queue

TABBY TACHETÉ ET BLANC

Voici un Tabby écaille, présentant des marques à la fois écaille de tortue et tabby ainsi que des taches de blanc

TABBY TIGRÉ ET BLANC

Ces rayures constituent la forme d'origine des variations tabby. Des rayures noires verticales sur le corps sont distinctives, ainsi qu'une étroite ligne sombre le long de l'échine. Les rayures sont séparées par des étendues de poils tiquetés

Clef d'identification

Cette clef d'identification a été conçue pour vous aider à identifier à la fois les chats de race et les chats de gouttière. Elle est composée de quatre parties, ou « étapes » : d'abord, les chats sont classés selon la longueur des poils ; ensuite, ces catégories sont divisées selon la forme de la tête ; à la troisième étape, nous montrons un exemple de chaque race de base, avec des renvois à la page sur laquelle figure sa fiche signalétique. Il en va de même pour la dernière étape, qui, également avec photos et renvois à l'appui, traite des chats sans pedigree.

1re étape : Longueur des poils

Le pelage d'un chat est ce qu'il y a de plus distinctif, autant par ses couleurs et ses marques que par l'effet qu'il peut avoir sur l'allure générale et sur la taille du chat. C'est pourquoi les chats de race sont classés en premier lieu selon la longueur des poils. Des différences existent, bien entendu, dans la texture de la robe. Cet aspect est détaillé dans les fiches signalétiques qui composent la partie principale de ce livre.

Chats à poil long (ou mi-long)

La robe d'un chat à poil long est parfois si dense que sa taille peut en paraître doublée, le volume étant augmenté, de plus, par la profusion de sous-poils. Quelques races à poil long, comme l'angora turc, possèdent une robe moins dense et sont parfois classées parmi les poils mi-longs. La plupart des chats à poil long en perdent beaucoup durant les mois d'été, ce qui modifie évidemment leur aspect.

Chats à poil court

La robe du chat à poil court permet de mieux voir la forme exacte du corps, qui peut être râblé et musclé, ou mince et svelte. Les robes varient en apparence et en texture : certaines sont courtes ou rases, d'autres présentent des poils de longueur variable selon la partie du corps. La texture peut être fine ou rêche, dense ou peluchée, et les poils sont raides, tortillés, bouclés ou ondulés.

Les chats nus

L'absence ou le manque relatif de poils chez le chat de race est le résultat d'une mutation spontanée qui a été développée ensuite par l'élevage sélectif. Bien qu'une telle mutation ne soit pas unique, une seule race a été développée : le sphinx, qui possède, en fait, un fin duvet, surtout sur la face, les oreilles, les pattes et la queue. Pour plus de détails concernant cette race contestée, voir p. 178.

2e ÉTAPE : LA FORME DE LA TÊTE

La forme de la tête des chats, qu'ils soient à poil long ou à poil court, est divisée – assez arbitrairement – en trois catégories. Il faut déterminer si la tête du chat à identifier est ronde ou triangulaire ou si elle appartient à la catégorie intermédiaire qui se situe entre les deux extrêmes. La forme de la tête est souvent assortie à celle du corps : les chats à tête ronde ont tendance à avoir un corps râblé, tandis que ceux qui possèdent une tête triangulaire ont, pour la plupart, une silhouette mince et svelte.

Il est à noter que les caractéristiques faciales peuvent varier selon le sexe du chat, dans la mesure où les mâles non castrés développeront des bajoues à l'âge mûr : cette forme des joues est une caractéristique sexuelle secondaire, et si le chat mâle est castré avant d'arriver à l'âge de la puberté, ses joues ne se développeront pas.

CHATS À POIL LONG (OU MI-LONG)

RONDE

Dans ce cas, la tête, massive, s'inscrit dans un cercle, avec un crâne large. Petites oreilles arrondies, écartées et situées très bas. Joues pleines et rondes ; nez large, court et busqué.

FORME INTERMÉDIAIRE

Dans ce groupe, la tête est de longueur moyenne. Elle est bien proportionnée, à profil droit, parfois avec un léger stop. Oreilles pointues, souvent grandes, bien écartées et situées haut sur la tête.

TRIANGULAIRE

La tête se rétrécit en lignes droites depuis les oreilles bien écartées jusqu'au museau. La forme triangulaire est très nette. Profil légèrement convexe, nez long et droit, oreilles larges et pointues.

CHATS À POIL COURT

RONDE

La face ici est ronde avec des joues pleines surmontées d'un crâne large. Le nez large et court est droit, et le profil révèle un front arrondi avec un léger stop. Petites oreilles arrondies très écartées.

FORME INTERMÉDIAIRE

La tête est de proportions moyennes, un peu plus large sur le sommet, se resserrant en un triangle arrondi. Nez présentant parfois un creux peu profond ; oreilles de taille moyenne, mais larges à la base.

TRIANGULAIRE

Voici une face élégante et longiligne, qui se rétrécit en lignes droites vers un museau fin. Le profil est droit et le nez long, sans creux. Les oreilles sont grandes et pointues, larges à la base.

3e ÉTAPE : IDENTIFIER VOTRE CHAT

Après avoir déterminé la longueur des poils et la forme de la tête (étapes 1 et 2), étudiez la section présentée ci-dessous où toutes les races figurant dans cet ouvrage sont dessinées. Les silhouettes de la forme du corps qui accompagnent chaque tête permettent une identification plus rapide. Les chiffres renvoient à la page de chaque fiche signalétique. Lorsqu'il y a beaucoup de variétés dans une même race (comme chez les persans), nous avons choisi un seul exemple : le chat représenté possède les traits typiques de sa race et ne se distingue des autres que par sa couleur. On ne doit pas oublier que la couleur n'est pas un trait significatif car beaucoup de races différentes peuvent posséder les mêmes teintes. En revanche, la couleur joue un rôle primordial dans l'identification des races « à points » qui possèdent des marques plus sombres sur diverses parties de leur corps.

CHATS À POIL LONG (OU MI-LONG) ET À TÊTE RONDE

Persan *40*

Persan Tabby *54*

Chinchilla *55*

Colourpoint *62*

Birman *68*

Cimrique *110*

Scottish Fold *111*

American Curl *112*

CHATS À POIL LONG (OU MI-LONG) ET À TÊTE DE FORME INTERMÉDIAIRE

Angora turc *74*

Chat turc du lac de Van *78*

Maine Coon *84*

Chat des forêts norvégien *90*

Chat des forêts sibérien *93*

Ragdoll *94*

Somali *96*

Tiffany *108*

CHATS À POIL LONG (OU MI-LONG) ET À TÊTE TRIANGULAIRE

Angora *80*

Javanese *83*

Balinais/javanais *102*

Chats à poil court et à tête ronde

British Shorthair *118*

British Shorthair Colourpoint *132*

Exotic *136*

Chat de l'île de Man (Manx) *140*

Scottish Fold *144*

American Shorthair *148*

American Wirehair *156*

American Curl *158*

Européen à poil court *160*

Européen à poil court Colourpoint *164*

Chartreux *165*

Bengale *239*

Chats à poil court et à tête de forme intermédiaire

Bobtail japonais *143*

Bleu russe *182*

Korat *183*

Burmese *194*

Burmilla *204*

Asian *207*

Bombay *210*

Singapour *211*

Abyssin *228*

Abyssin « sauvage » *233*

Ocicat *234*

California Spangled *236*

Chats à poil court et à tête triangulaire

Snowshoe *147*

Rex Cornish *166*

Rex Devon *172*

Sphinx *178*

Rex Selkirk *180*

Siamois *184*

Tonkinois *200*

Oriental *212*

Havana *216*

Oriental Tabby *220*

Mau égyptien *226*

4e ÉTAPE : CHATS SANS PEDIGREE

En raison même de leur origine, les chats sans pedigree ne possèdent pas de type très défini. La gamme de leurs marques et de leurs dessins est très variable, puisque leur élevage ne dépend pas de règles strictes. Il est tout aussi impossible de les classer réellement en tenant compte de la forme de leur tête sauf, parfois, dans le cas où, dans une région limitée, les individus sont nés d'accouplements entre des chats ayant une proche parenté. C'est alors qu'on peut, par un élevage sélectif, parvenir à renforcer les traits naturels et, ainsi, à créer sinon une nouvelle race, du moins une variété très caractérisée. Des tentatives de ce genre ont abouti au singapour. De même, pour le chat de l'île de Man (Manx) est-on parvenu à isoler le gène contrôlant le manque de queue. Beaucoup de nos races actuelles sont le résultat de telles mutations spontanées.

EUROPÉENS À POIL LONG

Bleu *114*

Crème et blanc *115*

Argent et blanc *117*

EUROPÉENS À POIL COURT

Noir et blanc *241*

Écaille et blanc *241*

Bleu crème *242*

Tabby rouge et blanc *243*

Tabby bleu et blanc *243*

Tabby brun et blanc *244*

CHATS À POIL LONG OU MI-LONG

LES PERSANS

CONNU sous le nom de Longhair en Grande-Bretagne, ce chat porte, partout ailleurs, celui de persan. Élégant et gracieux, il est devenu un compagnon familier depuis le début du siècle dernier. Il se présente dans une gamme de couleurs qui ne cesse de s'accroître. Son aspect s'est modifié considérablement. Aujourd'hui, la tête est plus ronde et plus plate et les oreilles sont plus petites. La robe, plus dense, nécessite un toilettage quotidien.

Pays d'origine	Ancêtres	Date
Grande-Bretagne	Angoras x persans	1880-1890

BLANC AUX YEUX ORANGE

Les persans blancs comptent parmi les premiers à avoir été reconnus en Europe et aux États-Unis. Ils avaient en général des yeux bleus ; la variété aux yeux orange est issue de croisements entre des persans bleus, crème et noirs.

• **TRAITS** D'un blanc pur, avec une robe longue et fournie, ces chats sont assez grands, avec un corps râblé. Les chatons ont parfois des marques sombres sur la tête, mais elles disparaissent en général avec l'âge.

• **REMARQUE** En Angleterre, on classa séparément, en 1938, les persans aux yeux bleus et ceux aux yeux orange.

FOURRURE : longue, dense, soyeuse et fine

Option poil court	Caractère
Exotic blanc aux yeux orange	Docile

Pays d'origine	Ancêtres	Date
Grande-Bretagne	Angoras x persans	1880-1890

Blanc aux yeux bleus

Malheureusement, ces persans blancs aux yeux bleus sont souvent atteints de surdité et on n'a pas encore réussi à éliminer cette faiblesse.

• **Traits** Tous les persans blancs naissent avec des yeux bleus, d'où une difficulté à distinguer ceux qui seront handicapés plus tard.

• **Remarque** On croit que les premiers persans furent ramenés de Turquie en France au XVIe siècle. On les appelait angoras d'après la ville turque d'Ankara.

Fourrure : longue, dense, soyeuse et fine

Option poil court	Caractère
Exotic blanc aux yeux bleus	Docile

Pays d'origine	Ancêtres	Date
Grande-Bretagne	Angoras x persans	1880-1890

Blanc aux yeux vairons

On trouve parfois ces chatons dans des portées issues de parents aux yeux bleus ou d'accouplements croisés. Si le chat souffre de surdité, l'oreille atteinte se trouve habituellement du côté de l'œil bleu.

• **Traits** Les yeux doivent être de couleur soutenue, la robe d'un blanc pur.

• **Remarque** Cette race fut reconnue dans les années cinquante aux États-Unis.

Fourrure : longue, dense, soyeuse et fine

Option poil court	Caractère
Exotic blanc aux yeux vairons	Docile

Pays d'origine	Ancêtres	Date
Grande-Bretagne	Angoras x persans	1880-1890

CRÈME

La couleur crème résulte de croisements de chats écaille de tortue et de Tabby rouge, donnant quasi exclusivement des mâles.

• **TRAITS** Un crème pâle ou moyen est préféré, sans blanc dans le sous-poil. Les marques tabby chez les chatons doivent disparaître avec l'âge.

• **REMARQUE** Les premiers persans crème furent beaucoup plus sombres, certains presque fauves.

FOURRURE : longue, dense, soyeuse et fine

Option poil court	Caractère
Exotic crème	Docile

Pays d'origine	Ancêtres	Date
Grande-Bretagne	Angoras x persans	1880-1890

ROUX

Au début, il s'est avéré très difficile de produire ces chats, connus sous le nom d'« Orange », sans laisser des traces de marques tabby plus sombres. Le problème persiste : les croisements avec des Tabby roux ont été trop nombreux.

• **TRAITS** Un roux riche est souhaitable, sans trace de blanc. Les chatons naissent avec des marques tabby, mais celles-ci disparaissent avec l'âge.

• **REMARQUE** Un manque de femelles a été pallié par le croisement de mâles roux avec des femelles écaille de tortue.

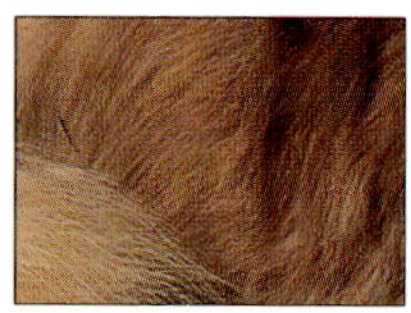

FOURRURE : longue, dense, soyeuse et fine

Option poil court	Caractère
Exotic roux	Docile

Pays d'origine Grande-Bretagne	Ancêtres Angoras x persans	Date 1880-1890

LILAS

Le lilas est une forme diluée du persan chocolat, et les deux variétés ont été développées de façon analogue. On continue à améliorer ces chats.

• **TRAITS** La couleur gris colombe teintée de rose a été difficile à obtenir. Elle doit être régulière sur l'ensemble de la robe.

• **REMARQUE** Cette couleur, datant des années soixante, est parmi les plus récentes chez les persans. Elle est encore assez rare.

FOURRURE : longue, dense, soyeuse et fine

Option poil court Exotic lilas	Caractère Docile

Pays d'origine Grande-Bretagne	Ancêtres Angoras x persans	Date 1880-1890

BLEU

Les premiers bleus sont issus du croisement entre les persans noirs et les persans blancs. L'élevage sélectif a éliminé toute trace de blanc.

• **TRAITS** Les chatons présentent souvent des marques tabby, mais curieusement, ceux aux marques les plus prononcées donnent souvent les meilleurs adultes.

• **REMARQUE** Les persans bleus sont originaires de Russie, mais surtout de Perse et des pays avoisinants.

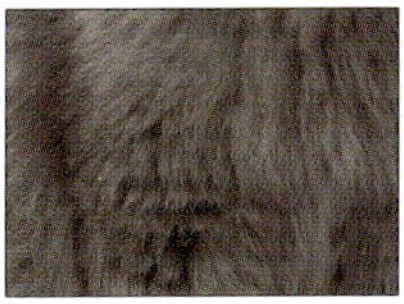

FOURRURE : longue, dense, soyeuse et fine

Exotic bleu	Caractère Docile

Pays d'origine Grande-Bretagne	Ancêtres Angoras x persans	Date 1880-1890

CHOCOLAT

Le persan chocolat est né du croisement d'un havana avec un persan bleu. Le premier exemplaire de cette variété fut exposé en 1961.

• **TRAITS** Le but a été de créer un chat qui présente une couleur chocolat soutenue, sans aucune autre marque.

• **REMARQUE** L'utilisation des havanas donnait au départ des chats au visage long et à grandes oreilles. Ces défauts ont été éliminés par un élevage sélectif.

FOURRURE : longue, dense, soyeuse et fine

Exotic chocolat	Caractère Docile

Pays d'origine Grande-Bretagne	Ancêtres Angoras x persans	Date 1880-1890

NOIR

La première race reconnue en Grande-Bretagne, les persans noirs furent présentés pour la première fois lors de l'exposition féline de 1871. Ils connaissaient autant de succès aux États-Unis.

• **TRAITS** Une couleur unie, sans nuances, marques ou poils blancs, est primordiale. La coloration grise ou rouille des chatons doit disparaître vers l'âge de huit mois.

• **REMARQUE** Les premiers persans noirs avaient un type très différent.

FOURRURE : longue, dense, soyeuse et fine

Option poil court Exotic noir	Caractère Docile

Pays d'origine	Ancêtres	Date
Grande-Bretagne	Angoras x persans	1880-1890

CRÈME ET BLANC

À l'origine, le but de l'élevage de bicolores était d'obtenir des animaux à fourrure blanche rayée de bandes de couleur claire. Cela se révéla impossible.

• **TRAITS** L'ombre de crème doit être pâle à moyenne ; le blanc doit couvrir au moins un tiers et au plus la moitié de la robe.

• **REMARQUE** La forme bicolore est très ancienne chez les chats, bien qu'elle n'ait pas rencontré les faveurs du public à ses débuts.

FOURRURE : longue, dense, soyeuse et fine

Option poil court	Caractère
Exotic crème et blanc	Docile

Pays d'origine	Ancêtres	Date
Grande-Bretagne	Angoras x persans	1880-1890

ROUGE ET BLANC

Cette forme de bicolore est particulièrement difficile à obtenir, toute marque tabby dans le rouge étant considérée comme un défaut.

• **TRAITS** Le standard exige un rouge riche et foncé et des parties blanches exemptes de tout poil coloré. En termes de traits, cette forme ne doit pas différer des autres persans.

• **REMARQUE** Il a longtemps été très difficile de produire des individus aux marques parfaitement symétriques. Aujourd'hui cette forme attire un intérêt grandissant.

FOURRURE : longue, dense, soyeuse et fine

Option poil court	Caractère
Exotic rouge et blanc	Docile

Pays d'origine	Ancêtres	Date
Grande-Bretagne	Angoras x persans	1880-1890

LILAS ET BLANC

À l'origine, seules les trois couleurs traditionnelles (noir, bleu et blanc) furent acceptées dans les bicolores. En 1971, le règlement a changé et aujourd'hui d'autres variétés, avec notamment du roux et du crème, peuvent concourir.

• **TRAITS** Le blanc prédomine sur les pattes ; un peu de blanc est accepté sur la queue.

• **REMARQUE** Une fois le persan lilas fixé, il a simplement fallu le croiser avec des blancs.

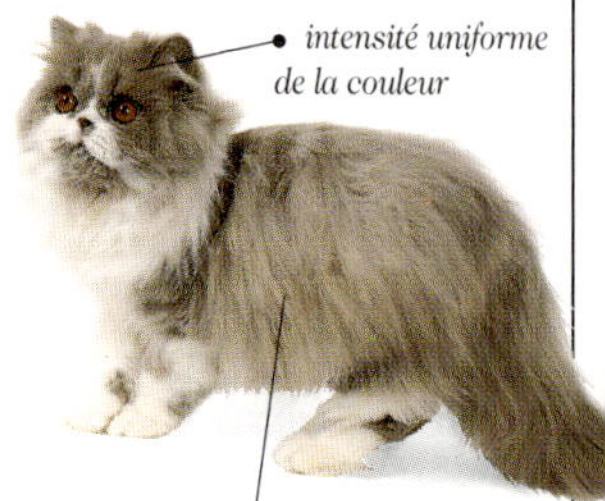

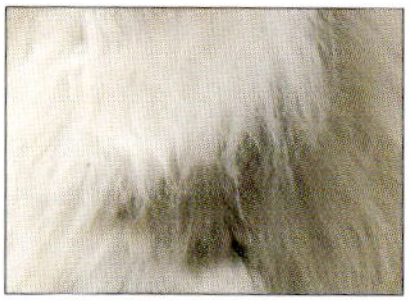

FOURRURE : longue, dense, soyeuse et fine

Option poil court	Caractère
Exotic lilas et blanc	Docile

Pays d'origine	Ancêtres	Date
Grande-Bretagne	Angoras x persans	1880-1890

BLEU ET BLANC

Les bicolores sont des animaux sains et forts, mais un toilettage soigneux est nécessaire pour délimiter et mettre en valeur les deux couleurs.

• **TRAITS** Les mâles deviennent massifs avec l'âge, les femelles étant un peu plus petites. Il ne doit pas y avoir de marques tabby dans la robe. Les poils forment une collerette très nette autour des épaules et entre les pattes avant.

• **REMARQUE** Les couleurs plus sombres semblent être les plus recherchées.

FOURRURE : longue, dense, soyeuse et fine

Option poil court	Caractère
Exotic bleu et blanc	Docile

Pays d'origine	Ancêtres	Date
Grande-Bretagne	Angoras x persans	1880-1890

CHOCOLAT ET BLANC

La variété chocolat et blanc a été obtenue en croisant chocolat et blancs.

• **TRAITS** Les régions colorées doivent couvrir entre la moitié et les deux tiers de la robe.

• **REMARQUE** Le développement de cette variété a été stimulé par le changement intervenu en 1971 dans les standards britanniques.

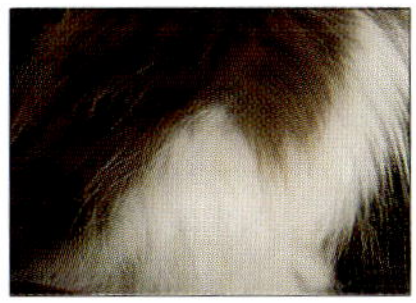

FOURRURE : longue, dense, soyeuse et fine

Option poil court	Caractère
Exotic chocolat et blanc	Docile

Pays d'origine	Ancêtres	Date
Grande-Bretagne	Angoras x persans	1880-1890

NOIR ET BLANC

Ces bicolores datent du tout début des concours. À cause des teintes, on les surnommait « couleur de pie ».

• **TRAITS** Comme chez les autres bicolores, des marques symétriques sont préférables, avec une flamme sur le visage (comme ici). Le type ne doit pas être différent de celui des autres persans.

• **REMARQUE** Les persans bicolores ne pouvaient pas concourir en Angleterre avant 1966. Il a fallu attendre 1971 pour qu'un standard plus réaliste soit établi.

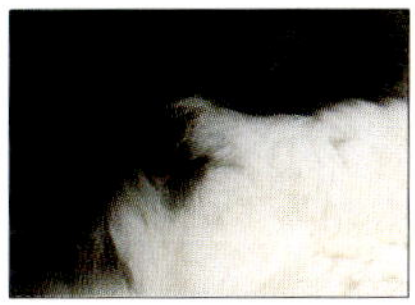

FOURRURE : longue, dense, soyeuse et fine

Option poil court	Caractère
Exotic noir et blanc	Docile

Pays d'origine	Ancêtres	Date
Grande-Bretagne	Angoras x persans	1880-1890

BLEU CRÈME

Depuis que cette variété a été reconnue en 1929, le bleu crème est devenu un chat remarquable.

• **TRAITS** La coloration de ce chat change selon son origine. Le standard européen exige un mélange équilibré des deux couleurs, tandis qu'en Amérique du Nord, des taches séparées de bleu et de crème sont préférées.

• **REMARQUE** Ces chats, appelés à l'origine écaille de tortue bleu, sont femelles pour la plupart. Les rares mâles seront stériles.

FOURRURE : longue, dense, soyeuse et fine

Option poil court	Caractère
Exotic bleu crème	Docile

Pays d'origine	Ancêtres	Date
Grande-Bretagne	Angoras x persans	1880-1890

ÉCAILLE DE TORTUE

L'écaille de tortue a un tempérament très calme, mais il a été difficile de créer des spécimens dignes de concourir.

• **TRAITS** La coloration doit être noire, tachetée de rouge clair et foncé.

• **REMARQUE** Cette couleur a été créée à la fin des années 1890. Elle est recherchée des deux côtés de l'Atlantique.

FOURRURE : longue, dense, soyeuse et fine

	Caractère
Exotic écaille de tortue	Docile

Pays d'origine Grande-Bretagne	Ancêtres Angoras x persans	Date 1880-1890

BLEU CRÈME ET BLANC

Il est difficile d'obtenir des chats bleu crème ayant une bonne répartition des couleurs.

• **TRAITS** Ces chats doivent présenter du blanc sur un tiers ou une moitié de la robe, le reste étant bleu crème. Ces parties doivent être très nettes, sans trace de poils blancs dans le bleu crème.

• **REMARQUE** L'application de talc – pas toujours autorisée – avant un concours rend les couleurs plus nettes.

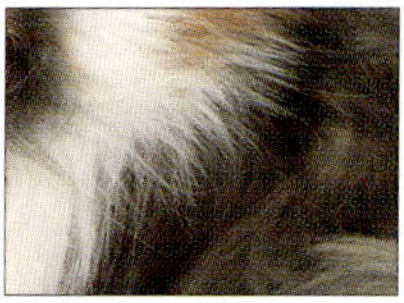

FOURRURE : longue, dense, soyeuse et fine

Option poil court Exotic bleu crème et blanc	Caractère Docile

Pays d'origine Grande-Bretagne	Ancêtres Angoras x persans	Date 1880-1890

SMOKE ÉCAILLE BLEU

Il est souvent difficile de distinguer ces chatons-là des chatons bleu crème, car les sous-poils clairs caractéristiques ne se voient pas avant l'âge de trois semaines.

• **TRAITS** Le tipping dans cette variété est bleu, avec des taches nettes de crème. Les sous-poils doivent être aussi blancs que possible, mais l'intensité de la couleur n'est pas considérée comme très importante. La truffe peut être rose ou bleue, ou un mélange des deux couleurs.

• **REMARQUE** Connu aussi sous le nom de Smoke bleu crème, le Smoke écaille bleu est une variété du Smoke écaille.

FOURRURE : longue, dense, soyeuse et fine

Option poil court Exotic Smoke bleu crème	Caractère Docile

Pays d'origine Grande-Bretagne | Ancêtres Angoras x persans | Date 1880-1890

ÉCAILLE ET BLANC

Parfois désigné par le nom « Calico », surtout aux États-Unis, ce chat était relativement rare avant qu'il soit reconnu en 1950.

• **TRAITS** Entre un tiers et la moitié de la robe doit présenter des taches blanches nettes. Il ne doit pas y avoir de poils blancs dans les régions colorées.

• **REMARQUE** Un standard légèrement différent pour cette variété a été établi aux États-Unis, où l'on recherche un ventre blanc.

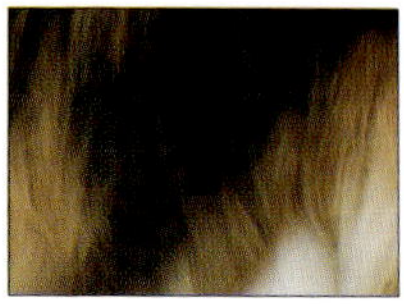

FOURRURE : longue, dense, soyeuse et fine

Option poil court Exotic écaille et blanc | Caractère Docile

Pays d'origine Grande-Bretagne | Ancêtres Angoras x persans | Date 1880-1890

VAN ÉCAILLE ET BLANC

Cette variété du persan écaille et blanc est basée sur le chat turc du lac de Van, à dominante blanche, avec des marques de couleur limitées à la tête, aux oreilles et à la queue. Une gamme de couleurs a été développée.

• **TRAITS** Les marques écaille et blanc constituent une forme tricolore de la race. Ici, la couleur écaille de base est composée de roux et de noir.

• **REMARQUE** Depuis 1986, certaines fédérations reconnaissent ce chat, désigné sous le nom de « Arlequin ».

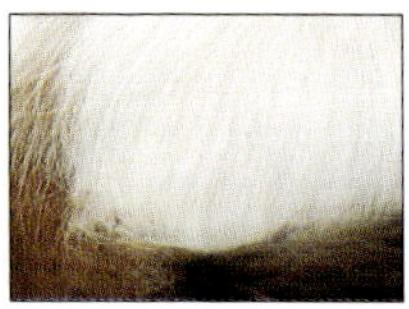

FOURRURE : longue, dense, soyeuse et fine

Option poil court Exotic Van écaille et blanc | Caractère Docile

Pays d'origine	Ancêtres	Date
Grande-Bretagne	Angoras x persans	1880-1890

ÉCAILLE CHOCOLAT

Un des mélanges de couleurs les plus récents, l'écaille chocolat est plus beau en hiver, quand sa robe est plus abondante.

• **TRAITS** La couleur de base est chocolat, ponctuée par des taches de roux clair et plus foncé. Avec sa grande tête, ce chat est un persan type.

• **REMARQUE** Après le développement du persan chocolat, d'autres combinaisons de chocolat, comme cette variété d'écaille, essentiellement femelle, ont pu être créées.

FOURRURE : longue, dense, soyeuse et fine

Option poil court	Caractère
Exotic écaille chocolat	Docile

Pays d'origine	Ancêtres	Date
Grande-Bretagne	Angoras x persans	1880-1890

TABBY ÉCAILLE CHOCOLAT

La plupart des Tabby à poil long présentent des marques classiques, comme ici. La forme tigrée est relativement rare. Les marques tabby sont moins distinctives chez les persans.

• **TRAITS** Dans ce cas, les marques tabby chocolat sont mélangées à des couleurs écaille de tortue, roux clair et foncé. Les marques tabby de base sont d'une couleur bronze avec des marques soutenues de chocolat. Les coussinets peuvent être chocolat, roses ou un mélange des deux.

• **REMARQUE** Ce chat est parfois connu, aux États-Unis, sous le nom de « Tabby tacheté » ou « Torbie ».

FOURRURE : longue, dense, soyeuse et fine

Option poil court	Caractère
Exotic Tabby écaille chocolat	Docile

Pays d'origine	Ancêtres	Date
Grande-Bretagne	Angoras x persans	1880-1890

TABBY LILAS

Bien que descendant des persans lilas, qui datent des années 1880, ce Tabby est une des plus récentes adjonctions à la race des persans.

• **TRAITS** La teinte de base doit être d'un beige agouti mis en valeur par des marques lilas soutenues et distinctes. On doit les voir sur les deux flancs et sur le dos, en rayures.

• **REMARQUE** Les marques tabby, qui existent depuis longtemps chez les persans, ont été mélangées à de nouvelles couleurs au fur et à mesure de leur création.

FOURRURE : longue, dense, soyeuse et fine

Option poil court	Caractère
Exotic Tabby lilas	Docile

Pays d'origine	Ancêtres	Date
Grande-Bretagne	Angoras x persans	1880-1890

TABBY BLEU

Les premiers Tabby bleus sont nés dans des portées de Tabby bruns, mais on peut aussi les créer en croisant les bleus avec des Tabby bruns.

• **TRAITS** Les marques bleu foncé et la couleur de base bleu pâle forment un bon contraste.

• **REMARQUE** Ces chats ont été reconnus aux États-Unis en 1962, mais en Europe ils ne sont que tolérés.

FOURRURE : longue, dense, soyeuse et fine

Option poil court	Caractère
Exotic Tabby bleu	Docile

Pays d'origine	Ancêtres	Date
Grande-Bretagne	Angoras x persans	1880-1890

TABBY ROUX

On exposait des persans Tabby roux au dernier siècle, mais la Seconde Guerre mondiale en a fait diminuer le nombre.

• **TRAITS** La teinte de base de ce chat doit être un roux soutenu, avec une série de marques tabby plus sombres.

• **REMARQUE** Connue initialement sous le nom de « Tabby orange », cette variété a toujours eu du succès aux États-Unis.

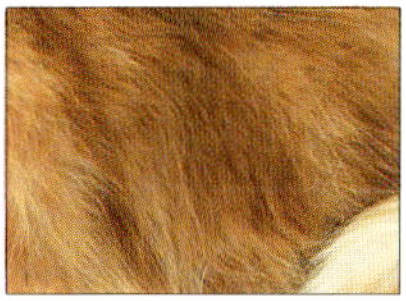

FOURRURE : longue, dense, soyeuse et fine

petites oreilles touffues à bout arrondi

dos roux avec, ici, trois rayures de teinte plus sombre

Option poil court	Caractère
Exotic Tabby roux	Docile

Pays d'origine	Ancêtres	Date
Grande-Bretagne	Angoras x persans	1880-1890

TABBY ARGENT

Les chatons Tabby argent qui naissent presque noirs, avec des petites traces de marques, sont susceptibles de devenir les meilleurs sujets à l'âge adulte.

• **TRAITS** La couleur de base est argentée avec des marques d'un noir profond. On ne doit pas trouver de poils blancs ou bruns.

• **REMARQUE** On exposait souvent le persan Tabby argent au siècle dernier. Ses marques en font l'un des plus originaux des persans.

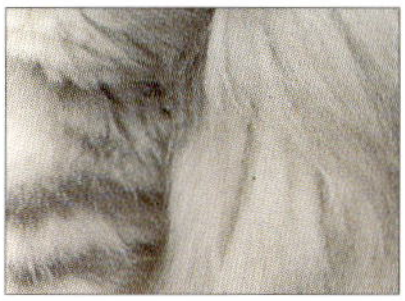

FOURRURE : longue, dense, soyeuse et fine

marques tabby très visibles

queue courte qui doit être parfaitement droite

pattes annelées

Option poil court	Caractère
Exotic Tabby argent	Docile

Pays d'origine	Grande-Bretagne	Ancêtres	Angoras x persans	Date	1880-1890

TABBY CLASSIQUE BRUN

En brossant la robe dans le sens du poil, on intensifie le contraste entre les parties claires et les parties sombres.

• **TRAITS** La couleur de base est sable ou fauve, avec des marques distinctes de noir. Les yeux doivent être orange ou cuivre, sans la moindre trace de vert. La truffe doit être rouge brique. Les coussinets peuvent être noirs ou bruns.

• **REMARQUE** Une des premières fédérations félines d'Angleterre fut fondée pour promouvoir cette variété à l'époque du règne de la reine Victoria.

FOURRURE : longue, dense, soyeuse et fine

Option poil court	Exotic Tabby classique brun	Caractère	Docile

Pays d'origine	Grande-Bretagne	Ancêtres	Angoras x persans	Date	1880-1890

TABBY ÉCAILLE DE TORTUE

Ces persans présentent des marques tabby et des marques écaille de tortue dans les teintes de roux. Les deux doivent être très visibles.

• **TRAITS** Ici, les marques tabby sont noires, mélangées à la couleur de base cuivre brun de la robe. Les coussinets sont roses ou noirs.

• **REMARQUE** Les Tabby écaille de tortue sont femelles pour la plupart.

FOURRURE : longue, dense, soyeuse et fine

Option poil court	Exotic Tabby écaille de tortue	Caractère	Docile

Pays d'origine	Ancêtres	Date
Grande-Bretagne	Angoras x persans	1880-1890

Silver Shaded

On confondait souvent dans le passé le Silver Shaded et le chinchilla. Des chatons des deux races peuvent se trouver dans la même portée, et des individus de couleur sombre peuvent devenir plus pâles et en fait appartenir aux chinchillas.

• **TRAITS** Le tipping noir, dans le cas du Silver Shaded, doit constituer un tiers de la longueur des poils.

• **REMARQUE** Les éleveurs ont séparé les deux formes, en les définissant de façon claire par un élevage sélectif.

FOURRURE : longue, dense, soyeuse et fine

Option poil court	Caractère
Exotic Silver Shaded	Docile

Pays d'origine	Ancêtres	Date
Grande-Bretagne	Angoras x persans	1880-1890

Chinchilla

La différence entre le Silver Shaded et le chinchilla est de nouveau reconnue, après avoir été oubliée au début du siècle.

• **TRAITS** Le tipping chez le chinchilla est moins prononcé que chez le Silver Shaded, ce qui donne une robe plus claire.

• **REMARQUE** Le Silver Tabby a, sans doute, été à l'origine du développement de cette race dans les années 1880.

FOURRURE : longue, dense, soyeuse et fine

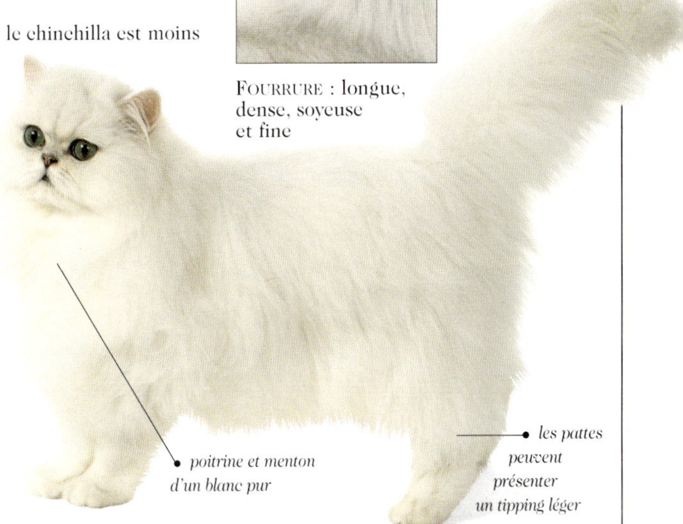

Option poil court	Caractère
Exotic chinchilla	Docile

Pays d'origine	Ancêtres	Date
Grande-Bretagne	Angoras x persans	1880-1890

SMOKE CRÈME

Le contraste ici n'est pas aussi prononcé que chez les chats aux couleurs plus sombres, mais il demeure néanmoins très attrayant.

• **TRAITS** La couleur de base est crème, avec du blanc sur les flancs. Le sous-poil devient visible quand l'animal se déplace.

• **REMARQUE** Il est nécessaire de toiletter souvent cette variété pour la montrer sous son meilleur aspect. Comme tous les fumés, les chatons doivent être âgés d'au moins six mois avant d'être présentés.

FOURRURE : longue, dense, soyeuse et fine

Option poil court	Caractère
Exotic Smoke crème	Docile

Pays d'origine	Ancêtres	Date
Grande-Bretagne	Angoras x persans	1880-1890

SMOKE BLEU

Tous les persans ont besoin d'être toilettés souvent. Un excès de graisse dans la robe peut être éliminé en frottant les poils de maïzena avant un brossage vigoureux.

• **TRAITS** La couleur bleue devient plus argentée sur les flancs. Le sous-poil doit être aussi blanc que possible afin de mettre le contraste en valeur. Les pattes et la tête sont d'un bleu profond.

• **REMARQUE** Le nombre de Smoke bleus a toujours été très irrégulier au fil des années.

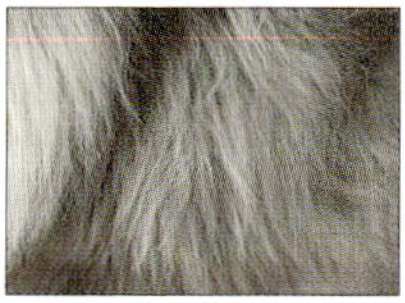

FOURRURE : longue, dense, soyeuse et fine

Option poil court	Caractère
Exotic Smoke bleu	Docile

Pays d'origine	Ancêtres	Date
Grande-Bretagne	Angoras x persans	1880-1890

SMOKE NOIR

Le noir peut être plus ou moins intense. Les éleveurs anglais préfèrent les individus plus sombres. Le contraste entre le sous-poil blanc et le tipping noir de chaque poil est prononcé chez le Smoke noir qu'il faut toiletter souvent afin de mettre cet effet en valeur.

• **TRAITS** Ces chats ont une large tête ronde et un corps râblé. La couleur des yeux doit être orange ou cuivre.

• **REMARQUE** Les fumés noirs à la couleur traditionnelle datent des années 1860.

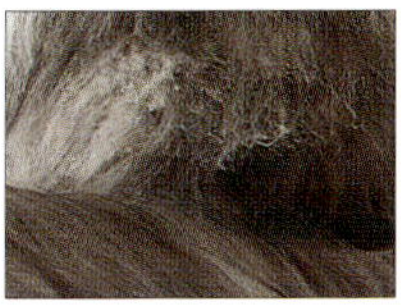

FOURRURE : longue, dense, soyeuse et fine

Option poil court	Caractère
Exotic Smoke noir	Docile

Pays d'origine	Ancêtres	Date
Grande-Bretagne	Angoras x persans	1880-1890

SMOKE BLEU CRÈME

Si vous devez choisir un jeune chat de cette variété, prenez celui qui présente le sous-poil le plus clair, car il apporte la meilleure garantie d'une coloration adulte satisfaisante. Un toilettage régulier est très important.

• **TRAITS** Chez le Smoke bleu crème, le tipping doit être un mélange de bleu et de crème, distribué régulièrement. Le sous-poil, en revanche, doit être aussi blanc que possible.

• **REMARQUE** Des croisements avec des persans bleu crème ont été souvent réalisés pour améliorer le type d'autres Smoke.

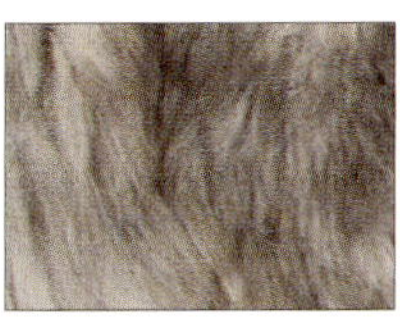

FOURRURE : longue, dense, soyeuse et fine

Option poil court	Caractère
Exotic Smoke bleu crème	Docile

Pays d'origine	Grande-Bretagne	Ancêtres	Angoras x persans	Date	1880-1890

Smoke écaille de tortue

Le tipping ici, comme pour les autres Smoke, est nettement plus étendu que chez les persans Shaded, définissant mieux la couleur. Une flamme crème ou rousse est très recherchée chez cette variété presque exclusivement femelle.

• **Traits** Ces chats doivent ressembler aux persans écaille de tortue, avec des taches de roux, de crème et de noir, mais lorsqu'ils bougent, le sous-poil devient visible, créant ainsi un contraste distinctif.

• **Remarque** Cette variété est issue de croisements entre persans Smoke et persans écaille de tortue.

Fourrure : longue, dense, soyeuse et fine

Option poil court	Exotic Smoke écaille de tortue	Caractère	Docile

Pays d'origine	Grande-Bretagne	Ancêtres	Angoras x persans	Date	1880-1890

Pewter

Si les persans Pewter et les Silver Shaded se ressemblent beaucoup, on peut les distinguer à la couleur des yeux. Chez le Pewter, ils sont orange ou cuivre.

• **Traits** La robe est blanche avec un tipping noir donnant l'impression d'une couleur étain. Le sous-poil est également blanc avec une teinte plus sombre sur les pattes. La truffe est rouge brique, entourée de noir.

• **Remarque** Le persan Pewter est une variété de chinchilla.

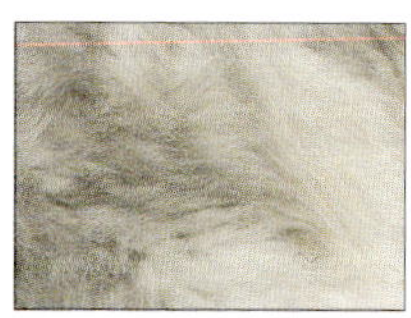

Fourrure : longue, dense, soyeuse et fine

Option poil court	Exotic Pewter	Caractère	Docile

Pays d'origine	Grande-Bretagne	Ancêtres	Angoras x persans	Date	1880-1890

Golden Shaded

La couleur particulière de ce chat est due à un dégradé sur chaque poil.

• **Traits** Le sous-poil va de couleur abricot à or, avec un tipping brun ou noir sur la tête, le dos, les flancs et la queue. Les pattes peuvent être en dégradé, avec une partie colorée, de même teinte que le tipping, courant du pied jusqu'au talon. Les coussinets peuvent être brun marron ou noirs.

• **Remarque** Seul le tipping brun marron est autorisé aux États-Unis. L'effet est ainsi moins prononcé.

Fourrure : longue, dense, soyeuse et fine

Option poil court	Exotic Golden Shaded	Caractère	Docile

Pays d'origine	Grande-Bretagne	Ancêtres	Angoras x persans	Date	1880-1890

Cameo écaille de tortue

Un bon contraste de couleurs est un trait essentiel du Cameo écaille de tortue, autant en ce qui concerne le sous-poil et le tipping qu'en ce qui concerne les marques distinctes d'écaille de tortue.

• **Traits** Les couleurs crème, roux et noir de l'écaille de tortue doivent se distinguer facilement, surtout sur la face. On ne doit pas voir des taches de couleur ininterrompue ni sur les pattes, ni sur les pieds, mais le tipping peut être de n'importe quelle couleur.

• **Remarque** Un toilettage quotidien est nécessaire, non seulement pour mettre en valeur les couleurs, mais aussi pour éviter la formation de nœuds.

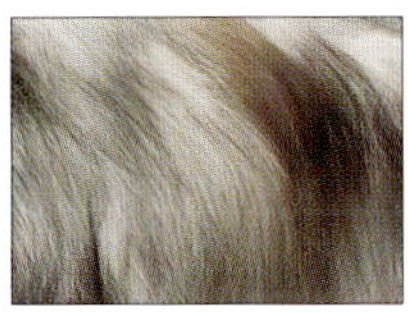

Fourrure : longue, dense, soyeuse et fine

Option poil court	Exotic Cameo écaille de tortue	Caractère	Docile

Pays d'origine	Grande-Bretagne	Ancêtres	Angoras x persans	Date	1880-1890

Cameo Cream Shaded

L'aspect étonnant de ce chat est dû au contraste entre le sous-poil blanc et le dégradé crème.

• **Traits** Les parties crème les plus prononcées se trouvent sur le masque et le long du dos jusqu'au bout de la queue. Pattes et pieds sont bien colorés ; plumets, flancs, collerette et ventre sont pâles.

• **Remarque** Les Cameo ont été développés aux États-Unis.

Fourrure : longue, dense, soyeuse et fine

Option poil court	Exotic Cream Shaded	Caractère	Docile

Pays d'origine	Grande-Bretagne	Ancêtres	Angoras x persans	Date	1880-1890

Cameo Cream Shell

Les Cameo Shell sont plus clairs que les Shaded ou les fumés : cette différence provient d'un tipping plus court sur chaque poil.

• **Traits** L'aspect brillant de la robe de ce chat est dû au tipping crème court jouant sur la fourrure blanche. Les coussinets et la truffe doivent être roses.

• **Remarque** Les Cameo se répandirent en Australie, en Nouvelle-Zélande et aux États-Unis dans les années soixante. Le premier Cameo européen a été élevé aux Pays-Bas en 1962, deux ans après avoir été reconnu aux États-Unis.

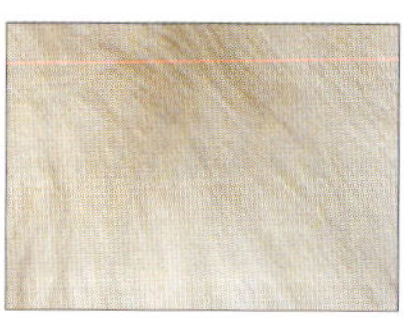

Fourrure : longue, dense, soyeuse et fine

Option poil court	Exotic Cameo Cream Shell	Caractère	Docile

Pays d'origine Grande-Bretagne	Ancêtres Angoras x persans	Date 1880-1890

CAMEO RED SHADED

Bien qu'on ait connu des Cameo, ici et là, depuis un certain nombre d'années, ce ne fut qu'en 1950 qu'une tentative sérieuse a été entreprise pour le développer. Le docteur Rachel Salisbury en fut l'instigatrice et l'American Cat Fanciers Association reconnut la variété en 1960. Le nom Cameo est utilisé aux USA pour les chats présentant un tipping ressemblant, par exemple, à celui du chinchilla. Chez le roux, le tipping est d'une teinte intermédiaire entre le rouge et le roux.

• **TRAITS** Le sous-poil blanc a un tipping roux, créant un effet particulier sur l'ensemble de la robe. Le rouge est plus prononcé sur le dos, depuis la tête jusqu'au bout de la queue. Le ventre est pâle.

• **REMARQUE** La robe ne doit comporter aucune marque tabby.

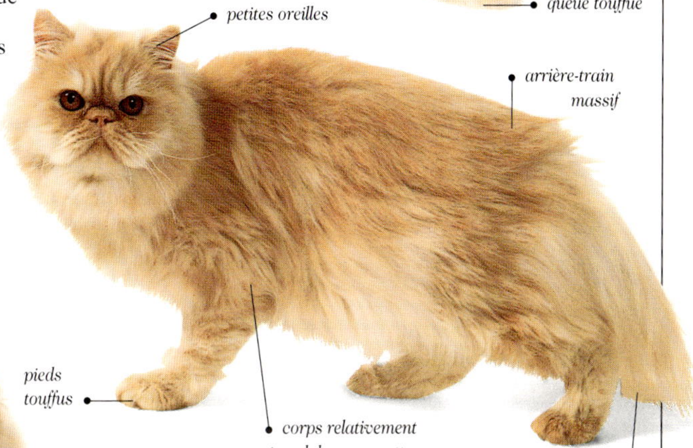

FOURRURE : longue, dense, soyeuse et fine

Option poil court Exotic Cameo Red Shaded	Caractère Docile

LES PERSANS COLOURPOINT

CES CHATS SONT connus aux États-Unis sous le nom de « himalayens ». La couleur sombre des pointes qui apparaît chez d'autres animaux himalayens, comme les lapins, est due à un gène spécifique. Des chats à poil long avec des marques distinctives comme celles-ci furent élevés à l'origine par un généticien suédois, dans les années vingt. Mais ce ne fut qu'après la publication d'une nouvelle étude sur la génétique féline qu'on pensa sérieusement à créer une nouvelle race.

Pays d'origine	Ancêtres	Date
États-Unis	Persans x siamois	1920-1930

CREAM-POINT

On a commencé à fixer cette variété en 1935, en utilisant les résultats obtenus grâce au programme originel de l'élevage américain. Le croisement d'un persan noir et d'une siamoise a donné trois chatons noirs à poil court. Deux d'entre eux ont été accouplés, ce qui a donné un chaton à poil long. Quand cette chatte, appelée *Débutante*, a été accouplée à son père, un chaton persan Colourpoint est né. Cela a prouvé que les gènes responsables de la couleur unie et du poil court étaient dominants mais que les chatons possédaient aussi les gènes Colourpoint et poil long.

• **TRAITS** La couleur du corps est blanc crème, les pointes étant d'un crème plus sombre. Le type de ce chat, avec sa grande tête ronde et son corps râblé, ressemble au persan.

• **REMARQUE** La face est en général plus importante chez les mâles de cette race.

FOURRURE ; longue, épaisse, douce et fine

Option poil court	Caractère
British Shorthair Colourpoint Cream-Point	Accommodant

Pays d'origine	Ancêtres	Date
États-Unis	Persans x siamois	1920-1930

LILAC-POINT

Les premiers persans Colourpoint ressemblaient beaucoup plus aux siamois que ceux d'aujourd'hui. Les couleurs franches des pointes ont été développées en premier, et après seulement on a amélioré le type.

• **TRAITS** Les teintes chaudes du lilas contrastent avec le blanc magnolia du corps. Les yeux doivent être d'un bleu pur.

• **REMARQUE** Peu d'autres chats possèdent un caractère aussi calme. Le Colourpoint a un comportement semblable à celui du persan et il a besoin également d'un toilettage soigneux.

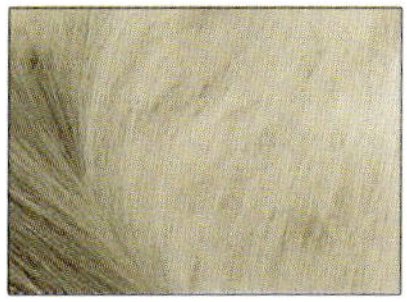

FOURRURE : longue, épaisse, douce et fine

Option poil court	Caractère
British Shorthair Colourpoint Lilac-Point	Accommodant

Pays d'origine	Ancêtres	Date
États-Unis	Persans x siamois	1920-1930

CHOCOLATE-POINT

Un des problèmes principaux auxquels les éleveurs devaient faire face au début consistait à obtenir la couleur bleue des yeux. À l'origine on croyait qu'il s'avérerait nécessaire d'avoir recours à des croisements avec des persans aux yeux de couleur pâle, mais en fait, les yeux de couleur cuivre se sont révélés les plus précieux.

• **TRAITS** Les pointes dans ce cas doivent être d'une teinte chaude chocolat : le corps doit être blanc ivoire. La couleur des pointes doit être régulière.

• **REMARQUE** Les marques chez les chatons mettent longtemps à se développer.

FOURRURE : longue, épaisse, douce et fine

Option poil court	Caractère
British Shorthair Colourpoint Chocolate-Point	Accommodant

Pays d'origine	Ancêtres	Date
États-Unis	Persans x siamois	1920-1930

BLUE-POINT

Tous les chatons persans Colourpoint naissent avec une robe touffue d'un blanc pur. Les pointes commencent à apparaître après quelques jours, mais elles mettent parfois dix-huit mois pour atteindre leur plein développement.

• **TRAITS** La couleur bleue des pointes contraste avec le blanc glacé du corps. Le pourtour des yeux, la truffe et les coussinets doivent également être bleus.

• **REMARQUE** Les chatons Colourpoint sont adultes avant les autres persans, ce qui est dû à leur patrimoine siamois.

FOURRURE : longue, épaisse, douce et fine

Option poil court	Caractère
British Shorthair Colourpoint Blue-Point	Accommodant

Pays d'origine	Ancêtres	Date
États-Unis	Persans x siamois	1920-1930

SEAL-POINT

Si la couleur sombre des pointes est très recherchée, elle ne sera jamais aussi soutenue que chez le siamois Seal-Point, car les poils plus longs atténuent les températures extrêmes qui influent sur la coloration.

• **TRAITS** Le corps blanc crème contraste avec la couleur brun sombre des pointes. La couleur des yeux, comme chez tous les persans Colourpoint, doit être d'un bleu soutenu.

• **REMARQUE** Une teinte plus sombre peut se développer chez les adultes. Elle doit correspondre à la couleur des pointes et être limitée aux épaules et aux flancs.

FOURRURE : longue, épaisse, douce et fine

Option poil court	Caractère
British Shorthair Colourpoint Seal-Point	Accommodant

Pays d'origine	Ancêtres	Date
États-Unis	Persans x siamois	1920-1930

LILAC-CREAM-POINT

Tandis que la couleur peut s'assombrir avec l'âge, comme chez les Seal-Point, ce n'est en général pas le cas ici.

- **TRAITS** Les pointes lilas sont interrompues par des taches de crème. La couleur du corps peut aller du magnolia au blanc crème. Le masque plus sombre doit couvrir le nez et atteindre la région des vibrisses et du menton, mais ne doit pas englober toute la tête.
- **REMARQUE** Cette variété a été reconnue pour la première fois en Europe en 1955.

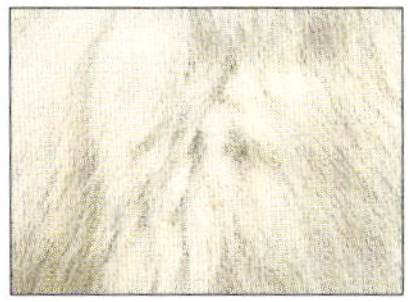

FOURRURE : longue, épaisse, douce et fine

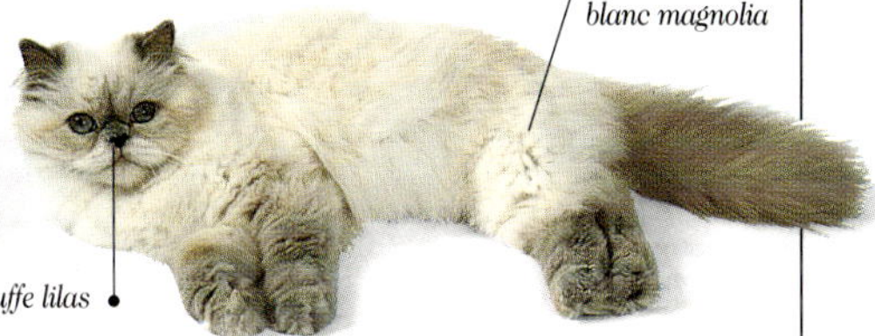

Option poil court	Caractère
British Shorthair Colourpoint Lilac-Cream-Point	Accommodant

Pays d'origine	Ancêtres	Date
États-Unis	Persans x siamois	1920-1930

BLUE-CREAM-POINT

Une autre variété écaille, le Blue-Cream, n'a pas subi de modification au cours de son développement, car il a été créé directement du croisement entre persans. Il y a une différence dans l'aspect des persans Colourpoint en Europe et aux États-Unis : en Amérique, le type est devenu plus marqué.

- **TRAITS** La couleur du corps de ces chats peut aller d'un blanc glacé à un blanc crème chaud.
- **REMARQUE** Les pointes bleues sont interrompues par du crème.

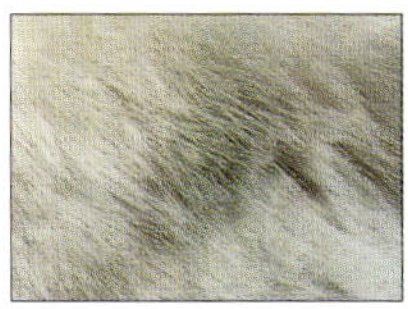

FOURRURE : longue, épaisse, douce et fine

Option poil court	Caractère
British Shorthair Colourpoint Blue-Cream-Point	Accommodant

Pays d'origine	Ancêtres	Date
États-Unis	Persans x siamois	1920-1930

RED TABBY-POINT

Ici le roux et les marques tabby sont associés aux marques himalayennes. Ce chat, de création récente, préfigure le champ d'action des programmes d'élevage futurs.

• **TRAITS** Les marques tabby se voient sur la tête, avec parfois un scarabée en forme de M sur le front et des « lunettes » autour des yeux.

• **REMARQUE** La région des moustaches doit être tachetée.

FOURRURE : longue, épaisse, douce et fine

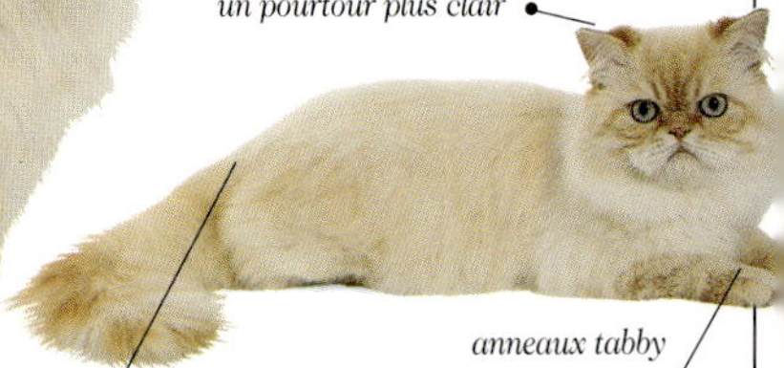

Option poil court	Caractère
British Shorthair Colourpoint Red Tabby-Point	Accommodant

Pays d'origine	Ancêtres	Date
États-Unis	Persans x siamois	1920-1930

LILAC TABBY-POINT

Les différentes formes lilas des persans Colourpoint issues d'ancêtres chocolat, sont devenues très populaires. Ce chat doit avoir la grande tête ronde typique, sans trace du visage pékinois. Les yeux sont ronds et relativement grands.

• **TRAITS** La couleur blanc magnolia du corps est mise en valeur par les marques tabby lilas.

• **REMARQUE** Les Tabby-Point sont souvent appelés « Lynx-Point » aux États-Unis.

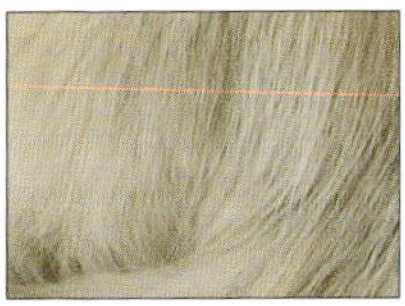

FOURRURE : longue, épaisse, douce et fine

Option poil court	Caractère
British Shorthair Colourpoint Lilac Tabby-Point	Accommodant

Pays d'origine	Ancêtres	Date
États-Unis	Persans x siamois	1920-1930

BLUE-CREAM TABBY-POINT

FOURRURE : longue, épaisse, douce et fine

L'introduction de nouveaux traits a détérioré, au début, le type de ces chats. Les éleveurs ont eu recours à des croisements avec des persans pour ramener le type à celui des Colourpoint.

• **TRAITS** La couleur du corps peut varier d'un blanc glacé à une teinte blanc crème, tandis que les pointes combinent le bleu et le crème. La couleur est plus ou moins soutenue, selon l'individu.

• **REMARQUE**
Le M caractéristique de tous les Tabby doit être bien défini.

Option poil court	Caractère
British Shorthair Colourpoint Blue-Cream Tabby-Pt	Accommodant

Pays d'origine	Ancêtres	Date
États-Unis	Persans x siamois	1920-1930

CHOCOLATE TABBY-POINT

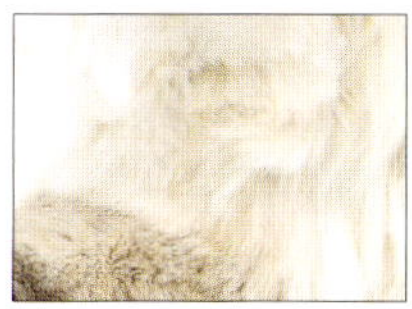

FOURRURE : longue, épaisse, douce et fine

Chez les formes plus sombres, tels les chocolat, les marques sont les plus distinctes. Les chatons sont bien plus clairs que les adultes.

• **TRAITS** Les marques chocolat sont, sur un fond bronze agouti, mises en valeur par le blanc ivoire du corps. On accepte des poils de couleur bronze au-dessus du nez ; la couleur de celui-ci doit correspondre aux pointes. Les marques sur la tête doivent comporter des « lunettes ».

• **REMARQUE** Les « empreintes de pouce » sur les oreilles sont en général distinctes chez les variétés foncées.

Option poil court	Caractère
British Shorthair Colourpoint Chocolate Tabby-Pt	Accommodant

LES CHATS SACRÉS DE BIRMANIE

SELON la légende, un chat blanc du temple du nom de *Sinh* s'approcha un jour du vénérable moine Mun-Ha, qui était à l'agonie. Les pieds du chat, là où ils avaient été en contact avec le prêtre, restèrent blancs, tandis que ses yeux jaunes devinrent bleus. Sa tête, sa queue et ses pattes prirent une teinte couleur de terre et la fourrure du dos devint dorée. Celle de tous les autres chats du temple se transforma en un brun doré afin qu'ils ressemblent à *Sinh*, l'ancêtre de la race birmane. C'est une race à poil mi-long.

Pays d'origine	Ancêtres	Date
Birmanie	Chats sans pedigree	Inconnue

CREAM-POINT

La forme traditionnelle du birman reste le Seal-Point. Ici, il s'agit d'une variété assez récente. Le contraste n'est pas aussi marqué que chez les variétés à pointes plus sombres, mais les parties blanches des pieds, caractéristiques, qui s'étendent en partie sur les pattes arrière, doivent être distinctes.

• **TRAITS** La couleur du corps du Cream-Point est d'un blanc cassé avec des traces d'or. Les pointes sont crème. Chez les birmans plus âgés, la couleur du masque s'étend sur la totalité du visage, y compris la région des moustaches.

• **REMARQUE** Il n'y a aucun lien entre le birman et le burmese, à poil court.

FOURRURE : mi-longue et de texture soyeuse

Option poil court	Caractère
Néant	Intelligent ; doux

Pays d'origine Birmanie	Ancêtres Chats sans pedigree	Date Inconnue

RED-POINT

Autre création récente dans le groupe des birmans, le Red-Point, qui porte des marques identiques. Sur les pieds de devant, les gants blancs traversent les pattes en ligne droite et doivent être symétriques ; les pieds arrière sont complètement recouverts par des gantelets blancs.

• **TRAITS** La teinte crème du corps, avec souvent un soupçon d'or, est mise en valeur par une teinte chaude de roux orangé sur le nez, les oreilles et les pattes.

• **REMARQUE** Un nez et des oreilles légèrement tachetés ne constituent pas un défaut très grave.

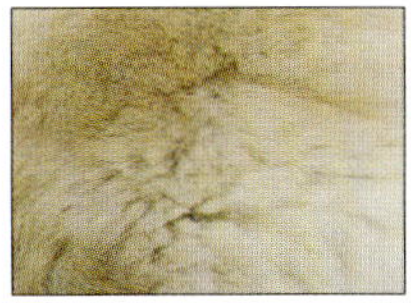

FOURRURE : mi-longue et de texture soyeuse

Option poil court Néant	Caractère Intelligent ; doux

Pays d'origine Birmanie	Ancêtres Chats sans pedigree	Date Inconnue

LILAC-POINT

La robe du birman n'a pas une tendance marquée à se nouer comme celle du persan, mais un toilettage quotidien reste essentiel, surtout pendant la période de mue. Un brossage régulier évite que des poils avalés forment une boule dans l'estomac du chat, créant une obstruction.

• **TRAITS** La couleur magnolia cassé contraste avec la couleur rose-gris des pointes.

• **REMARQUE** Le birman est souvent très joueur.

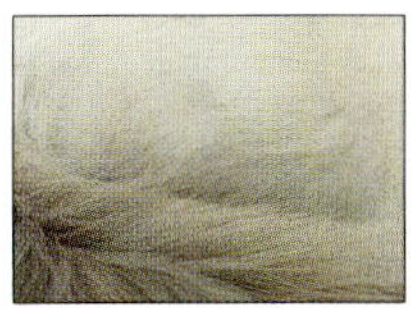

FOURRURE : mi-longue et de texture soyeuse

Option poil court Néant	Caractère Intelligent ; doux

Pays d'origine	Ancêtres	Date
Birmanie	Chats sans pedigree	Inconnue

Blue-Point

Le développement de cette race a surtout eu lieu en France, où le premier birman arriva en 1919. Des bonzes d'un temple avaient donné, dit-on, un couple de ces chats à deux Européens qui les avaient aidés à défendre leur temple contre une attaque. Seule la femelle, pleine, survécut au voyage.

• **Traits** La couleur blanc bleuâtre du corps est soulignée par des pointes bleues.

• **Remarque** Yeux d'un bleu soutenu requis.

Fourrure : mi-longue et de texture soyeuse

Option poil court	Caractère
Néant	Intelligent ; doux

Pays d'origine	Ancêtres	Date
Birmanie	Chats sans pedigree	Inconnue

Seal-Point

Les birmans ont failli disparaître en Europe pendant la Seconde Guerre mondiale, mais ils ont été réintroduits en Angleterre dans les années soixante.

• **Traits** La lueur dorée sur le dos de ces chats est plus visible chez les mâles. La couleur de base du corps est d'un beige clair, soulignée par des pointes sombres d'un brun foncé et par les marques blanches caractéristiques des membres inférieurs. La truffe est d'un brun sombre assorti.

• **Remarque** Présenté parfois sous le nom de « chat sacré de Birmanie », ce chat fut reconnu aux USA en 1967.

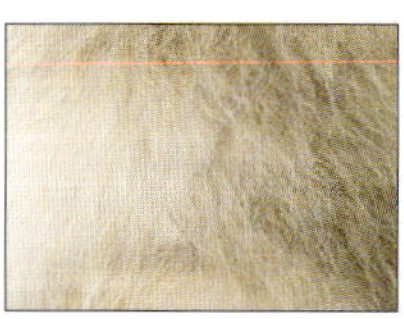

Fourrure : mi-longue et de texture soyeuse

Option poil court	Caractère
Néant	Intelligent

Pays d'origine	Ancêtres	Date
Birmanie	Chats sans pedigree	Inconnue

CHOCOLATE-POINT

En tant que birman plutôt sombre, celui-ci peut présenter, surtout à l'âge adulte, une couleur du corps modifiée par celle des pointes, mais elle doit s'accorder à celle-ci, tout en préservant un contraste bien visible.

- **TRAITS** Les pointes, dans ce cas, sont d'une couleur chocolat au lait, contrastant avec l'ivoire du corps. Le type est le même que celui des autres birmans : front plat et nez légèrement cassé, vu de profil. Les yeux doivent être d'un bleu le plus foncé possible ; la truffe doit être de couleur chocolat.
- **REMARQUE** Bien que la robe de ce chat soit assez longue, les poils ne se nouent pas. Le toilettage est donc facile.

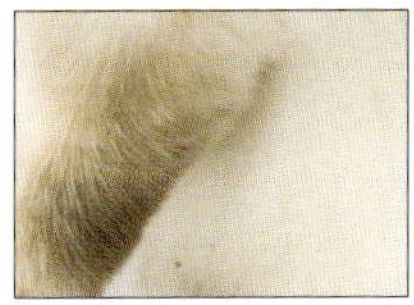

FOURRURE : mi-longue et de texture soyeuse

Option poil court	Caractère
Néant	Intelligent ; doux

Pays d'origine	Ancêtres	Date
Birmanie	Chats sans pedigree	Inconnue

SEAL TORTIE-POINT

Il est toujours difficile d'obtenir des birmans dont le type, la couleur et les marques de gants sont excellents. L'introduction de marques écaille ne rend la tâche que plus dure.

• **TRAITS** La couleur du corps est d'un fauve clair, passant à un brun chaud ou roux sur le dos et les flancs.

• **REMARQUE** Cette variété ne produit que des femelles.

FOURRURE : mi-longue et de texture soyeuse

Option poil court	Caractère
Néant	Intelligent ; doux

Pays d'origine	Ancêtres	Date
Birmanie	Chats sans pedigree	Inconnue

SEAL TORTIE-TABBY-POINT

Un élément supplémentaire, sous forme de marques tabby, se découvre sur ce chat. Les marques tabby typiques doivent se voir dans la robe aux côtés des couleurs écaille de tortue. La distribution des marques n'est pas importante.

• **TRAITS** La couleur fauve du corps prend de façon irrégulière une teinte plus soutenue de brun, souvent mélangé à du roux sur le dos et les flancs. Les pointes sont marron.

• **REMARQUE** La couleur de la truffe est un mélange de rose tacheté et de marques plus sombres.

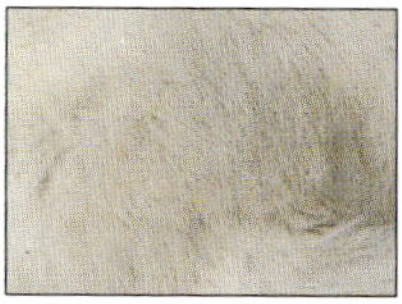

FOURRURE : mi-longue et de texture soyeuse

Option poil court	Caractère
Néant	Intelligent

Pays d'origine Birmanie	Ancêtres Chats sans pedigree	Date Inconnue

Blue Tabby-Point

Les marques tabby sont visibles chez ce chat mais les gants ne sont aucunement modifiés. Un bon contraste, très important chez le birman, est d'habitude plus marqué chez les variétés plus sombres.

• **Traits** Les pointes bleues contrastent avec une couleur de base beige agouti, le corps lui-même étant d'un blanc bleuâtre. Une queue annelée est préférée, mais de telles marques ne se voient parfois que sur le dessous.

• **Remarque** L'obtention de bonnes marques sur la queue n'est pas facile chez cette variété.

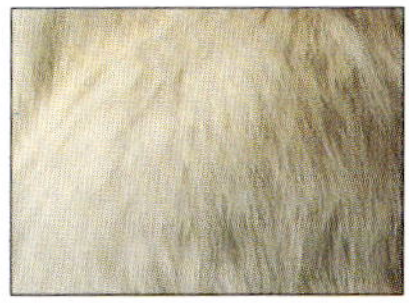

Fourrure : mi-longue et de texture soyeuse

Option poil court Néant	Caractère Intelligent ; doux

Pays d'origine Birmanie	Ancêtres Chats sans pedigree	Date Inconnue

Seal Tabby-Point

L'apparence du birman peut varier avec les saisons car ce chat perd beaucoup de poils en été.

• **Traits** Les birmans Tabby-Point doivent présenter des marques accentuées au-dessus des « gantelets » des pattes arrière. Le corps beige pâle avec ses reflets dorés contraste avec le brun des pointes.

• **Remarque** Tous les birmans naissent avec une courte robe blanche.

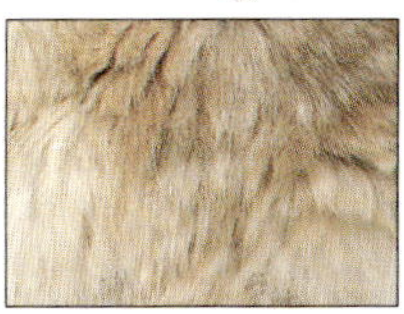

Fourrure : mi-longue et de texture soyeuse

Option poil court Néant	Caractère Intelligent ; doux

Les angoras turcs

Inquiet de la diminution du nombre d'angoras en Turquie (d'où ils sont originaires) et ailleurs, le gouvernement turc conçut un programme d'élevage dans les années soixante au zoo d'Ankara, le but étant de promouvoir la race. Des éleveurs américains se procurèrent quelques sujets, de sorte qu'en 1963, une première portée naquit aux États-Unis. Ces chats sont arrivés en Grande-Bretagne à la fin des années soixante-dix. L'angora turc est une des races les plus anciennes et seuls les spécimens à sang pur sont acceptés par les fédérations.

Pays d'origine Turquie	Ancêtres Poils longs sans pedigree	Date XV siècle

Blanc

Le blanc est la couleur traditionnelle de cette race, connue à l'origine sous le nom d'angora. Cette appellation, cependant, a été adoptée pour la reconstitution de la race, bien qu'on ait utilisé des orientaux. Pour éviter toute confusion, la forme plus ancienne est connue sous le nom d'angora turc.

• **Traits** La tête de l'angora turc est plus courte et plus ronde que celle de l'angora « nouveau ». Ses oreilles sont moins proéminentes. Chez le blanc, la couleur des yeux peut varier. Les sujets à yeux bleus sont souvent sourds.

• **Remarque** Traditionnellement, c'est la variété à yeux vairons, l'*Ankara kedi*, qui est considérée comme la forme originelle, mais la race existe dans d'autres couleurs et formes.

Fourrure : fine, soyeuse, sans sous-poil

Option poil court Néant	Caractère Joueur, sociable

Pays d'origine Turquie	Ancêtres Poils longs sans pedigree	Date XVe siècle

NOIR

Cette race ancienne n'est pas encore admise partout, bien qu'elle soit l'ancêtre d'un bon nombre de races reconnues, tel le persan.

• **TRAITS** La couleur de ce chat doit être d'un noir pur et dense, sans trace de rouille. Des poils blancs éparpillés sont considérés comme un défaut majeur.

• **REMARQUE** Les croisements avec d'autres races ne sont pas admis. Le sang de l'angora turc doit rester pur.

FOURRURE : fine, soyeuse, sans sous-poil

Option poil court Néant	Caractère Joueur, sociable

Pays d'origine Turquie	Ancêtres Poils longs sans pedigree	Date XVe siècle

BLEU CRÈME

Pendant longtemps, le blanc a été la seule couleur de l'angora turc à être acceptée, mais aujourd'hui on trouve aussi des Tabby, écaille et fumés ainsi que des couleurs unies. Le bleu crème, comme chez d'autres races, donne presque exclusivement des femelles.

• **TRAITS** Le ton du bleu peut varier, ainsi que celui du crème.

• **REMARQUE** La robe de ce chat est plus soyeuse et aérée que celle du persan. La queue est portée plus bas sur le corps, mais lorsque le chat se déplace très vite, elle peut être courbée vers l'avant, atteignant presque la tête.

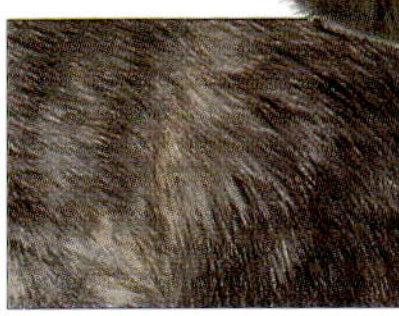

FOURRURE : fine et soyeuse, sans sous-poil

Option poil court Néant	Caractère Joueur, sociable

Pays d'origine Turquie	Ancêtres Poils longs sans pedigree	Date XVe siècle

TABBY CLASSIQUE CRÈME

L'aspect gracieux de ce chat est souligné par la forme longue et svelte de son corps. Les mâles adultes sont plus grands que les femelles et peuvent posséder des joues rondes, mais la stature doit rester mince et musclée.

• **TRAITS** Un crème clair avec des yeux ambrés est préféré. La tête est assez petite et triangulaire. Sur le dessous, les poils sont ondulés.

• **REMARQUE** L'aspect général de ce chat est fin, en contraste avec le type râblé du persan qui fait partie de sa descendance.

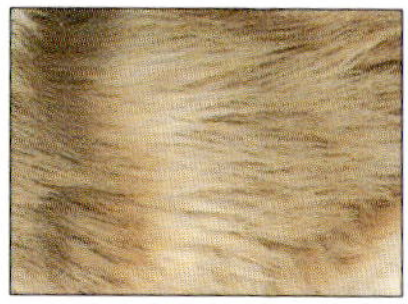

FOURRURE : longue et soyeuse, sans sous-poil

Option poil court Néant	Caractère Joueur, sociable

Pays d'origine Turquie	Ancêtres Poils longs sans pedigree	Date XVe siècle

TABBY CLASSIQUE CRÈME ET BLANC

Tout comme les autres angoras, la mue annuelle est importante, à tel point qu'il peut ressembler à un poil court ; le panache de la queue reste néanmoins distinctif.

• **TRAITS** Les taches de crème et de blanc doivent être distinctes et clairement définies ; les marques, d'un crème foncé, contrastent avec le crème pâle du corps.

• **REMARQUE** La fourrure soyeuse, particulière à l'angora, ne se noue pas facilement, et l'apparence lisse du chat est soulignée par l'absence complète de sous-poil. Un toilettage quotidien est pourtant nécessaire.

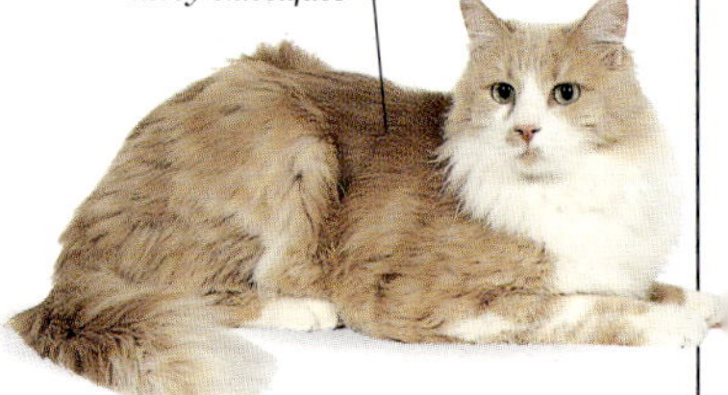

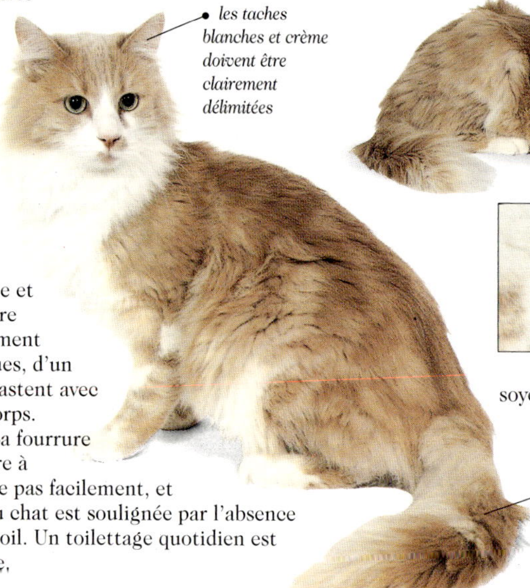

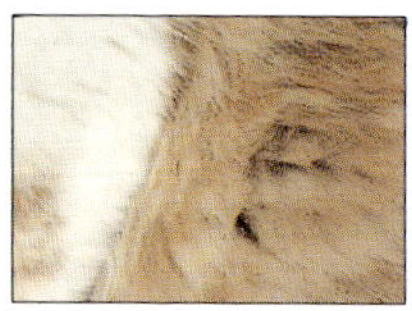

FOURRURE : fine et soyeuse, sans sous-poil

Option poil court Néant	Caractère Joueur, sociable

Pays d'origine Turquie	Ancêtres Poils longs sans pedigree	Date XVᵉ siècle

Tabby tigré bleu

L'angora turc bleu possède le même tempérament que les autres angoras turcs, vif, joueur et affectueux, mais il n'est pas fait pour la vie en appartement, sa curiosité naturelle le poussant à explorer en dehors.

• **Traits** Une teinte d'un bleu clair contrastant avec les marques tabby d'un bleu plus foncé est préférée. La principale caractéristique consiste dans les lignes fines courant sur le corps en partant de la colonne vertébrale.

• **Remarque** Les yeux couleur d'ambre sont habituels chez l'angora turc.

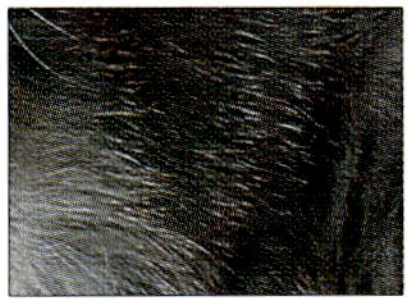

Fourrure : fine et soyeuse, sans sous-poil

Option poil court Néant	Caractère Joueur, sociable

Pays d'origine Turquie	Ancêtres Poils longs sans pedigree	Date XVᵉ siècle

Smoke écaille noir

Autre variété de l'angora turc, enregistrée pour la première fois en Europe vers la fin du XIXᵉ siècle, née du croisement d'un Smoke avec un écaille de tortue.

• **Traits** On ne voit que les couleurs typiques de roux, crème et noir lorsque le chat est immobile. L'effet fumé est produit entièrement par la couleur gris argenté à la base de chaque poil.

• **Remarque** Plusieurs naturalistes, y compris Charles Darwin, ont maintenu que l'angora turc descendait du chat de Pallas plutôt que du chat sauvage africain, hypothèse abandonnée depuis.

Fourrure : fine et soyeuse, sans sous-poil

Option poil court Néant	Caractère Joueur, sociable

LES CHATS TURCS DU LAC DE VAN

La couleur de la robe de ce chat est d'un blanc crayeux distinctif, sans trace de jaune. Les quelques marques devraient idéalement être limitées à la tête et à la queue, bien que quelques sujets présentent des « empreintes de pouce » sur le corps. Les deux couleurs les plus largement reconnues, crème et auburn, existent en trois variétés chacune, distinguées selon la couleur des yeux. Ceux-ci peuvent être ambrés, bleus ou vairons. Dans tous les cas, le pourtour est rose. Les chats turcs du lac de Van à yeux bleus sont parfois sourds, et ceux à yeux vairons peuvent être sourds du côté correspondant à l'œil bleu.

Pays d'origine	Ancêtres	Date
Turquie	Chats sans pedigree de la région	XVIIe siècle

CRÈME

Bien que la robe soit relativement longue, le toilettage de ce chat est facilité par ses sous-poils clairsemés. Un coup de peigne quotidien est néanmoins recommandé, surtout en période de mue.

• **TRAITS** Les marques crème contrastent avec le blanc crayeux de la robe. Une marque blanche verticale, courant du nez jusqu'au haut du crâne, sépare les parties colorées de la tête. Celles-ci sont limitées à un espace au-dessus des yeux ne dépassant pas les oreilles. Celles-ci sont blanches avec l'intérieur rose coquille. La queue doit être d'un crème foncé s'étendant parfois légèrement jusqu'au dos.

• **REMARQUE** Des anneaux plus sombres peuvent être présents sur la queue, surtout chez les chatons.

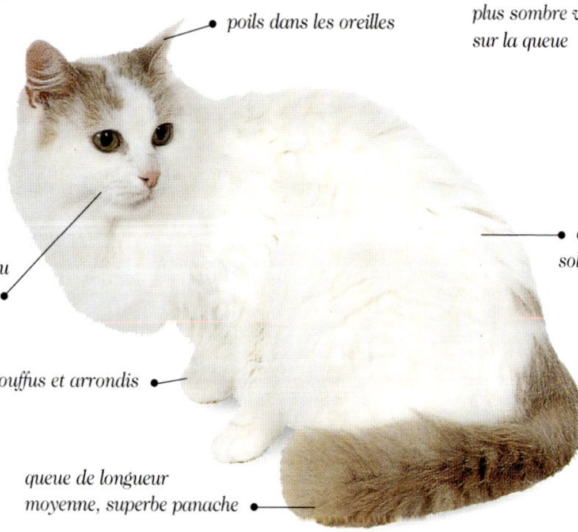

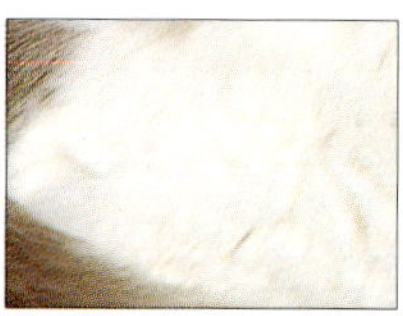

FOURRURE : longue, douce et soyeuse

Option poil court	Caractère
Néant	Vif

Pays d'origine	Turquie	Ancêtres	Chats sans pedigree de la région	Date	XVIIe siècle

AUBURN

Ces chats viennent de la région du lac de Van dans le sud-est de la Turquie. La longueur de la robe varie selon la saison, plus courte en été, plus longue et plus dense en hiver pour les protéger du climat rude de leur patrie. En 1950, une Anglaise, Miss Lushington, ayant eu l'occasion de se rendre au bord du lac de Van, en rapporta un couple.

• **TRAITS** Les marques sont très distinctives avec les taches auburn courant du dessus des yeux jusqu'aux oreilles. Le nez est blanc ; une marque blanche verticale sépare les taches auburn de la tête. La queue est auburn.

• **REMARQUE** Ce chat présente un comportement insolite surtout en ce qui concerne son affinité avec l'eau – c'est un excellent nageur. Il est aussi un grimpeur agile et il possède une voix étonnamment mélodieuse.

FOURRURE : longue, douce et soyeuse

Option poil long	Néant	Caractère	Vif

LES ANGORAS

CES CHATS, originaires de Turquie, portant le nom de la capitale, Angora (ou Ankara), sont connus en Europe depuis le XVIIe siècle. Nombreux à la fin du siècle dernier et à l'origine du développement du persan, ils sont devenus rares, puis ont disparu complètement. La race connue aujourd'hui sous ce nom est une reconstitution artificielle, le résultat d'un programme d'élevage qui utilise des orientaux à poil court, mais également porteurs du gène poil long.

Pays d'origine	Ancêtres	Date
Grande-Bretagne	x orientaux à poil court	1960-1970

BLANC AUX YEUX BLEUS

La nature prolifique des orientaux a assuré un accroissement rapide du nombre de ces chats. Ressemblant beaucoup à l'angora turc d'origine, l'angora garde néanmoins le caractère bruyant de ses ancêtres orientaux. Les éleveurs se sont penchés sur la qualité de la robe et ils ont créé plus de couleurs qu'il n'en existait à l'origine. On peut distinguer le nouvel angora à sa tête plus anguleuse et à ses plus grandes oreilles.

• **TRAITS** Le blanc est par tradition la couleur prédominante des chats turcs. Bien qu'il existe un lien génétique certain entre les yeux bleus et la surdité, les chats aux yeux bleus restent recherchés. Dans le cas de chats blancs aux yeux vairons, la surdité se présente du côté de l'œil bleu.

• **REMARQUE** Des légendes turques veulent que le célèbre Ataturk soit réincarné en un chat blanc et sourd !

FOURRURE : fine et soyeuse ; sous-poil peu épais

Option poil court	Caractère
Oriental blanc	Joueur, sociable

Pays d'origine	Ancêtres	Date
Grande-Bretagne	x orientaux à poil court	1960-1970

Blanc aux yeux verts

La combinaison insolite d'yeux verts lumineux et d'une robe blanc pur est due à l'utilisation de sang oriental dans la recréation de la race. En fait, les yeux verts ne sont pas un élément typique de l'angora turc, mais le résultat est très plaisant.

• **Traits** La forme gracieuse de ces chats est soulignée par leur tête triangulaire, leur cou mince, leur corps svelte et leur queue effilée.

• **Remarque** Ces chats ne sont pas atteints de surdité.

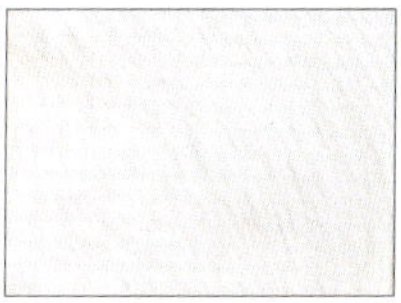

Fourrure : fine et soyeuse ; sous-poil peu épais

Option poil court	Caractère
Oriental blanc	Joueur, sociable

Pays d'origine	Ancêtres	Date
Grande-Bretagne	x orientaux à poil court	1960-1970

Lilas

C'est une des couleurs les plus récentes. La robe est très proche du corps, plus courte que celle des autres poils longs, surtout en période de mue. L'angora peut alors être confondu avec un chat à poil court. La queue avec son panache reste cependant inchangée.

• **Traits** La couleur du corps doit être d'un gris acier, avec une teinte rosâtre dans l'ensemble. Les yeux sont verts.

• **Remarque** Ces chats minces ont une silhouette presque tubulaire.

Fourrure : fine et soyeuse ; sous-poil peu épais

Option poil court	Caractère
Oriental lilas	Joueur, sociable

Pays d'origine	Ancêtres	Date
Grande-Bretagne	x orientaux à poil court	1960-1970

CANNELLE

La forme de la tête est un trait important de cette race. Des lignes droites partant de la base du nez et allant jusqu'au bout des oreilles créent un triangle isocèle. La seule différence acceptée concerne les adultes mâles à qui les joues pleines donnent une apparence plus ronde.

• **TRAITS** La couleur doit être un brun cannelle chaud sur l'ensemble de la robe, sans trace de poils blancs. Les coussinets peuvent varier entre le rose et le brun cannelle.

• **REMARQUE** Les portées de moins de trois chatons sont rares.

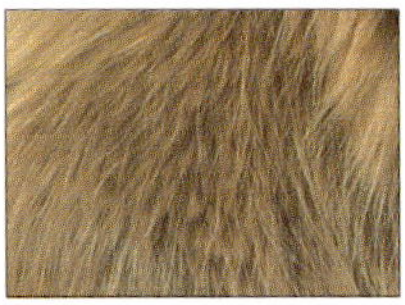

FOURRURE : fine et soyeuse ; sous-poil peu épais

Option poil court	Caractère
Oriental cannelle	Joueur, sociable

Pays d'origine	Ancêtres	Date
Grande-Bretagne	x orientaux à poil court	1960-1970

CHOCOLAT

L'angora possède des oreilles à bases larges sur un crâne plat. Il ne doit pas y avoir de stop sur le nez, le visage s'étendant en ligne droite du crâne jusqu'à la truffe. Chez cette variété, le bout du menton est aligné au nez.

• **TRAITS** Il faut attendre parfois deux ans avant que la riche couleur marron se développe ; le nez et les pieds doivent être de la même couleur. Aux USA, ces chats sont parfois appelés *Chestnut*, nom donné aussi au havana.

• **REMARQUE** Le chocolat n'est pas encore reconnu chez l'angora turc.

FOURRURE : fine et soyeuse ; sous-poil peu épais

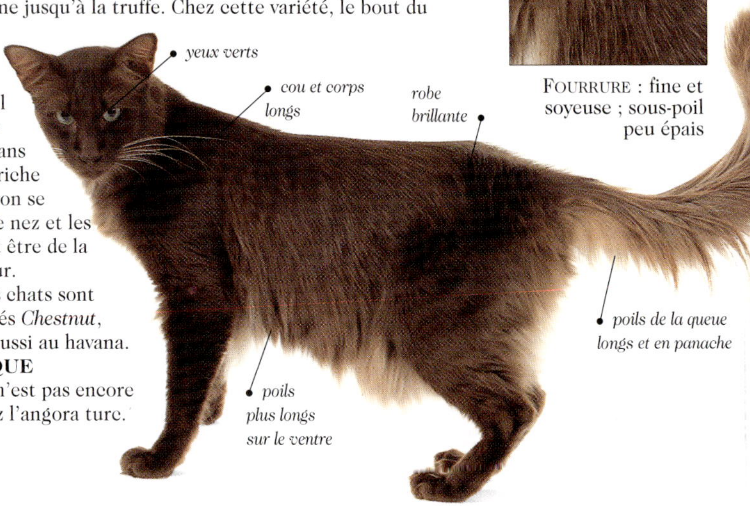

Option poil court	Caractère
Havana	Joueur, sociable

LE JAVANESE

IL EXISTE encore beaucoup de confusion concernant les chats connus sous ce nom. En Amérique du Nord, on le donne souvent aux balinais qui ne possèdent pas les quatre couleurs de pointe traditionnelles des siamois (Seal-Point, Blue-Point, Chocolate-Point et Lilac-Point), tandis qu'en Nouvelle-Zélande, ce sont les balinais unis ou tachetés qu'on appelle Javanese. En Grande-Bretagne, cependant, le nom « Javanese » désigne les chats issus du programme d'élevage dont le but était de recréer l'angora ; ce chat n'est pas encore introduit en France.

Pays d'origine	Ancêtres	Date
Grande-Bretagne	Hybrides d'abyssins/siamois	1973

CANNELLE

Le droit de concourir aux championnats fut accordé à la race en 1984. En octobre 1989, le nom d'angora fut changé en Javanese, faisant davantage justice à son aspect oriental.

• **TRAITS** Le Javanese présente les caractères typiques d'un oriental – grâce, souplesse et une tête triangulaire.

• **REMARQUE** Le Javanese a récemment été introduit aux États-Unis, où il existe déjà un Grand Champion International.

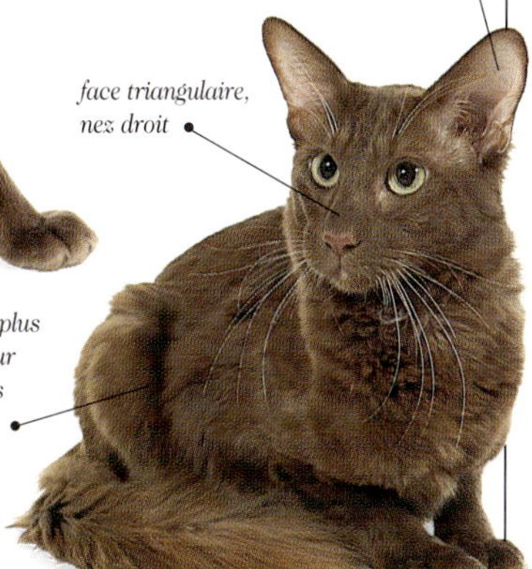

FOURRURE : demi-longue, fine, douce et soyeuse

Option poil court	Caractère
Oriental cannelle	Affectueux

LES MAINE COON

IL S'AGIT de la première race à poil long qui s'est développée naturellement aux États-Unis. Comme son nom l'indique, la race est originaire de la côte Est, plus exactement de l'État du Maine. Ces chats sont grands et les mâles peuvent atteindre 8 kg ; les femelles sont un peu plus légères. Le Maine Coon est robuste et possède une fourrure épaisse et très serrée, plus longue sur le dos et les pattes. Le sous-poil est soyeux et fin. Les poils de la queue sont longs et denses.

Pays d'origine	Ancêtres	Date
États-Unis	Poils longs sans pedigree	1770-1780

BLANC AUX YEUX DORÉS

Le Maine Coon accompagnait probablement les marins en mer avant que l'invention de raticides les ait rendus inutiles à bord. Cela pourrait expliquer leur habitude étrange de dormir dans des recoins et dans des positions qui paraissent inconfortables.

• **TRAITS** La tête triangulaire paraît petite par rapport au corps. Chez les adultes mâles, les joues la font paraître plus large. Ce chat possède des oreilles très grandes, garnies de poils touffus. Il est musclé et large de poitrine, pourvu de pattes puissantes qu'il doit sans doute à ses ancêtres laborieux.

• **REMARQUE** Les ancêtres à poil long du Maine Coon sont peut-être arrivés d'Europe et d'Asie dès le XVIIIe siècle.

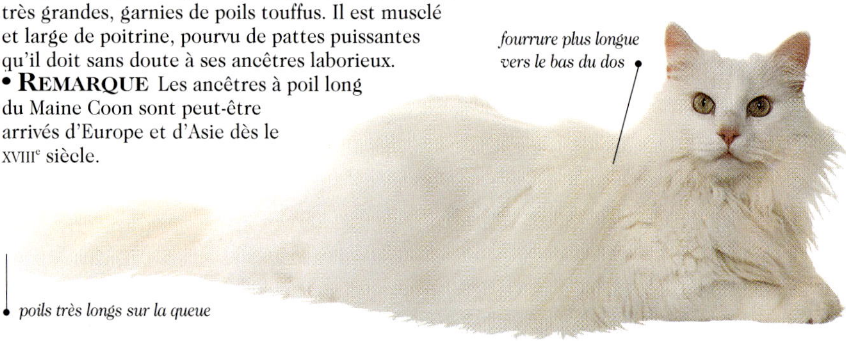

FOURRURE : épaisse, soyeuse, de longueur variable

Option poil court	Caractère
American Shorthair blanc	Indépendant

Pays d'origine	Ancêtres	Date
États-Unis	Poils longs sans pedigree	1770-1780

Noir

Le Maine Coon est très affectueux, mais il apprécie la liberté d'une vie en plein air. Le Maine Coon noir est très imposant.

• **Traits** La robe est d'un noir pur, tout comme les coussinets, le nez et le pourtour des yeux.

• **Remarque** Lors de la première exposition de New York en 1860, ces chats étaient nombreux, mais leur nombre a diminué vers 1900.

Fourrure : épaisse, soyeuse, de longueur variable

Option poil court	Caractère
American Shorthair noir	Indépendant

Pays d'origine	Ancêtres	Date
États-Unis	Poils longs sans pedigree	1770-1780

Bleu et blanc

Un trait remarquable du Maine Coon est sa façon de faire la toilette de sa queue. Il l'enroule autour d'une de ses pattes avant, puis la lèche en suivant les spirales. Par temps chaud, ce chat perd beaucoup de poils ce qui rend sa collerette moins distincte.

• **Traits** Les formes bicolores doivent présenter du blanc sur un tiers du corps, sur la face et le ventre. Une délimitation nette des zones blanches et colorées est souhaitable.

• **Remarque** Un des premiers Maine Coon à être exposé, en 1861, était un mâle noir et blanc.

Fourrure : épaisse, soyeuse, de longueur variable

Option poil court	Caractère
American Shorthair bleu et blanc	Indépendant

Pays d'origine	Ancêtres	Date
États-Unis	Poils longs sans pedigree	1770-1780

TABBY ARGENT

Ces chats intelligents ramassent parfois leur nourriture ou des brindilles avec leurs pattes de devant. Ils ne détestent pas l'eau ; leur fourrure dense les protège des intempéries. À la maison, ils s'amusent souvent avec un robinet qui coule.

• **TRAITS** La base de la couleur ici doit être argent, avec des marques tabby noires à la fois denses et bien définies.

• **REMARQUE** Les dessins tachetés et tigrés existent depuis longtemps chez le Maine Coon, mais cette couleur-ci est encore assez rare.

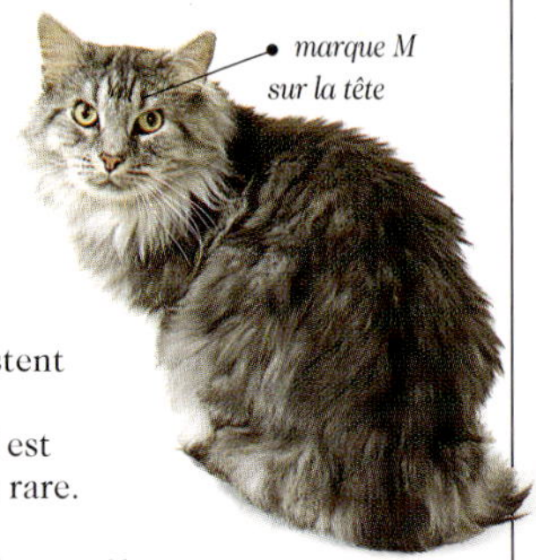

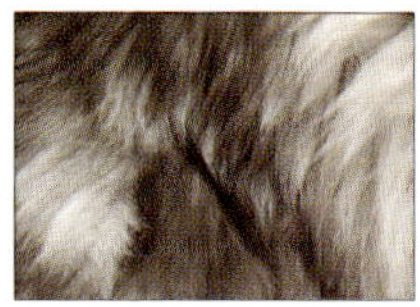

FOURRURE : épaisse, dense, de longueur variable

Option poil court	Caractère
American Shorthair Tabby argent	Indépendant

Pays d'origine	Ancêtres	Date
États-Unis	Poils longs sans pedigree	1770-1780

TABBY CRÈME ARGENT

Le Maine Coon existe dans une vaste étendue de couleurs, celle-ci étant l'une des plus insolites. Il n'y a pas de grande différence de caractère entre les diverses variétés. Tous les Maine Coon possèdent une voix particulière.

• **TRAITS** La couleur de base est argent, en contraste avec les marques tabby crème. Les coussinets et le nez sont roses.

• **REMARQUE** Hors des États-Unis, on pouvait voir des Maine Coon en Allemagne, à partir de 1978.

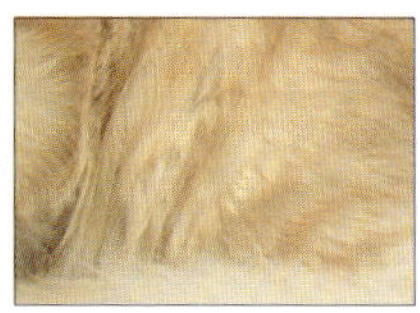

FOURRURE : épaisse, soyeuse, de longueur variable

Option poil court	Caractère
American Shorthair Tabby crème argent	Indépendant

Pays d'origine	Ancêtres	Date
États-Unis	Poils longs sans pedigree	1770-1780

Tabby classique brun

La queue rayée de cette race lui a probablement donné son nom de « Coon », car elle est semblable à celle du *raccoon* (raton laveur), animal d'Amérique du Nord.

• **Traits** La couleur de base, ici, doit être une teinte chaude de cuivre, en contraste avec les marques tabby noires. Chez le Tabby classique, les marques doivent être mouchetées, mais très colorées. La truffe doit être d'un rouge brique.

• **Remarque** Le Tabby classique brun est une variété assez répandue du Maine Coon.

FOURRURE : épaisse, soyeuse, de longueur variable

Option poil court	Caractère
American Shorthair Tabby classique brun	Indépendant

Pays d'origine	Ancêtres	Date
États-Unis	Poils longs sans pedigree	1770-1780

Tabby brun et blanc

Cette variété du Maine Coon a été développée à partir du Tabby brun.

• **Traits** La dominante, ici, est brune, avec les marques tabby très visibles. Les taches blanches doivent être limitées au ventre et aux pieds.

• **Remarque** Connu d'abord en Europe comme chat des forêts américain, le Maine Coon a été reconnu en Angleterre en 1984.

FOURRURE : épaisse, soyeuse, de longueur variable

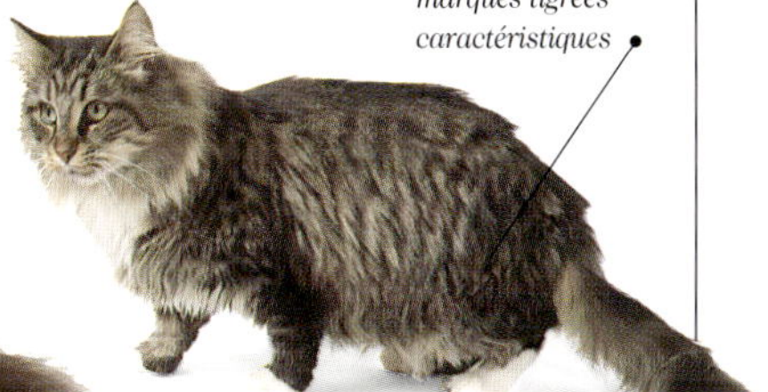

Option poil court	Caractère
American Shorthair Tabby brun et blanc	Indépendant

Pays d'origine	États-Unis	Ancêtres	Poils longs sans pedigree	Date	1770-1780

Tabby écaille et blanc

Le Maine Coon est très facile à élever et on peut lui apprendre à être tenu en laisse. Ce n'est pas une race prolifique – une portée par an – mais les chattes sont de bonnes mères.

• **Traits** La couleur de base est cuivre agouti avec des taches de rouge plus sombre et des marques tabby noires. La distribution de la fourrure blanche est variable, mais elle doit idéalement être limitée à la face, à la poitrine et au ventre, et courir le long des pattes jusqu'aux pieds.

• **Remarque** On compte à l'heure actuelle plus de 60 variétés de Maine Coon.

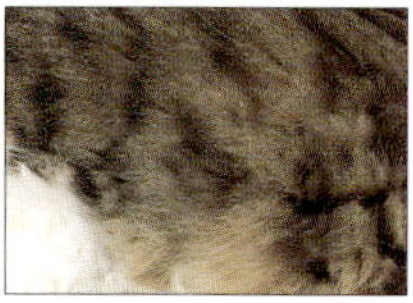

Fourrure : épaisse, soyeuse, de longueur variable

Option poil court	American Shorthair Tabby écaille et blanc	Caractère	Indépendant

Pays d'origine	États-Unis	Ancêtres	Poils longs sans pedigree	Date	1770-1780

Tabby écaille argent

Vue de face, la tête de ce chat ressemble à celle d'un chat à poil court. La fourrure plus longue est davantage visible sur les flancs.

• **Traits** On distingue ce chat du Tabby argent par les taches de roux et de crème. La couleur de base est argent, contrastant avec les rayures noires.

• **Remarque** Cette variété est mieux connue aux États-Unis sous le nom de Silver Patched Tabby.

Fourrure : épaisse, soyeuse, de longueur variable

	American Shorthair Tabby écaille argent	Caractère	Indépendant

Pays d'origine	Ancêtres	Date
États-Unis	Poils longs sans ped.	1770-1780

Tabby écaille argent bleu

On peut trouver une grande diversité de couleurs parmi les chatons d'une même portée, la palette étant très étendue.

• **Traits** La couleur de base est une nuance claire de bleu argenté. Les marques écaille, sous la forme de taches de crème, sont visibles tout comme les marques tabby bleues plus sombres.

• **Remarque** La pléthore de couleurs et de marques dans cette race est due en partie à son évolution naturelle et devrait aujourd'hui diminuer avec l'élevage de chats pur sang.

Fourrure : épaisse, soyeuse, de longueur variable

Option poil court	Caractère
American Shorthair Tabby écaille argent bleu	Indépendant

Pays d'origine	Ancêtres	Date
États-Unis	Poils longs sans pedigree	1770-1780

Smoke noir et blanc

Bien que la taille de ces chats puisse varier considérablement d'un sujet à l'autre, on ne peut juger de leur qualité d'après ce seul critère.

• **Traits** Le sous-poil blanc se voit bien à travers le tipping noir des poils quand le chat bouge. Les touffes des oreilles et les flancs sont d'une couleur plus claire, tandis que la tête, le dos et les pattes sont plus sombres.

• **Remarque** On élève aujourd'hui des formes Smoke de toutes les couleurs unies, ainsi que des combinaisons écaille de tortue et blanc.

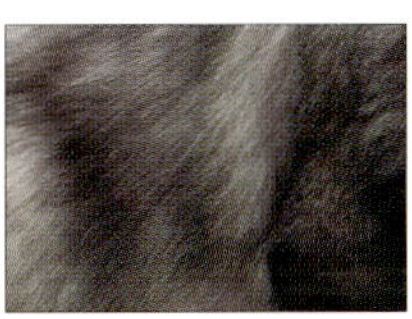

Fourrure : épaisse, soyeuse, de longueur variable

Option poil court	Caractère
American Shorthair Smoke noir et blanc	Indépendant

LES CHATS DES FORÊTS NORVÉGIENS

CETTE RACE est un peu différente du Maine Coon. Elle a sans doute contribué au développement du chat américain. Connu, en Norvège, sous le nom de Skogatt, il s'est parfaitement adapté au climat rude et froid des hivers de ce pays. La fourrure, épaisse, luisante, possède des couches huileuses qui protègent l'animal contre la pluie et la neige. Longtemps, le Skogatt est resté inconnu au-delà des frontières norvégiennes bien qu'aujourd'hui, il soit un peu plus répandu. Toutefois, ce chat n'est pas à l'aise dans un environnement urbain. Il préfère les espaces libres, l'escalade dans les arbres, la chasse. Devenu familier, il reste un chat des forêts. Aussi le déconseille-t-on à ceux qui veulent un chat d'appartement.

Pays d'origine	Ancêtres	Date
Norvège	Chats sans pedigree	XVIe siècle

NOIR ET BLANC

L'origine de ces chats reste un mystère. On pense que leurs ancêtres étaient des angoras amenés en Norvège par des marins et qui se croisaient avec les poils courts indigènes. Mais bien que la race existe en Norvège depuis des centaines d'années, ce ne fut que dans les années trente que les éleveurs commencèrent à s'intéresser à eux.

• **TRAITS** Large, musclé, ce chat est solidement bâti. La tête a la forme d'un triangle équilatéral, avec un profil rectiligne.

• **REMARQUE** Un programme d'élevage a été créé en 1973 et, depuis, la race s'est répandue au-delà des mers.

FOURRURE : robe luisante ; sous-poil laineux

Option poil court	Caractère
Européen à poil court blanc et noir	Aventurier

Pays d'origine	Ancêtres	Date
Norvège	Chats sans pedigree	XVIe siècle

Tabby bleu et blanc

Malgré sa ressemblance avec le Maine Coon, ce chat a un type distinctif à cause de ses pattes arrière un peu plus longues que les antérieures. Les yeux du chat adulte doivent être en amande et placés quelque peu de biais. Chez les jeunes chats, les yeux sont plus ronds.

- **Traits** La couleur blanche se limite à la poitrine et aux pieds. Les différentes couleurs peuvent avoir un type de robe un peu différent ; les Tabby ont en général la fourrure la plus épaisse.
- **Remarque** La couleur n'est pas un élément aussi important que le type et la robe.

Fourrure : robe luisante ; sous-poil laineux

Option poil court	Caractère
Européen à poil court Tabby bleu et blanc	Aventurier

Pays d'origine	Ancêtres	Date
Norvège	Chats sans pedigree	XVIe siècle

Smoke écaille bleu et blanc

Cette race présente une grande palette de couleurs obtenues par les éleveurs. Chez la variété écaille, qui ne donne que des femelles, les sujets sont plus petits que chez les autres formes où les mâles sont toujours plus grands.

- **Traits** Un nez droit est préférable mais il peut aussi être légèrement incurvé.
- **Remarque** En général, ces chats ont une robe plus douce et plus lisse que les Tabby.

Fourrure : robe luisante ; sous-poil laineux

Option poil court	Caractère
Européen à poil court Smoke écaille bleu et blanc	Aventurier

Pays d'origine	Ancêtres	Date
Norvège	Chats sans pedigree	XVIe siècle

SMOKE NOIR ET BLANC

La double fourrure est une caractéristique de cette race. Une pression du doigt devrait y laisser une marque. Pendant les mois d'été, une grande partie de la fourrure tombe, mais les touffes sur les orteils et la queue en panache suffisent pour identifier la race.

• **TRAITS** L'aspect fumé résulte du contraste entre le sous-poil blanc et le noir de la fourrure extérieure.

• **REMARQUE** Toutes les couleurs sont permises ici, sauf le chocolat, le lilas ou les marques siamoises.

FOURRURE : robe luisante ; sous-poil laineux

Option poil court	Caractère
Européen à poil court Smoke noir et blanc	Aventurier

Pays d'origine	Ancêtres	Date
Norvège	Chats sans pedigree	XVIe siècle

TABBY BRUN ET BLANC

Ici, un trait distinctif consiste en une collerette comprenant un jabot, des parties dorsale, courte, et en hiver, latérale, appelée « côte de mouton ».

• **TRAITS** La fourrure dépend des conditions de vie de l'animal, s'il reste dans la chaleur d'un logis ou s'il affronte les rigueurs de la Scandinavie.

• **REMARQUE** Les oreilles sont hautes, ouvertes, larges à la base, avec parfois « la touffe du lynx ».

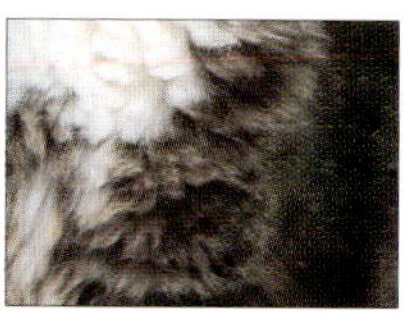

FOURRURE : robe luisante ; sous-poil laineux

Option poil court	Caractère
Européen à poil court Tabby brun et blanc	Aventurier

LES CHATS DES FORÊTS SIBÉRIENS

On croit aujourd'hui que ces chats sont à l'origine de toutes les races à poil long, y compris les angoras et les persans. Mais on ne sait pas quand cette mutation de la robe est apparue. Il est toutefois permis de penser que ces chats existent depuis mille ans ou plus et qu'ils ont très peu changé durant ce laps de temps. Des études poursuivies en Russie ont démontré que le gène poil long se rencontre le plus souvent dans la région de Saint-Pétersbourg, et il paraît probable que ces chats ont fait leur première apparition dans le nord du pays. L'extraordinaire épaisseur de la fourrure est très certainement le fruit d'une adaptation aux conditions climatiques rigoureuses de la région.

Pays d'origine	Ancêtres	Date
Russie	Chats sans pedigree	XIe siècle

MOUCHETÉ BRUN ET BLANC

On trouve très souvent des marques tabby chez cette race, dues probablement à des unions avec des chats sauvages, ce qui réduit la possibilité que des couleurs unies aient pu se développer. Bien que l'élevage sélectif de ce chat n'en soit qu'à ses débuts, des tentatives de développement sont en cours, analogues à celles concernant le chat des forêts norvégien, autre « race naturelle » du Nord. La couleur traditionnelle du sibérien est le tabby doré.

• **TRAITS** Dans ce cas, les mouchetures contrastent nettement avec les zones blanches de la fourrure.

• **REMARQUE** Le chat des forêts sibérien est encore une rareté en dehors de son pays.

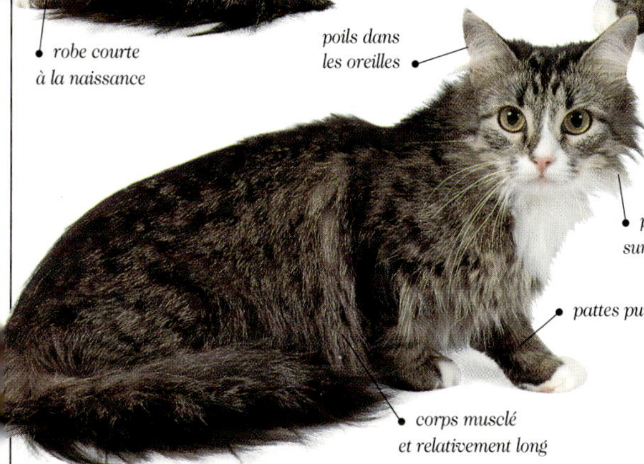

FOURRURE : robe luisante ; sous-poil dense

Option poil court	Caractère
Néant	Actif et intelligent

LES RAGDOLLS

PENDANT plusieurs années, les ragdolls ont eu la réputation d'être insensibles à la souffrance, ce qui est absolument faux. La légende est née lorsqu'une persane blanche mit au monde les premiers chatons ragdolls alors qu'elle avait été grièvement blessée dans un accident de la route. Cependant, il est vrai que ces chats relâchent tous leurs muscles quand on les caresse, devenant réellement mous (d'où leur nom de « poupée de chiffon »). En famille, ils se montrent très patients avec les enfants. C'est une race à poil mi-long.

Pays d'origine	Ancêtres	Date
États-Unis	Persane blanche x birman	1960-1970

SEAL-POINT

Le ragdoll existe actuellement sous trois formes, le Seal-Point représentant la variété Colourpoint. Les Blue-, Chocolate- et Lilac-Point ont les mêmes marques, différant seulement par la couleur. Les ragdolls sont des chats assez grands. Ils deviennent adultes à l'âge de trois ans avec une taille et une coloration définitives.

• **TRAITS** La tête est large, le crâne plat, le nez court avec un léger stop. Les poils du cou sont fournis au point de ressembler à une bavette. La fourrure est plus épaisse que longue. Le ragdoll perd ses poils au cours de l'été. Les femelles sont plus petites et d'une coloration plus claire que les mâles.

• **REMARQUE** Chaque développement de la race est contrôlé par rapport au sang originel.

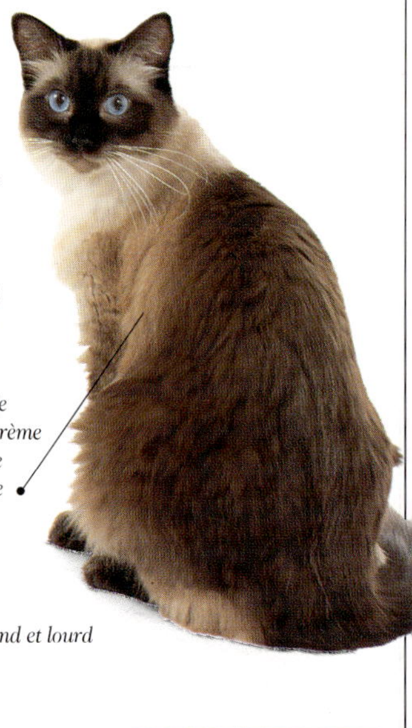

FOURRURE : mi-longue, soyeuse et dense

Option poil court	Caractère
Néant	Docile et calme

Pays d'origine États-Unis	Ancêtres Persane blanche x birman	Date 1960-1970

BLUE-MITTED

Le ragdoll a été reconnu aux États-Unis en 1965 et en Grande-Bretagne en 1985, deux ans après son introduction.

• **TRAITS** D'aspect identique au Colourpoint, le ragdoll Blue-Mitted s'en différencie par les mitaines blanches de ses pieds qui ne devraient pas dépasser l'angle formé par les pattes. Les « bottes » blanches montent sur l'arrière des membres postérieurs jusqu'au jarret. La couleur blanche couvre le ventre et la poitrine jusqu'au menton.

• **REMARQUE** Les chatons ragdolls commencent très tôt à développer les caractéristiques de la race.

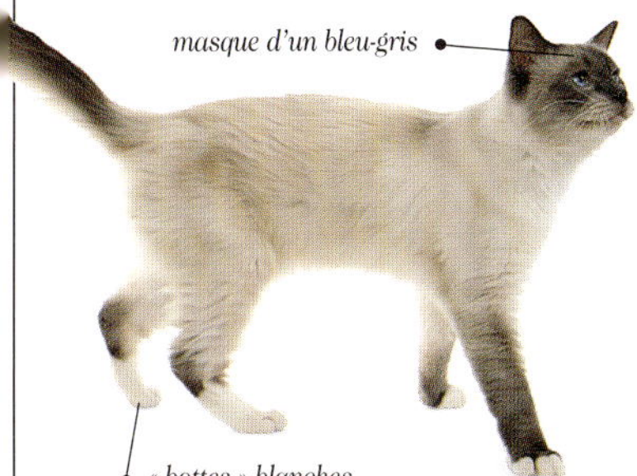

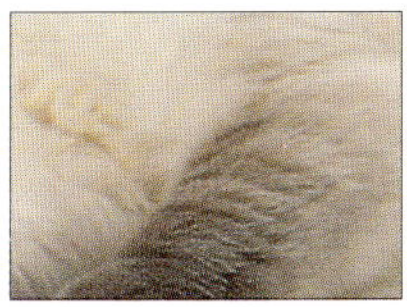

FOURRURE : mi-longue, soyeuse et dense

Option poil court Néant	Caractère Docile et calme

Pays d'origine États-Unis	Ancêtres Persane blanche x birman	Date 1960-1970

BICOLORE SEAL

Pour préserver leur origine et leur type, les ragdolls sont toujours unis à d'autres ragdolls. Chez les bicolores, une quantité limitée de blanc sur le corps est admise.

• **TRAITS** Le blanc du ventre ne doit pas pénétrer dans les zones brunes. La couleur de l'œil est un bleu profond. Le corps est long et musclé, avec une poitrine large et forte. Le cou est solide.

• **REMARQUE** Le V inversé sur la face est un trait important.

FOURRURE : mi-longue, soyeuse et dense

Option poil court Néant	Caractère Docile et calme

LES SOMALIS

LE NOM de ces chats vient de la Somalie, pays frontalier de l'Éthiopie (anciennement Abyssinie). Il a été choisi pour rappeler que la race est très proche de celle de l'abyssin, mais ce chat n'est d'aucune façon originaire de Somalie. Des chatons à poil long naquirent dans des portées d'abyssins depuis un certain nombre d'années, mais ce ne fut qu'en 1967 que des élevages furent tentés aux États-Unis pour créer une nouvelle race. Les somalis présentent le même tiquetage que les abyssins. Il s'agit d'une race à poil mi-long.

Pays d'origine	Ancêtres	Date
États-Unis	Abyssins à poil long	1967

SORREL SILVER

Le somali est un chat de taille moyenne, bien proportionné, et à la musculature harmonieuse. La tête est triangulaire, aux contours doux, avec un profil légèrement incurvé. Un léger stop est requis. Les oreilles bien espacées sont parfois surmontées d'une touffe de poils.

• **TRAITS** Chaque type de somali doit présenter un poil uni avec le tiquetage approprié. Dans le cas présent, le tipping chocolat est brillant et il rappelle le ton d'une pêche argentée. Les oreilles et la queue doivent être dans les tons de la couleur chocolat.

• **REMARQUE** Pendant quelques années, dans de nombreux pays, les éleveurs de somalis se tinrent à l'écart des fédérations félines. Ce fut seulement en 1983 que la race fut reconnue en Grande-Bretagne, et en 1991 qu'elle obtint ses statuts.

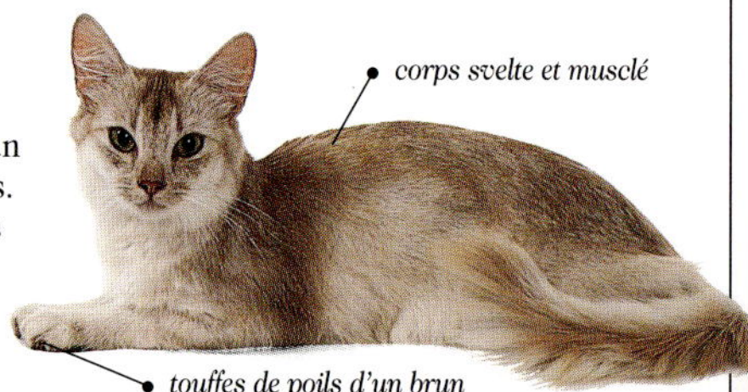

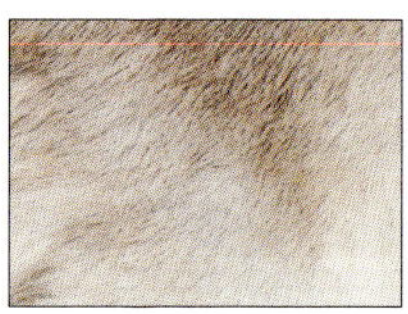

FOURRURE : très douce, fine et dense

Option poil court	Caractère
Abyssin Sorrel Silver	Expansif

Pays d'origine	Ancêtres	Date
États-Unis	Abyssins à poil long	1967

SORREL

La race présente une robe double avec deux ou trois bandes de couleur sur chaque poil.

• **TRAITS** La fourrure de couleur cuivre a un tiquetage chocolat, de même que les oreilles et la queue. Le sous-poil est d'un abricot profond.

• **REMARQUE** Les deux chatons somalis Sorrel issus d'une portée de quatre abyssins roux en 1971 provoquèrent une controverse en Angleterre.

FOURRURE : très douce, fine et dense

Option poil court	Caractère
Abyssin Sorrel	Expansif

Pays d'origine	Ancêtres	Date
États-Unis	Abyssins à poil long	1967

LIÈVRE OU SOMALI TYPE

La variété de somali qui est la plus répandue dans le monde est le somali lièvre. La couleur rougeâtre proche de celle du somali roux est toujours présentée dans les expositions.

• **TRAITS** La couleur doit être un riche brun doré avec un ticking noir, plus net sur l'épine dorsale et sur la queue. Le ventre est abricot sans trace de noir.

• **REMARQUE** Une collerette et des « culottes » très fournies sur les pattes sont appréciées.

FOURRURE : très douce, fine et dense

Option poil court	Caractère
Abyssin type	Expansif

Pays d'origine	Ancêtres	Date
États-Unis	Abyssins à poil long	1967

BLEU

La popularité des somalis a progressé rapidement et ces chats se sont multipliés avec un grand choix de couleurs.

• **TRAITS** Le ton même de la couleur bleue varie d'un individu à l'autre mais le tiquetage doit être plus sombre dans tous les cas. Le sous-poil peut être crème ou d'une nuance un peu plus foncée, souvent appelée avoine.

• **REMARQUE** Parce que la fourrure du somali n'est pas laineuse, elle n'a pas tendance à s'emmêler.

FOURRURE : très douce, fine et dense

le ventre est de couleur avoine

doigts touffus

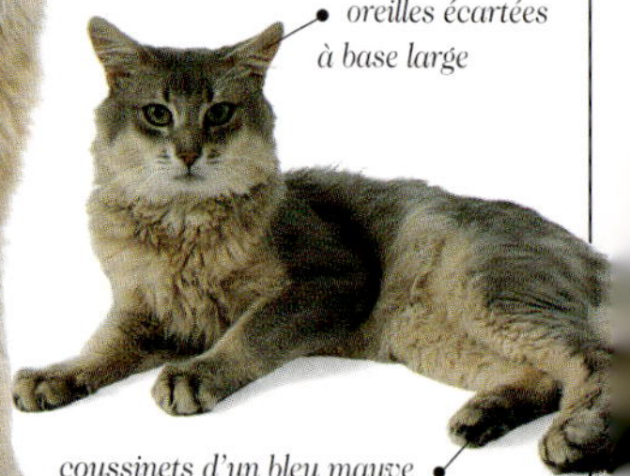

oreilles écartées à base large

coussinets d'un bleu mauve

Option poil court	Caractère
Abyssin bleu	Expansif

Pays d'origine	Ancêtres	Date
États-Unis	Abyssins à poil long	1967

CRÈME ARGENT

Il arrive que les chatons somalis ne présentent que vers 18 mois le tiquetage des adultes. Des croisements entre somalis ne produisent que des somalis alors que des unions avec des abyssins peuvent donner des poils longs ou des poils courts.

• **TRAITS** Le poil de base de ce somali typique est blanc avec un tiquetage crème ce qui donne l'impression d'un chat avec un aspect lumineux crème argent. Les oreilles et la queue sont crème.

• **REMARQUE** Lors d'unions mixtes, les somalis ont tendance à être un peu plus grands que les abyssins

oreilles droites

ventre argenté

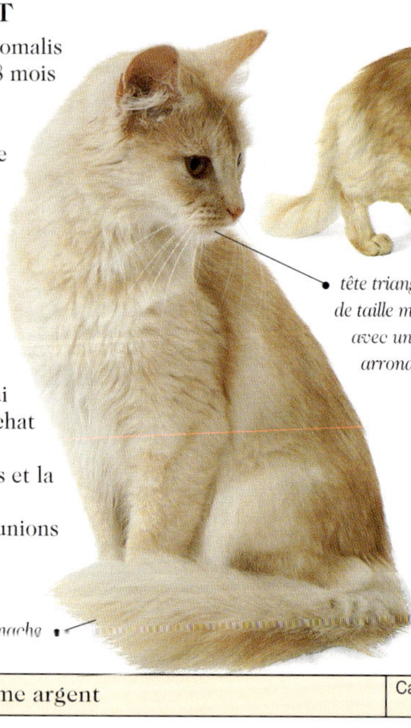

tête triangulaire de taille moyenne avec un menton arrondi

queue en panache

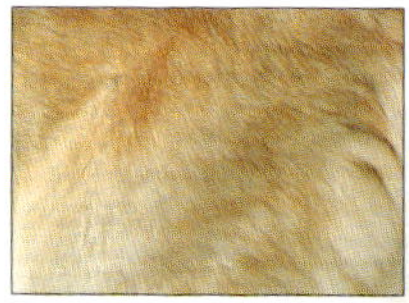

FOURRURE : très douce, fine et dense

Option poil court	Caractère
Abyssin crème argent	Expansif

Pays d'origine	États-Unis	Ancêtres	Abyssins à poil long	Date	1967

LILAS

Comme les autres somalis, le lilas est caractérisé par les marques agouti sur sa robe. Des marques noirâtres se voient sur le dos, sur les flancs et la queue.

• **TRAITS** La couleur de base de cette variété est un gris chaud et rosé, contrastant avec le tiquetage ombré et noirâtre. Le nez et les coussinets peuvent être mauves mais la ligne entre les coussinets doit correspondre à la couleur du corps.

• **REMARQUE** Il peut exister une différence notable de type entre le somali nord-américain et le somali européen, différence due à leurs ancêtres respectifs.

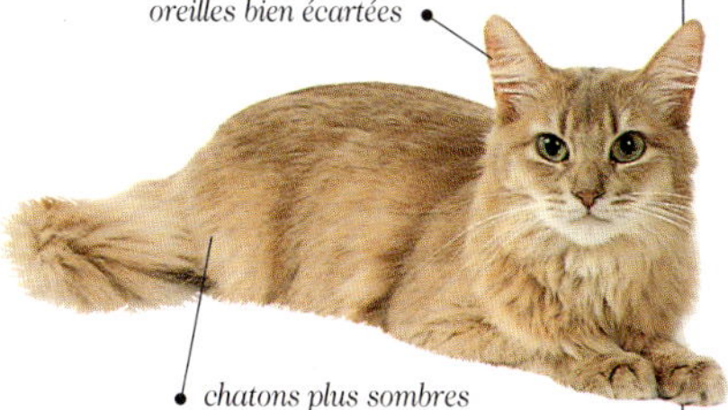

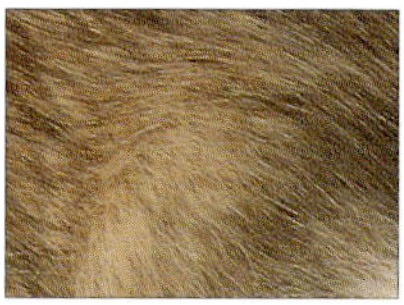

FOURRURE : douce, fine et très dense

Option poil court	Abyssin lilas	Caractère	Expansif

Pays d'origine	États-Unis	Ancêtres	Abyssins à poil long	Date	1967

BLEU ARGENT

La robe du somali n'est pas aussi fournie que celle des races à poil long et le tiquetage d'origine n'est pas non plus aussi différencié que celui de l'abyssin. Les chatons mettent plusieurs mois avant d'avoir le tiquetage adulte.

• **TRAITS** La robe a une base blanche avec un tipping bleu donnant un aspect gris argent bleuâtre. Oreilles et queue doivent avoir la couleur du tiquetage.

• **REMARQUE** Les variétés de somalis argent ne sont pas encore admises partout. Une coloration jaune est un défaut important.

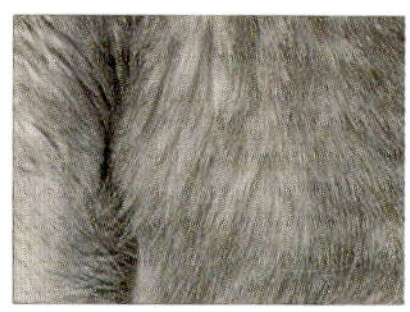

FOURRURE : douce, fine et très dense

Option poil court	Abyssin bleu argent	Caractère	Expansif

Pays d'origine	États-Unis	Ancêtres	Abyssins à poil long	Date	1967

ARGENT

Le somali est en fait un Tabby tiqueté possédant un gène argent qui, dans ce cas, produit une couleur de base blanc glacé. Il n'y a pas de nuance d'or ou de roux dans ces cas.

• **TRAITS** La combinaison du sous-poil blanc et du tiquetage noir crée l'impression d'argent sur la robe. Il ne faut pas de marques noires sur le sous-poil. Les coussinets peuvent être bruns ou noirs, ce même noir se retrouvant sur le côté arrière des membres postérieurs. Ce chat a cinq doigts sur les pieds de devant et seulement quatre sur les pieds arrière.

• **REMARQUE** La qualité de la fourrure est très importante. Il faut au moins trois bandes de tiquetage. La couleur noire sur les paupières donne du relief aux yeux qui peuvent être ambrés ou verts.

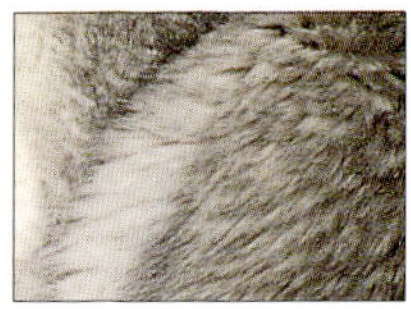

FOURRURE : douce, fine et très dense

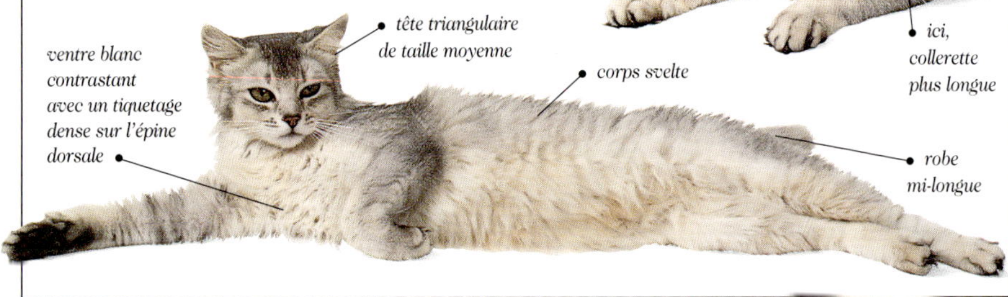

Option poil court	Abyssin argent	Caractère	Expansif

Pays d'origine	Ancêtres	Date
États-Unis	Abyssins à poil long	1967

CHOCOLAT ARGENT

L'alternance entre les bandes claires et sombres de tiquetage crée le type distinctif du somali. Il peut y en avoir jusqu'à quatre bandes claires et noires sur chaque poil.

• **TRAITS** Le tiquetage noir sur la base blanche du poil donne à ces chats un aspect lumineux argenté et chocolat.

• **REMARQUE** Les chatons sont plus sombres.

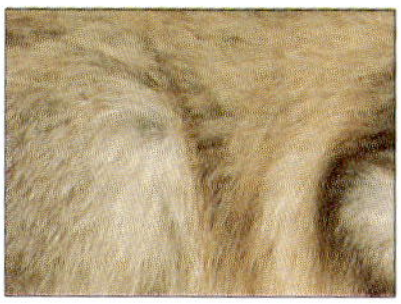

FOURRURE : très douce, fine et dense

Option poil court	Caractère
Abyssin chocolat argent	Expansif

Pays d'origine	Ancêtres	Date
États-Unis	Abyssins à poil long	1967

ÉCAILLE BLEU

Les chatons naissent avec un poil court qui, très vite, devient duveteux ; c'est progressivement qu'ils acquièrent le poil uni et lisse de leur variété.

• **TRAITS** Le bleu-gris de la couleur se mélange ici avec un riche ton de crème donné par la base du poil. Le dos, les pattes arrière et le bout de la queue doivent être plus sombres. Les apports d'écaille peuvent se voir de chaque côté du corps ou être dispersés au hasard, parfois avec une flamme faciale.

FOURRURE : très douce, fine et dense

Option poil court	Caractère
Abyssin écaille bleu	Expansif

LES BALINAIS/JAVANAIS

L'ASCENDANCE du balinais reste incertaine, composée de siamois et d'angoras. Des éleveurs américains le baptisèrent « siamois à poil long » mais les éleveurs du vrai siamois protestèrent. On décida alors de l'appeler balinais et de n'admettre que les couleurs de base du siamois, c'est-à-dire Seal-Point, Blue-Point, Chocolate-Point et Lilac-Point. On choisit le nom de javanais pour désigner les chats d'autres couleurs. Balinais et javanais sont à poil mi-long.

Pays d'origine	Ancêtres	Date
États-Unis	Siamois x angoras	1940-1950

BALINAIS LILAC-POINT

Quand ils firent leur apparition, les éleveurs de siamois marquèrent peu d'intérêt pour ces chats mais petit à petit le balinais attira l'attention et la race commença d'évoluer. Comme des unions entre balinais produisait des chatons balinais, la guerre balino-siamoise n'eut plus de raison d'être.

• **TRAITS** Le balinais possède une longue tête triangulaire et un corps d'une élégante sveltesse. Le poil atteint 5 cm de long.

• **REMARQUE** En dépit de leur nom, les balinais n'ont aucun rapport, même lointain, avec l'île indonésienne. On opta pour l'appellation de balinais car ce chat avait « la grâce des danseuses de Bali ».

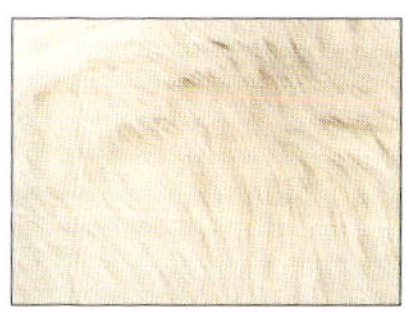

FOURRURE : mi-longue, fine et soyeuse

Option poil court	Caractère
Siamois Lilac-Point	Vif

Pays d'origine	Ancêtres	Date
États-Unis	Siamois x angoras	1940-1950

BALINAIS BLUE-POINT

Les chatons naissent avec une fourrure blanche et c'est plus tard que les marques distinctives se développent. Les chats adultes prennent une robe plus sombre en vieillissant.

• **TRAITS** La couleur du corps est un ton glacé de blanc bleuté plus ou moins nuancé. Les marques doivent être bleu ardoise, s'accordant avec les coussinets et le nez.

• **REMARQUE** Le premier balinais fut exporté en Europe depuis les USA en 1975.

FOURRURE : mi-longue, fine et soyeuse

Option poil court	Caractère
Siamois Blue-Point	Vif

Pays d'origine	Ancêtres	Date
États-Unis	Siamois x angoras	1940-1950

BALINAIS CHOCOLATE-POINT

Le balinais a été reconnu comme race aux États-Unis en 1963. Un club de balinais fut fondé cinq ans plus tard.

• **TRAITS** Le corps de teinte ivoire contraste avec le chaud « chocolat au lait » des marques. Le nez et les coussinets ont une nuance cannelle.

• **REMARQUE** Le toilettage est facile car le poil soyeux ne se noue pas.

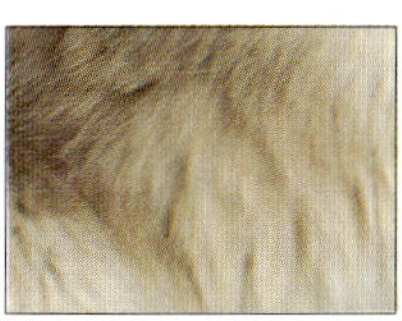

FOURRURE : mi-longue, fine et soyeuse

Option poil court	Caractère
Siamois Chocolate-Point	Vif

Pays d'origine États-Unis	Ancêtres Siamois x angoras	Date 1940-1950

JAVANAIS SEAL TORTIE-POINT

Ce chat est un des javanais les plus typiques, avec un contraste prononcé entre la couleur du corps et celle des marques.

• **TRAITS** La couleur du corps est celle du Seal-Point, avec une teinte fauve sur le dos et un crème chaud sur le reste du corps. Les marques sont d'un brun sombre avec des taches à fond rouge.

• **REMARQUE** Les éleveurs n'admettant que les quatre couleurs classiques du siamois, les autres sont appelés javanais.

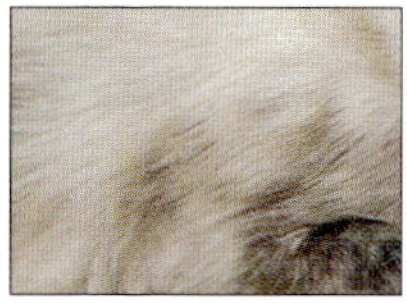

FOURRURE : mi-longue, fine et soyeuse

Option poil court Siamois Seal Tortie-Point	Caractère Vif

Pays d'origine États-Unis	Ancêtres Siamois x angoras	Date 1940-1950

BALINAIS SEAL-POINT

Le balinais est plus discret que le siamois et sa voix est agréable.

• **TRAITS** La couleur des marques doit être un marron sombre net et régulier, avec un nez et des coussinets de même ton. La couleur du corps est fauve pâle sur le dos et un crème chaud sur les flancs. Le sous-poil est d'un ton plus clair.

• **REMARQUE** Des croisements avec des siamois ont diminué la longueur de la robe de certaines lignées américaines. En Europe, le recours plus fréquent à des angoras a évité ce problème.

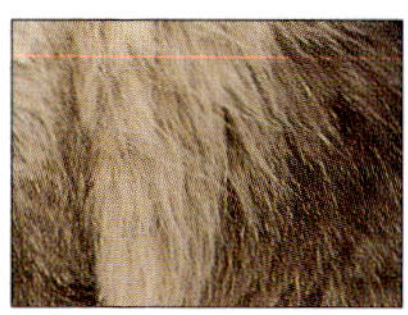

FOURRURE : mi-longue, fine et soyeuse

Siamois Seal-Point	Caractère Vif

Pays d'origine États-Unis	Ancêtres Siamois x angoras	Date 1940-1950

JAVANAIS SEAL TORTIE-TABBY-POINT

La robe sombre obscurcit les marques chez cette variété, notamment sur la queue. Lors d'un concours, celle-ci est soulevée par le bout et secouée pour que les marques puissent être jugées.

• **TRAITS** La combinaison de l'écaille et de tabby est mise en valeur par la présence de nuances rouges qui se superposent sur le type Tabby.

• **REMARQUE** Des chats avec ces marques sont parfois appelés « Torbies ».

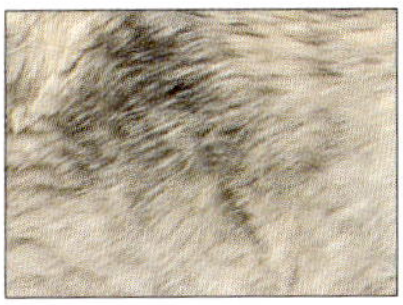

FOURRURE : mi-longue, fine et soyeuse

Option poil court Siamois Seal Tortie-Tabby-Point	Caractère Vif

Pays d'origine États-Unis	Ancêtres Siamois x angoras	Date 1940-1950

JAVANAIS CHOCOLATE TORTIE-POINT

Tout comme on a introduit des traits désirables des siamois dans la race des balinais, on a aussi parfois transmis des défauts. Les plus évidents sont le strabisme et/ou la trace d'une torsion dans la queue.

• **TRAITS** Dans cette variété, la robe couvre étroitement le corps qui ne possède pas de sous-poil laineux. Les jeunes chats ont un poil plus court. Des touffes de poils apparaissent parfois sur les oreilles. L'absence de collerette est préférable.

• **REMARQUE** Ici, comme chez d'autres variétés d'écaille de tortue, les chats sont presque exclusivement des femelles.

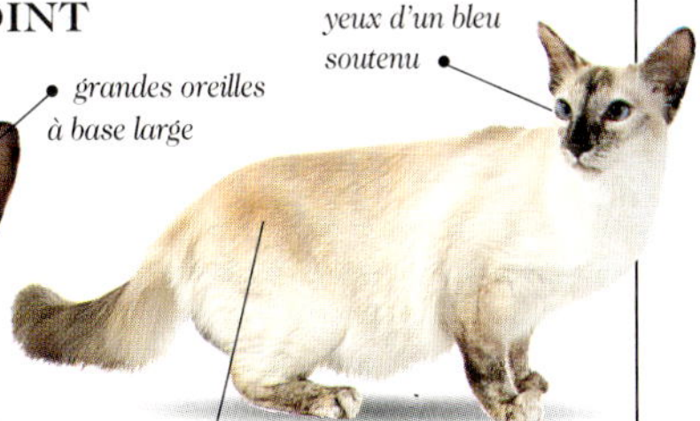

FOURRURE : mi-longue, fine et soyeuse

Option poil court Chocolate Tortie-Point	Caractère Vif

Pays d'origine	Ancêtres	Date
États-Unis	Siamois x angoras	1940-1950

JAVANAIS RED TABBY-POINT

Plus connus aux États-Unis sous le nom de javanais Red Lynx-Point, ces chats sont de type siamois mais avec une remarquable fourrure rappelant celle de l'hermine. Ils sont joueurs, intelligents et sociables.

• **TRAITS** La couleur de base est blanc crème avec des marques allant de l'orange au rouge et qui contrastent avec le bleu du regard. Le tabby doit être évident sur la tête, les pattes et la queue.

• **REMARQUE** Cette variété a été introduite aux États-Unis en 1980.

FOURRURE : mi-longue, fine et soyeuse

Option poil court	Caractère
Siamois Red Tabby-Point	Vif

Pays d'origine	Ancêtres	Date
États-Unis	Siamois x angoras	1940-1950

JAVANAIS BLUE TABBY-POINT

Ce javanais fait preuve d'élégance et de souplesse, qualités de base de ce chat. Le corps est agile, avec de longues pattes minces. La queue, en panache, accentue la longueur du corps.

• **TRAITS** Le corps d'un blanc glacé devient bleu, surtout sur le dos. Les marques sont d'un bleu pâle, contrastant avec les marques tabby plus foncées. Quelques rayures se voient au-dessus des yeux et des joues ou encore, mais moins nettes, sur la queue.

• **REMARQUE** La race est connue, aux États-Unis, sous le nom de javanais Blue Lynx-Point.

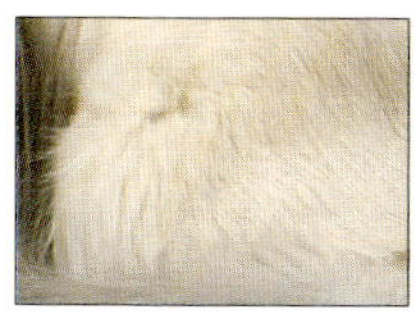

FOURRURE : mi-longue, fine et soyeuse

Option poil court	Caractère
Siamois Blue Tabby-Point	Vif

Pays d'origine États-Unis	Ancêtres Siamois x angoras	Date 1940-1950

Javanais Seal Tabby-Point

La souplesse est la qualité principale de ce javanais. Elle s'associe à l'élégance de chaque mouvement. La ressemblance avec le siamois se situe surtout dans le regard bleu, à la fois brillant, clair et pur.

• **Traits** La couleur de base doit être un fauve assez chaud sur le dos et crème sur le corps. Des rayures tabby apparaissent sur le masque et les pointes sont d'un brun marron.

• **Remarque** Le Seal Point est assez sombre, de sorte que le shading du corps ne passe pas inaperçu.

Fourrure : mi-longue, fine et soyeuse

Option poil court Siamois Seal Tabby-Point	Caractère Vif

Pays d'origine États-Unis	Ancêtres Siamois x angoras	Date 1940-1950

Javanais Chocolate Tabby-Point

Les balinais et les javanais ont une voix nettement plus agréable et modulée que celle des siamois, mais ils sont tout aussi sociables. L'absence de sous-poil rend la longue fourrure plus souple et plus facile à entretenir.

• **Traits** Le corps est ivoire avec des marques « chocolat au lait ».

• **Remarque** La longue queue aux franges développées est un signe distinctif de cette race.

Fourrure : mi-longue, fine et soyeuse

Option poil court Siamois Chocolate Tabby-Point	Caractère Vif

LES TIFFANIES

LE TIFFANY, à la robe brune, représente dans l'ensemble la forme à poil mi-long du burmese. Il a toutefois une tête moyenne, cunéiforme, un nez court et les oreilles bien écartées à bout légèrement arrondi. Les yeux, largement espacés, sont situés de biais. Son ancêtre burmese lui a légué la couleur de ses yeux, qui va du jaune soutenu à l'ambre, la nuance la plus recherchée étant un riche jaune doré très brillant. Le tiffany est une race à poil mi-long.

Pays d'origine États-Unis	Ancêtres x burmese	Date 1970-1980

ROUX

À l'origine, le tiffany était admis aux États-Unis simplement comme un burmese à poil long et en Europe, il ne suscitait pas beaucoup d'intérêt. C'est pourtant de ce côté-ci de l'Atlantique qu'il a été développé en tant que race, assez proche d'un chat à poil court asiatique, le burmilla.

• **TRAITS** La couleur est proche de celle du burmese roux, mais avec une fourrure abondante et longue, formant une collerette. La queue, en panache, est très fournie.

• **REMARQUE** Actuellement, le tiffany est encore un chat assez rare, mais comme la gamme de couleurs s'élargit, sa popularité va sans doute s'accroître.

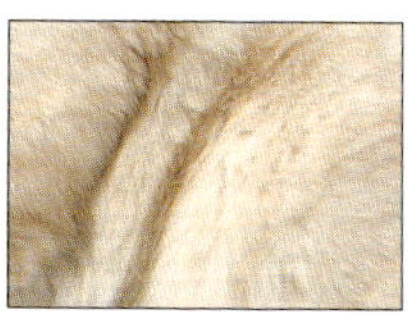

FOURRURE : mi-longue, soyeuse et fine

Option poil court Burmese roux	Caractère Très curieux

Pays d'origine	Ancêtres	Date
États-Unis	burmese	1970-1980

BRUN

C'est surtout en Angleterre qu'on commence à créer diverses couleurs pour le tiffany. Le traditionnel brun burmese reste le plus populaire en Amérique du Nord.

• **TRAITS** La robe des chatons est plus courte que celle des adultes. Il faut plusieurs mois pour que le poil prenne sa longueur moyenne. Il a tendance à être moins foncé.

• **REMARQUE** Le tiffany américain diffère du tiffany européen à cause des variations chez leurs ancêtres. En général, le tiffany européen a une silhouette plus élégante.

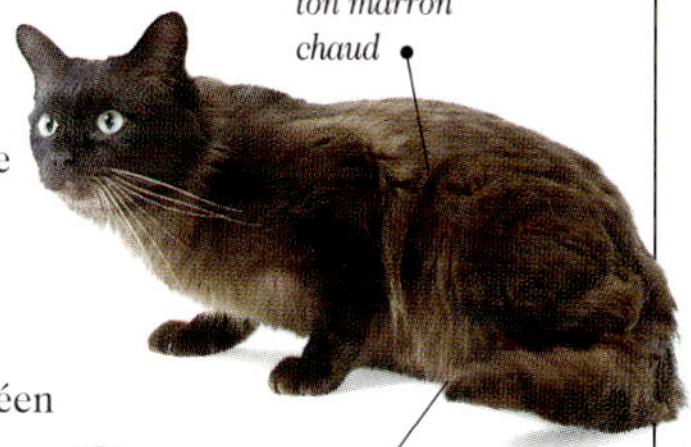

FOURRURE : mi-longue, soyeuse et fine

Option poil court	Caractère
Burmese brun	Très curieux

Pays d'origine	Ancêtres	Date
États-Unis	x burmese	1970-1980

BLUE TIPPED SILVER

C'est ici la couleur la plus exotique des variétés de ce chat. Les éleveurs ont utilisé des burmese de très bonne qualité pour réaliser un chat ressemblant vraiment à un burmese à poil long.

• **TRAITS** Le tipping bleu de la robe argentée crée un contraste intéressant qu'on retrouve chez le burmilla Blue Tipped Silver.

• **REMARQUE** Le gène poil long qui a permis le développement de cette variété, a été introduit en croisant des chinchilla et des burmese au cours du développement du burmilla.

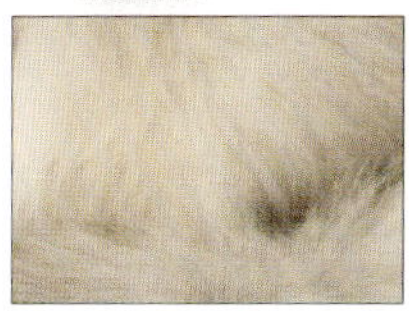

FOURRURE : mi-longue, soyeuse et fine

Option poil court	Caractère
Burmese Blue Tipped Silver	Très curieux

LES CIMRIQUES

LE CIMRIQUE est un chat à poil long qui, comme le chat de l'île de Man (Manx), est dépourvu de queue. On pense généralement qu'il s'agit de mutants de Manx. On distingue, comme pour ce dernier, trois variétés : le Rumpy (sans queue, avec un simple creux à la base), le Stumpy (avec un moignon de queue) et le Longie (pourvu d'une queue à peine plus courte que celle des autres races). Les couleurs et les marques sont reconnues par les associations qui admettent cet élevage.

Pays d'origine	Ancêtres	Date
Canada	Chat de l'île de Man	1960-1970

BLANC AUX YEUX ORANGE

Le cimrique présente une robe dense qui ne s'emmêle pas facilement et qui se toilette aisément. Cette qualité et la densité de la fourrure occupent une place importante dans l'élevage du chat.

• **TRAITS** Toutes les couleurs sont admises, sauf le chocolat, le lilas et la variété himalayenne, lorsque l'œil a une couleur correspondant à celle de la robe. Le cimrique garde le type du Manx.

• **REMARQUE** Provenant directement du Manx, le cimrique est bien connu, maintenant, aux États-Unis et en Angleterre.

FOURRURE : sous-poil dense ; robe luisante

Option poil court	Caractère
Manx blanc aux yeux orange	Intelligent

LES SCOTTISH FOLD

LE GÈNE poil long a été, probablement, présent dès l'origine de ce chat. Bien que le premier Scottish Fold enregistré – une chatte – ait été à poil court, sa descendance mit au monde des chats à poil long aux oreilles repliées caractéristiques. Les deux formes coexistent aujourd'hui (*voir p. 144*). La forme poil long du Scottish Fold fut reconnue en 1987 et obtint un standard définitif délivré par la TICA (The International Cat Association). Cette variété poursuit son ascension dans le monde des chats de race.

Pays d'origine	Ancêtres	Date
Écosse	Poil court sans pedigree	1960-1970

BLEU CRÈME ET BLANC

Le Scottish Fold est un très agréable compagnon, aimable et sociable envers les autres animaux, y compris les chiens. Il doit présenter une tête ronde avec des oreilles de taille moyenne donnant l'impression d'une casquette. Il existe un léger stop au nez, et les yeux ronds soulignent le caractère aimable de ce chat.

• **TRAITS** Les couleurs de la fourrure doivent rester discrètes et ne pas dominer la blancheur de la robe dont le poil, doux au toucher, semble élastique.

• **REMARQUE** Il faut attendre deux bonnes semaines pour que les oreilles des chatons commencent à se replier.

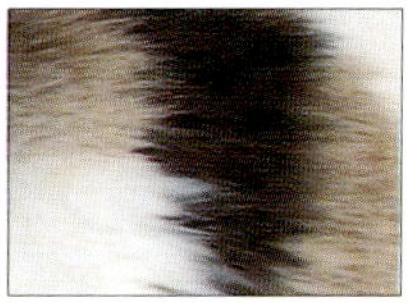

FOURRURE : mi-longue, dense, élastique

Option poil court	Caractère
Scottish Fold à poil court bleu crème et blanc	Calme

Les American Curl

L'ASPECT le plus inhabituel chez ce chat résulte d'une mutation ayant affecté les oreilles. D'abord découverte uniquement chez les poils longs, elle est maintenant présente chez des poils courts, d'où une nouvelle popularité.

La première variété apparut en 1981 quand deux chatons « Curl » furent achetés par John et Grace Ruga, éleveurs à Lakewood (Californie). Ils avaient eux-mêmes un jeune chat baptisé *Shulasmith* et qui présentait des oreilles recourbées. Après plusieurs essais, les Ruga obtinrent une portée de quatre chatons dont deux avaient des oreilles « Curl ». Assez rapidement, la race a pu être fixée.

Pays d'origine États-Unis	Ancêtres Chat sans pedigree	Date 1981

Noir

Mercedes, un chaton à oreilles recourbées et un de ses descendants sont nés en Californie chez Nancy Kiester, éleveuse amie des Ruga. Ensemble, les éleveurs présentèrent ces jeunes chats et leur père *Shulasmith* à une exposition à Palm Springs en octobre 1983. Les Curl obtinrent un gros succès de curiosité. Des éleveurs se lancèrent dans des opérations similaires et on put établir un standard officiel pour l'American Curl.

• **Traits** Tous les chatons Curl naissent avec des oreilles normales et il n'y a que chez la moitié d'une portée qu'elles se recourbent. La modification peut se manifester au bout de quatre à sept jours après la naissance.

• **Remarque**
Pour cette race, toutes les couleurs et toutes les marques sont acceptées.

FOURRURE : mi-longue et soyeuse

Option poil court American Curl à poil court noir	Caractère Doux

Pays d'origine	États-Unis	Ancêtres	Chat sans pedigree	Date	1981

NOIR ET BLANC

C'est au bout de six mois que le Curl présente la forme définitive de ses oreilles. L'American Curl possède un tempérament calme mais il garde beaucoup de réserve face aux étrangers. Son poids peut varier de 2 à 4,5 kg.

• **TRAITS** La courbe des oreilles peut dépasser un angle de 90°. Ce chat peut faire pivoter ses oreilles de sorte qu'elles pointent l'une vers l'autre.

• **REMARQUE** Les juges tiennent compte de la position et de la forme des oreilles, du degré de recourbement et de l'épaisseur des poils à l'intérieur.

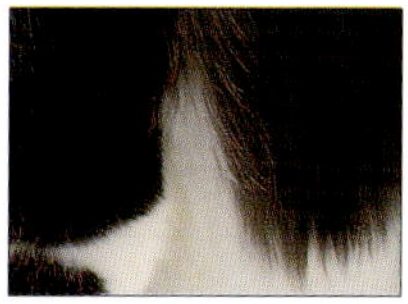

FOURRURE : mi-longue et soyeuse

Option poil court	American Curl à poil court noir et blanc	Caractère	Doux

Pays d'origine	États-Unis	Ancêtres	Chat sans pedigree	Date	1981

TABBY TIGRÉ BRUN ET BLANC

Le Curl américain est un chat musclé, de taille moyenne, avec une face légèrement arrondie et un nez droit. La fourrure, soyeuse, de longueur moyenne, épouse bien le corps.

• **TRAITS** Les oreilles de l'American Curl doivent être recourbées vers le milieu de l'arrière du crâne. Le poil dans les oreilles, assez abondant, doit être visible. Les yeux, larges et placés un peu en oblique vers le nez contribuent à l'aspect aimable et vif de ce chat populaire.

• **REMARQUE** L'American Curl se révèle un compagnon intelligent et gentil.

FOURRURE : mi-longue et soyeuse

Option Poil long	American Curl à poil court Tabby brun	Caractère	Doux

LES CHATS SANS PEDIGREE

IL EST admis que les chats domestiques sans pedigree ont évolué en s'adaptant à leur environnement. Ceux qui sont originaires des régions nordiques au climat froid ont acquis un poil long, alors que ceux qui sont originaires de régions plus chaudes, comme l'Asie du Sud-Est, ont souvent le poil court.

Pays d'origine	Ancêtres	Date
Turquie	Sang mêlé	XVIe siècle

BLEU

Puisqu'il n'a pas été élevé selon des standards spécifiques, l'apparence du gouttière à poil long reste indéfinie. La fourrure peut être moins épaisse que celle des chats de race à poil long, avec des couleurs moins nettes d'un individu à l'autre.

• **TRAITS** On remarque souvent des traces de tabby et un peu de blanc qu'on sanctionnerait s'il s'agissait d'un bleu à poil long de race pure.

• **REMARQUE** Il est vraiment de peu d'intérêt de vouloir établir une sorte de classement en tenant compte de l'évolution de ces chats depuis un siècle. Les premiers bleus de race à poil long seraient probablement classés aujourd'hui comme chats sans pedigree.

FOURRURE : épaisse et douce

Option poil court	Caractère
Sans pedigree à poil court bleu	Sociable

Pays d'origine	Ancêtres	Date
Turquie	Sang mêlé	XVIe siècle

Noir

La couleur noire a sans doute été l'une des premières mutations de couleur du chat domestique, et des persans noirs, bien que rares, étaient très recherchés à la fin du XIXe siècle. Aujourd'hui ces chats noirs se découvrent partout en ville.

• **Traits** Les chats sans pedigree sont très divers d'aspect à cause de leurs accouplements fortuits. Leur couleur noire peut se mêler de gris ou de brun.

• **Remarque** Il se peut que le chat noir soit originaire de l'est du bassin méditerranéen, il y a de cela plus de 2000 ans.

Fourrure : épaisse et douce

corps râblé avec une fourrure de longueur variable

poils plus courts sur pieds larges

queue fournie

Option poil court	Caractère
Sans pedigree à poil court noir	Sociable

Pays d'origine	Ancêtres	Date
Turquie	Sang mêlé	XVIe siècle

Crème et blanc

Ces chats bicolores sans pedigree sont très sympathiques, bien qu'ils ne montrent pas les marques précises de leurs homologues à pedigree. On trouve toutes les combinaisons de couleurs chez eux.

• **Traits** La fourrure du chat sans pedigree est généralement plus courte que celle des poils longs de race.

• **Remarque** La plus grande partie des poils longs sans pedigree sont le résultat de rencontres fortuites.

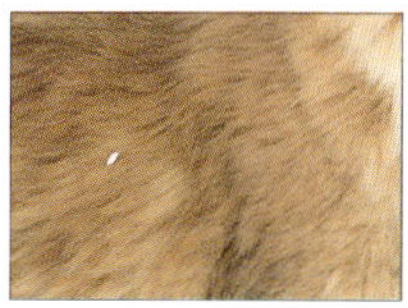

Fourrure : épaisse et douce

la couleur crème peut présenter des traces de marques tabby

pattes solides

queue de longueur moyenne

taches blanches et colorées bien définies

Option poil court	Caractère
Sans pedigree à poil court crème et blanc	Sociable

Pays d'origine	Ancêtres	Date
Turquie	Sang mêlé	XVIe siècle

MOUCHETÉ ROUX

La couleur de ces chats est probablement due à une origine asiatique.

• **TRAITS** Les marques mouchetées sont distribuées au hasard et la teinte aussi bien que la longueur du poil varient.

• **REMARQUE** Dans les expositions, il y a souvent une catégorie réservée aux chats sans pedigree.

FOURRURE : épaisse et douce

Option poil court	Caractère
Sans pedigree à poil court moucheté roux	Sociable

Pays d'origine	Ancêtre	Date
Turquie	Sang mêlé	XVIe siècle

TABBY BRUN

Les marques tabby remontent aux premières périodes de la domestication du chat, il y a plus de 5000 ans. Mais des robes plus longues peuvent souvent cacher ces marques.

• **TRAITS** Les Tabby ont des marques plus sombres contrastant avec la couleur de base qui, ici, est brun clair. Chez le Tabby sans pedigree, les marques sont moins nettes. Par exemple, le bout de la queue de ce chat-ci n'est pas noir, trait qu'exige le standard du Tabby brun à poil long de race.

• **REMARQUE** Les chats présentant ces marques sont très répandus depuis des siècles.

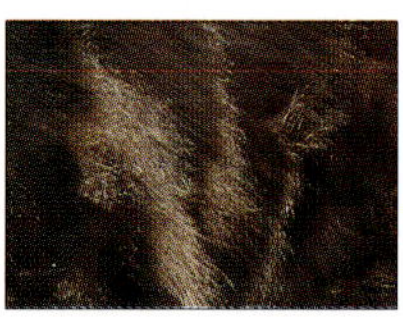

FOURRURE : épaisse et dense

Option poil court	Caractère
Sans pedigree à poil court Tabby brun	Sociable

Pays d'origine	Ancêtres	Date
Turquie	Sang mêlé	XVIe siècle

ARGENT ET BLANC

Aujourd'hui les chats de race à poil long ont été élevés de façon sélective par rapport aux sans pedigree. Pourtant ces derniers ne sont pas moins attirants que leurs brillants « cousins ». Ils appartiennent, simplement, à un autre type de chat.

• **TRAITS** Les chats résultant d'unions entre poil long et poil court naissent souvent avec un poil court ou assez peu long.

• **REMARQUE** Dans la nomenclature des pedigree, le persan Tipped Silver est parfois désigné comme chinchilla.

FOURRURE : épaisse et douce

Option poil court	Caractère
Sans pedigree à poil court argent et blanc	Sociable

Pays d'origine	Ancêtres	Date
Turquie	Sang mêlé	XVIe siècle

ÉCAILLE DE TORTUE ET BLANC

Ces chats ont la réputation d'être à la fois des mères remarquables et d'excellents souriciers. Pourtant ce n'est pas obligatoirement un caractère héréditaire. Les écailles sont presque exclusivement des femelles.

• **TRAITS** Ici, le noir, le rouge et le blanc s'entremêlent de façon différente d'un chat à l'autre. Il n'existe pas deux chats identiques.

• **REMARQUE** Les écaille et blanc évoluent depuis 1956 vers une rigoureuse standardisation. Les éleveurs veulent leur imposer un type bien défini.

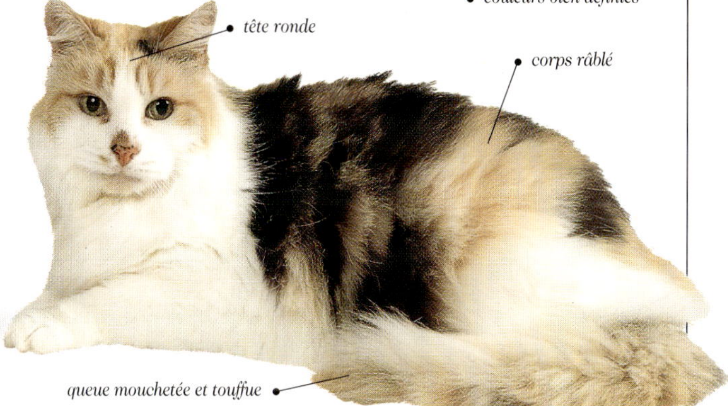

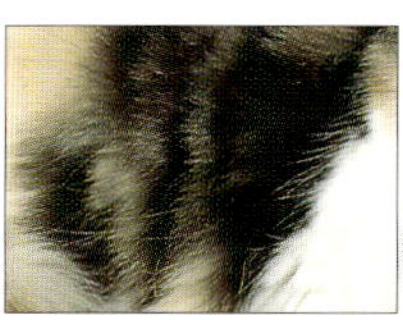

FOURRURE : épaisse et douce

Option poil court	Caractère
Sans pedigree à poil court écaille et blanc	Sociable

CHATS À POIL COURT

LES BRITISH SHORTHAIR

LA RACE originelle est celle du chat domestique ordinaire européen. Désormais, le British Shorthair se distingue autant par son aspect massif que par son corps solide et sa tête ronde. Les mâles adultes sont nettement plus grands que les femelles. Longtemps dédaigné, ce chat a repris vers 1930 une place de choix auprès du public. Les couleurs unies sont toujours les plus recherchées, mais de nouvelles couleurs sont en voie de développement.

Pays d'origine	Ancêtres	Date
Grande-Bretagne	Poils courts sans pedigree	1880-1890

BLANC AUX YEUX ORANGE

Il existe trois types de British Shorthair blanc, distingués d'après la couleur des yeux. La surdité congénitale du chat blanc aux yeux bleus ne se manifeste guère chez son frère aux yeux orange. Le soleil risque d'altérer la couleur de leur robe.

• **TRAITS** Chez certains blancs, on trouve assez souvent des doigts surnuméraires, ce qui constitue un défaut grave par rapport au standard, mais n'empêche pas le chat d'être en bonne santé et un compagnon agréable.

• **REMARQUE** Les chats blancs ont toujours connu une grande popularité, contrairement aux chats noirs qu'on a longtemps considérés comme les auxiliaires des sorciers et des démons.

FOURRURE : courte, dense et rêche

Option poil long	Caractère
Persan blanc aux yeux orange	Tranquille et sociable

Pays d'origine	Ancêtre	Date
Grande-Bretagne	Poils courts sans pedigree	1880-1890

BLANC AUX YEUX BLEUS

La couleur bleue des yeux peut être considérée comme la base du type de ce chat. À noter que si un chaton blanc aux yeux bleus présente une tache assez foncée sur le crâne, il ne deviendra pas sourd. La tache disparaît assez rapidement.

• **TRAITS** Les yeux bleus atteignent leur intensité au bout de 10 à 12 semaines.

• **REMARQUE** Le British blanc aux yeux bleus a fait son apparition au début de ce siècle. Il a été très populaire à l'époque.

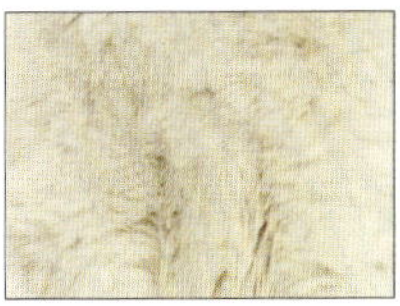

FOURRURE : courte, dense et rêche

Option poil long	Caractère
Persan blanc aux yeux bleus	Tranquille et sociable

Pays d'origine	Ancêtres	Date
Grande-Bretagne	Poils courts sans pedigree	1880-1890

BLANC AUX YEUX VAIRONS

Ce chat est apparu, plus ou moins fortuitement, dans des programmes d'élevage de chats blancs aux yeux orange.

• **TRAITS** L'aspect le plus marquant de cette variété se découvre dans la dualité des yeux, l'un étant orange et l'autre bleu. Ici, également, une tache apparaissant sur la tête d'un chaton indique qu'il ne sera pas atteint de surdité.

• **REMARQUE** Les Shorthair blancs, mariés à des chats de couleur unie, peuvent produire des bicolores, mariés à des écaille, des écaille et blanc naîtront.

FOURRURE : courte, dense et rêche

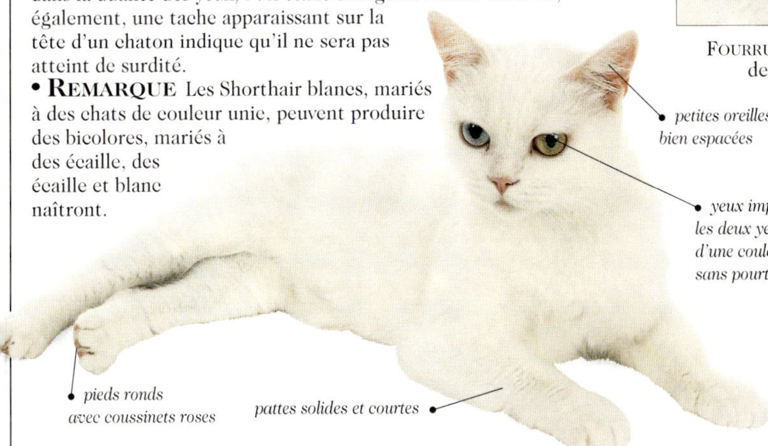

Option poil long	Caractère
Persan blanc aux yeux vairons	Tranquille et sociable

Pays d'origine	Ancêtres	Date
Grande-Bretagne	Poils courts sans pedigree	1880-1890

Crème

Ce chat connaît une réelle popularité depuis 1950. Mais il représente un véritable défi pour les éleveurs car il est très difficile d'obtenir une fourrure uniforme sans marques ni rayures ni même ombres légères.

• **Traits** Si les juges font preuve d'indulgence, ils admettront, tout de même, des traces infimes de tabby. Les yeux doivent être cuivre ou orange foncé.

• **Remarque** Une sélection sévère a permis de réduire considérablement les marques tabby chez ce chat.

Fourrure : courte, dense et rêche

Option poil long	Caractère
Persan crème	Tranquille et sociable

Pays d'origine	Ancêtres	Date
Grande-Bretagne	Poils courts sans pedigree	1880-1890

Lilas

Cette couleur, encore toute nouvelle, a été obtenue en partant du lilas à poil long. Elle n'est pas encore vraiment stabilisée.

• **Traits** Ce chat lilas ressemble évidemment aux autres Shorthair. La robe se situe entre le lilas fané et le rose. La truffe est lavande rosé et les yeux cuivre ou orange foncé.

• **Remarque** Le Shorthair lilas est une variété encore assez rare.

Fourrure : courte, dense et rêche

Option poil long	Caractère
Persan lilas	Tranquille et sociable

Pays d'origine	Ancêtres	Date
Grande-Bretagne	Poils courts sans pedigree	1880-1890

BLEU

C'est certainement la couleur unie la plus populaire.

• **TRAITS** Les British bleus ont un visage typiquement rond et un corps musclé. Les mâles peuvent, en vieillissant, développer des bajoues, surtout s'ils n'ont pas été châtrés dès leur jeune âge.

• **REMARQUE** Cette race a failli disparaître lors de la dernière guerre, les chats mâles étant devenus rares. À partir de 1950, elle a de nouveau prospéré. La bonne qualité de la fourrure est due à l'élevage sélectif.

FOURRURE : courte, dense et rêche

Option poil long	Caractère
Persan bleu	Tranquille et sociable

Pays d'origine	Ancêtres	Date
Grande-Bretagne	Poils courts sans pedigree	1880-1890

CHOCOLAT

Le Shorthair chocolat reste rare. Sa couleur est assez mal définie. On commence pourtant à obtenir une bonne sélection.

• **TRAITS** L'élevage doit rester « British ». On a tenté d'introduire du sang « havana », ce qui est considéré comme une faute.

• **REMARQUE** Le sang originel provient d'unions de poils courts avec le chocolat à poil long. Toutes les nuances de brun doivent être uniformes. Ce chat n'est pas reconnu par toutes les associations.

FOURRURE : courte, dense et rêche

Option poil long	Caractère
Persan chocolat	Tranquille et sociable

Pays d'origine	Ancêtres	Date
Grande-Bretagne	Poils courts sans pedigree	1880-1890

Noir

Le Shorthair noir est souvent considéré comme un précurseur mais il avait perdu sa popularité au début de la Première Guerre mondiale. Ce n'est qu'à partir de 1950 qu'il a connu un regain de popularité.

• **Traits** Avec son corps solide et son poil court mais lustré, c'est un chat vraiment attirant. On considère comme une faute toute trace de vert dans le cuivre ou l'orange des yeux. La fourrure doit être d'un noir absolu sans la moindre tache. Le chaton naît parfois avec une robe gris foncé qui deviendra plus noire avec l'âge.

• **Remarque** Des bains de soleil prolongés peuvent éclaircir la robe.

Fourrure : courte, dense et rêche

Option poil long	Caractère
Persan noir	Tranquille et sociable

Pays d'origine	Ancêtres	Date
Grande-Bretagne	Poils courts sans pedigree	1880-1890

Crème et blanc

Dans le milieu des éleveurs, les chats bicolores n'ont jamais été aussi populaires que leurs frères de couleur unie, car il est difficile d'obtenir des sujets bien marqués.

• **Traits** La surface blanche de la fourrure ne doit pas couvrir plus de la moitié ou moins du tiers de la robe. Les marques doivent être symétriques mais il reste impossible de prédire si, chez les chatons, elles auront la même disposition que chez les parents.

• **Remarque**
Ce Shorthair crème et blanc est le plus rare des bicolores traditionnels. Les autres variétés présentent le blanc avec du noir ou du bleu ou encore du roux.

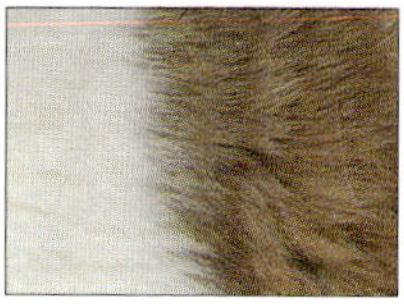

Fourrure : courte, dense et rêche

Option poil long	Caractère
Persan crème et blanc	Tranquille et sociable

Pays d'origine	Ancêtres	Date
Grande Bretagne	Poils courts sans pedigree	1880-1890

ÉCAILLE BLEU ET BLANC

La robe des écaille bleu et blanc est très appréciée, tout comme, d'ailleurs, le caractère de tous les chats écaille de tortue, gentils et affectueux.

• **TRAITS** On a ici une version « atténuée » de l'écaille de tortue et blanc dans laquelle le bleu remplace le noir et le crème remplace le rouge. Le blanc doit occuper la moitié ou, au moins, le tiers de la surface de la robe. Une flamme est appréciée.

• **REMARQUE** Le terme écaille est le raccourci de écaille de tortue appliqué à tout le groupe.

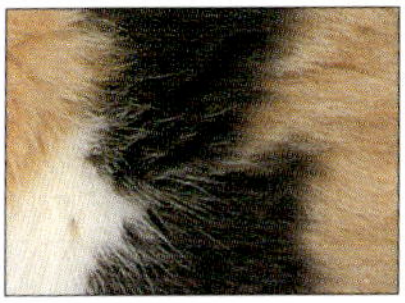

FOURRURE : courte, dense et rêche

Option poil long	Caractère
Persan écaille bleu et blanc	Tranquille et sociable

Pays d'origine	Ancêtres	Date
Grande-Bretagne	Poils courts sans pedigree	1880-1890

ÉCAILLE ET BLANC

Cette ancienne variété était connue autrefois sous l'appellation persan et blanc. Aux États-Unis, on l'appelle Calico.

• **TRAITS** Contrairement aux écaille de tortue, c'est une variété où chacune des trois couleurs est distincte et se voit à différents endroits du corps. Chez les chatons, elles sont nettement plus ternes et il faut plusieurs mois pour avoir les couleurs définitives.

• **REMARQUE** Le premier de ces chats présenté en exposition à Londres en 1912 s'appelait *Ballochmyle Batchelor*. Une précision : les mâles écaille de tortue sont stériles.

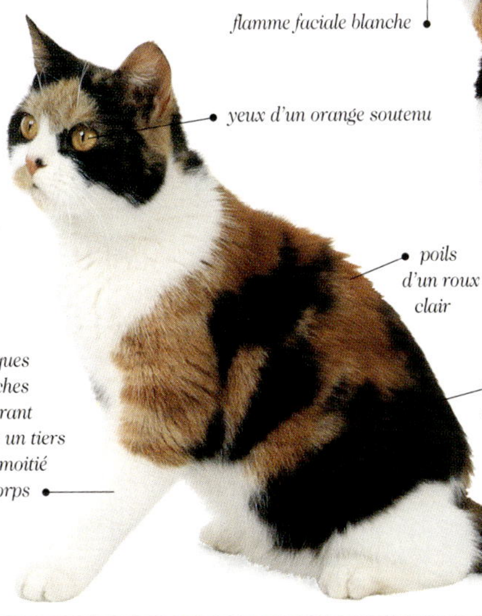

FOURRURE : courte, dense et rêche

Option poil long	Caractère
Persan écaille et blanc	Tranquille et sociable

Pays d'origine	Ancêtres	Date
Grande-Bretagne	Poils courts sans pedigree	1880-1890

MOUCHETÉ BLEU

On les appelle aussi Tabby mouchetés, ce qui est une erreur car les marques tabby ont l'aspect de rayures et non de mouchetures.

• **TRAITS** Bien que les marques ne soient pas toutes de même taille ou forme, elles doivent être distinctives.

• **REMARQUE** Après avoir disparu dans la première moitié de ce siècle, ces chats connaissent un regain de popularité depuis 1960.

FOURRURE : courte, dense et rêche

Option poil long	Caractère
Persan Tabby bleu	Tranquille et sociable

Pays d'origine	Ancêtres	Date
Grande-Bretagne	Poils courts sans pedigree	1880-1890

MOUCHETÉ ARGENT

Voici l'une des plus populaires parmi les variétés de moucheté. Le ton argenté forme un contraste remarquable avec le noir sombre de taches.

• **TRAITS** Les mouchetures doivent être bien délimitées et ne pas se fondre les unes dans les autres.

• **REMARQUE** La race acquit la notoriété en gagnant un premier prix à une exposition à Cheltenham en 1965.

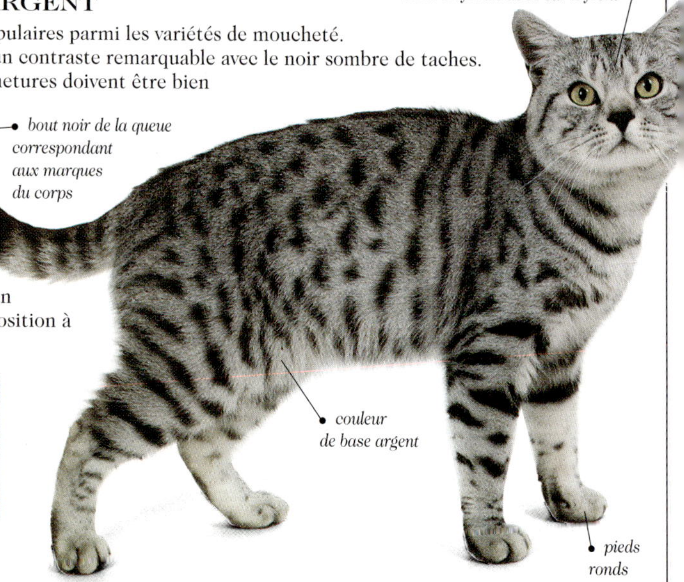

FOURRURE : courte, dense et rêche

Option poil long	Caractère
Persan Tabby argent	Tranquille et sociable

Pays d'origine	Ancêtres	Date
Grande-Bretagne	Poils courts sans pedigree	1880-1890

TABBY CLASSIQUE BRUN

Le Tabby brun était déjà présenté lors de concours à l'époque victorienne. Aujourd'hui, il tend à devenir plus rare que d'autres formes Tabby.

• **TRAITS** La couleur de base doit être un riche brun cuivré, assez difficile à obtenir. Les marques sont noires.

• **REMARQUE** Le Tabby Cat Club qui se trouve à la base du développement de la variété a été fondé en 1968.

FOURRURE : courte, dense et rêche

Option poil court	Caractère
Persan Tabby classique brun	Tranquille et sociable

Pays d'origine	Ancêtres	Date
Grande-Bretagne	Poils courts sans pedigree	1880-1890

MOUCHETÉ ROUX

Bien que les mouchetures du dos ne puissent être confondues avec les dessins du Tabby tigré, on note que le M du front se retrouve chez l'un comme chez l'autre.

• **TRAITS** Un grand contraste entre les deux tons rouges (ou roux) de la robe est important. Le type de ce chat est nettement British Shorthair, avec sa tête ronde et forte et son corps très musclé.

• **REMARQUE** Dans la mythologie égyptienne, le dieu Ra est représenté sous la forme d'un chat moucheté en train de tuer Apep, le serpent des Ténèbres.

FOURRURE : courte, dense et rêche

Option poil long	Caractère
Persan Tabby roux	Tranquille et sociable

Pays d'origine	Grande-Bretagne	Ancêtres	Poils courts sans pedigree	Date	1880-1890

MOUCHETÉ CRÈME

S'il est possible d'obtenir des mouchetures dans toutes les couleurs franches reconnues, le moucheté crème compte parmi les plus rares.

• **TRAITS** Les mouchetures doivent apparaître clairement et être bien distribuées sur le corps et sur les pattes. Leur grandeur peut être variable.

• **REMARQUE** Les types de chats mouchetés sont abondants chez les chats sauvages et plus particulièrement dans les régions de l'Est méditerranéen.

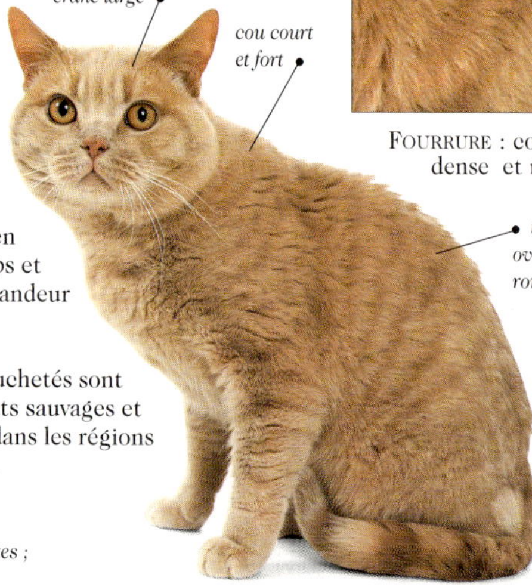

FOURRURE : courte, dense et rêche

Option poil long	Persan Tabby crème	Caractère	Tranquille et sociable

Pays d'origine	Grande-Bretagne	Ancêtres	Poils courts sans pedigree	Date	1880-1890

TABBY TIGRÉ ROUX

La seule différence entre le Tabby tigré roux et le type classique se situe dans le dessin des marques sur le corps.

• **TRAITS** Chez le Tabby tigré, une ligne noire court sur le centre du dos avec une ligne brisée de chaque côté. Des lignes ressemblant à des arêtes de poisson courent sur les flancs. La couleur du corps est plus rouge qu'orange, avec des marques plus sombres.

• **REMARQUE** Le terme de *tabby* vient de Attabiya, quartier des tisserands de Bagdad dont les tapis s'ornaient de motifs semblables aux mouchetures et rayures du pelage des chats.

FOURRURE courte, dense et rêche

Option poil long	Persan Tabby tigré roux	Caractère	Tranquille et sociable

Pays d'origine	Ancêtres	Date
Grande-Bretagne	Poils courts sans pedigree	1880-1890

Bleu crème

Cette variété a pris son essor après la Seconde Guerre mondiale. Elle est encore peu répandue. Elle est issue de croisements de bleus et de crème et apparut pour la première fois dans des portées écaille de tortue.
• **Traits** On ne doit pas découvrir des plages prononcées de l'une ou l'autre couleur sur la fourrure, le but étant d'avoir une coloration bleu crème régulièrement mélangée.
• **Remarque** Un toilettage régulier s'impose en période de mue.

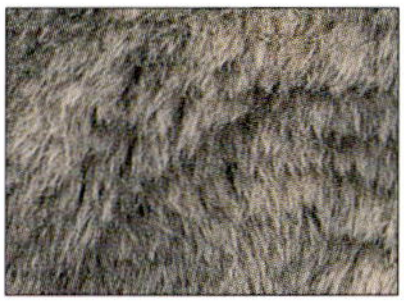

Fourrure : courte, dense et rêche

Option poil long	Caractère
Persan bleu crème	Tranquille et sociable

Pays d'origine	Ancêtres	Date
Grande-Bretagne	Poils courts sans pedigree	1880-1890

Écaille de tortue

Le chat écaille de tortue est presque uniquement femelle. Le mâle, produit par une anomalie génétique, est stérile.
• **Traits** La couleur de ce chat est due à une combinaison de noir et de rouge clair et sombre. Les chatons les plus foncés donnent souvent les adultes les mieux marqués.
• **Remarque** Les marques écaille de tortue sont apparues très tôt au cours de la domestication, probablement en Afrique du Nord et en Turquie, où ces chats sont toujours très abondants. Ceux qu'on trouve en assez grand nombre dans les îles au large de l'Écosse ont peut-être été ramenés par les Vikings.

Fourrure : courte, dense et rêche

Option poil long	Caractère
Persan écaille de tortue	Tranquille et sociable

Pays d'origine	Ancêtres	Date
Grande-Bretagne	Poils courts sans pedigree	1880-1890

Bleu et blanc

L'aspect bicolore est courant chez les chats sans pedigree, mais chez les chats de race, une répartition correcte des couleurs est plus que difficile.

• **Traits** Le but recherché est d'avoir des chats présentant juste un tiers de blanc sur la robe, le reste étant nettement bleu. Idéalement, le bleu devrait couvrir le haut de la tête et les oreilles, le dos et les flancs, avec la poitrine et les pattes blanches. Mais la difficulté est d'y parvenir.

• **Remarque** À l'origine, seule la combinaison du blanc avec le rouge, le noir, le bleu ou le crème était autorisée, mais à présent toutes les couleurs stabilisées sont en général admises.

Fourrure : courte, dense et rêche

Option poil long	Caractère
Persan bleu et blanc	Tranquille et sociable

Pays d'origine	Ancêtres	Date
Grande-Bretagne	Poils courts sans pedigree	1880-1890

Noir et blanc

Ce noir et blanc a eu en Grande-Bretagne son heure de gloire à l'époque victorienne. Il a été à l'origine du développement des écailles de tortue et blanc.

• **Traits** Tout comme d'autres poils courts, ce chat doit présenter un contraste réel entre le blanc et le noir dans la disposition des marques.

• **Remarque** Le blanc doit couvrir la poitrine et les pieds et être bien marqué sur la face.

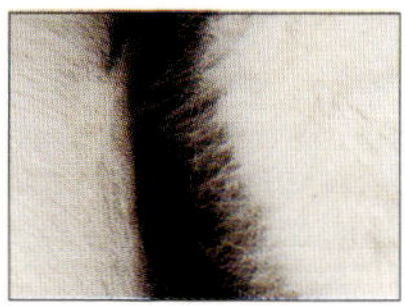

Fourrure : courte, dense et rêche

Option poil long	Caractère
Persan noir et blanc	Tranquille et sociable

Pays d'origine	Grande-Bretagne	Ancêtres	Poils courts sans pedigree	Date	1880-1890

Tabby classique roux

Comme tous les autres British Shorthair, ces chats sont affectueux, courageux et possèdent une bonne santé.

• **Traits** Chez les Tabby classique, les marques doivent être clairement définies et symétriques. Toute trace de blanc est, ici, une faute. Cette forme se distingue du Tabby tigré qui présente des rayures verticales sur le corps.

• **Remarque** Depuis l'apparition de ce chat, on poursuit les essais de façon à le maintenir sous son aspect tabby classique.

Fourrure : courte, dense et rêche

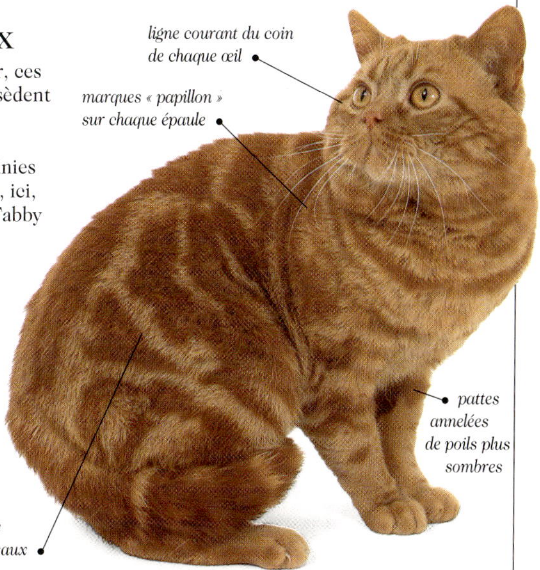

Option poil long	Persan Tabby classique roux	Caractère	Tranquille et sociable

Pays d'origine	Grande-Bretagne	Ancêtres	Poils courts sans pedigree	Date	1880-1890

Tabby classique bleu

Ces Tabby sont devenus très populaires, leurs marques présentant un contraste remarquable avec la coloration plus pâle du fond de la robe.

• **Traits** Tabby classique, ce chat a le M sur son front cependant que des lignes sombres, descendant sur les épaules, dessinent – assez vaguement – un papillon. On distingue, par ailleurs, une marque plus large, en forme d'huître, sur les flancs. De petits anneaux serrés marquent la queue.

• **Remarque** Il reste difficile d'obtenir des Tabby classique bleu de qualité parfaite.

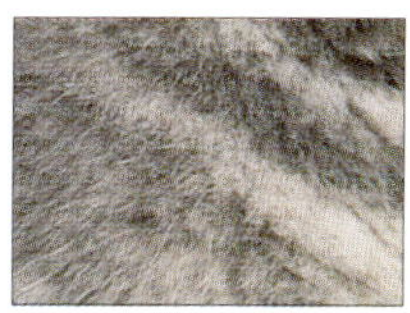

Fourrure : courte, dense et rêche

Option poil long	Persan Tabby classique bleu	Caractère	Tranquille et sociable

Pays d'origine	Ancêtres	Date
Grande-Bretagne	Poils courts sans pedigree	1880-1890

SMOKE NOIR

Le sous-poil argenté, contrastant avec la fourrure elle-même, crée un étonnant effet.

• **TRAITS** Tant que le chat reste immobile, le Smoke noir ne peut être distingué du noir pur. Mais dès qu'il bouge, le sous-poil argenté devient visible et crée un contraste remarquable. Des poils blancs dans la robe sont considérés comme un défaut.

• **REMARQUE** Le Smoke est né d'unions entre British Shorthair ordinaire et Tabby argent.

FOURRURE : courte, dense et rêche

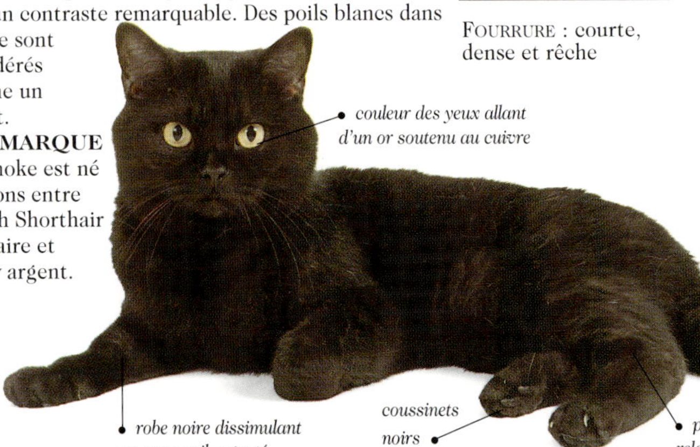

Option poil long	Caractère
Persan Smoke noir	Tranquille et sociable

Pays d'origine	Ancêtres	Date
Grande-Bretagne	Poils courts sans pedigree	11 880-1890

SMOKE ÉCAILLE

La qualité particulière du fumé provient du gène qui empêche la coloration du sous-poil. Un autre gène renforce la coloration du poil sur toute sa longueur, ce qui crée un effet chatoyant.

• **TRAITS** Le dessin écaille de tortue doit être réparti régulièrement sur tout le corps. Le sous-poil argenté contribue à donner à cette variété un aspect un peu flou.

• **REMARQUE** Le Smoke peut être produit dans d'autres variétés mais c'est le Smoke écaille qui reste le plus populaire.

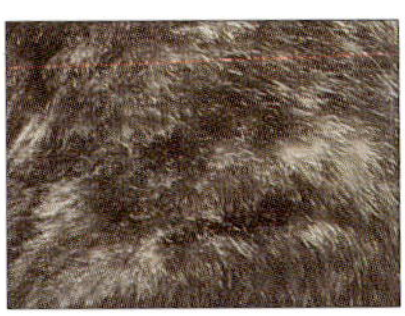

FOURRURE : courte, dense et rêche

Option poil long	Caractère
Persan Smoke écaille	Tranquille et sociable

Pays d'Origine	Grande-Bretagne	Ancêtres	Poils courts sans pedigree	Date	1880-1890

Black Tipped

Appelé au début « Shorthair Chinchilla », ce chat a été officiellement reconnu sous le nom de Black Tipped en 1978.

• **Traits** Seules les pointes des poils de la fourrure doivent être marquées de noir. Cette coloration est nette sur la partie supérieure de la robe et elle va jusqu'aux flancs, aux pattes et à la queue. La poitrine et le ventre jusqu'à la queue doivent être d'un blanc absolument pur.

• **Remarque** La survivance du persan chinchilla peut être visible chez les jeunes chatons.

Fourrure : courte, dense et rêche

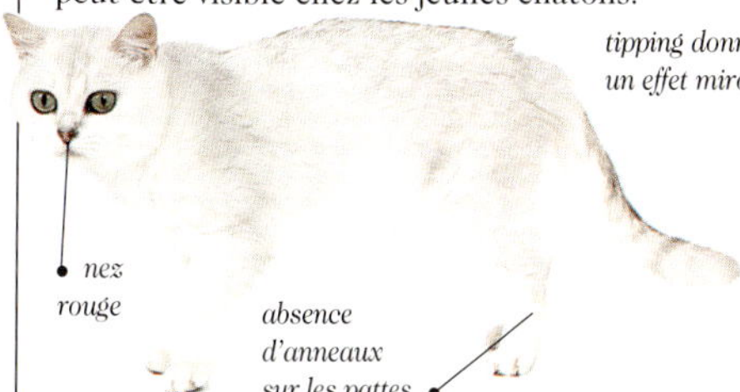

Option poil long	Chinchilla	Caractère	Tranquille et sociable

Pays d'origine	Grande-Bretagne	Ancêtres	Poils courts sans pedigree	Date	1880-1890

Red Tipped

Les British Shorthair ayant des couleurs unies ou écaille de tortue peuvent présenter une variété Tipped.

• **Traits** Ici, le tipping de la fourrure est rouge contrastant avec le sous-poil et le poil blancs. Sauf chez le Black Tipped, la couleur des yeux peut aller d'un or foncé jusqu'à l'orange ou le cuivre.

• **Remarque** Quelques chats présentent un tipping plus accentué et sont préférés aux sujets plus pâles, pourvu qu'il n'y ait pas trace de marques tabby.

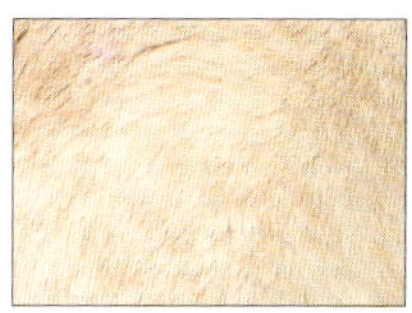

Fourrure : courte, dense et rêche

Option poil long	Persan Cameo Red Shell	Caractère	Tranquille et sociable

LES BRITISH SHORTHAIR COLOURPOINT

CE CHAT, qui a été reconnu comme race en Angleterre depuis 1991 seulement, doit être conforme au type du British Shorthair tout en présentant les marques colorées du siamois. Malheureusement cette même appellation a été donnée aux États-Unis au groupe des Colorpoint Shorthair, qui, lui, se compose uniquement de chats d'un type nettement siamois.

Pays d'origine	Ancêtres	Date
Grande-Bretagne	British Shorthair x siamois	1980-1990

CREAM-POINT

L'apport du sang siamois au British Shorthair a produit des chats qui sont plus indolents que le véritable siamois. Le type est encore en période d'amélioration mais, d'ores et déjà, ces chats sont à classer parmi les bons représentants des races « Point ».

• **TRAITS** La tête doit être ronde avec un nez court, un stop assez net ainsi qu'un menton bien dessiné. Le corps est musclé avec un dos court et des pattes longues. Les pieds sont fermes et arrondis. La queue est relativement épaisse avec une extrémité arrondie. La fourrure n'est pas touffue mais d'une texture rêche. Ici, la couleur est blanc crème avec des pointes plus foncées qui offrent un bon contraste. Des traces de rayures sont acceptées.

• **REMARQUE** Nouveaux venus dans le monde félin, ces chats ont encore à obtenir le droit de cité au-delà des frontières britanniques.

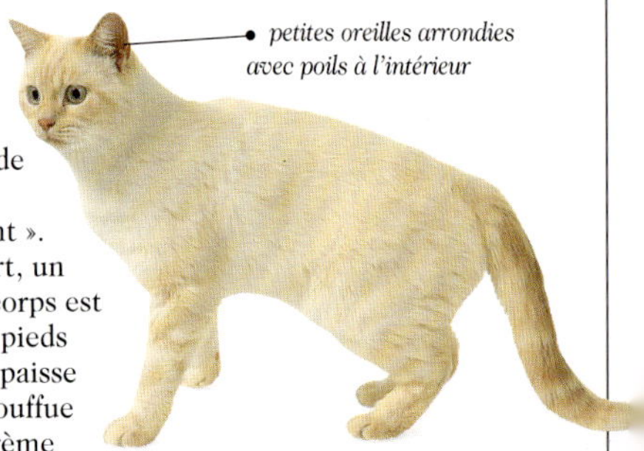

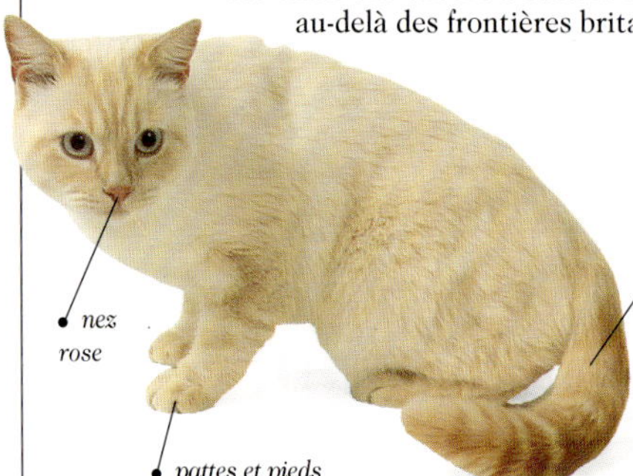

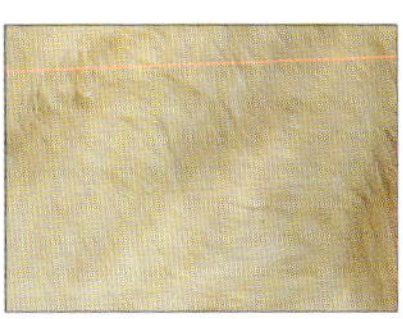

FOURRURE : courte, dense et rêche

Option poil long	Caractère
Persan Colourpoint Cream-Point	Affectueux

Pays d'origine	Ancêtres	Date
Grande-Bretagne	British Shorthair x siamois	1980-1990

BLUE-POINT

Ce chat devrait rapidement devenir populaire. Il suffirait de réussir une expansion plus grande de la variété.

• **TRAITS** La couleur du corps de ce Blue-Point doit être d'un blanc glacé, avec des marques bleu soutenu.

• **REMARQUE** La qualité de la fourrure est primordiale pour cette variété. Elle doit être courte, sans la moindre apparence laineuse.

FOURRURE : courte, dense et rêche

Option poil long	Caractère
Persan Colourpoint Blue-Point	Affectueux

Pays d'origine	Ancêtres	Date
Grande-Bretagne	British Shorthair x siamois	1980-1990

SEAL-POINT

Les yeux bleus, caractéristique de ce chat, doivent être ronds et bien espacés, ne révélant aucune trace de son ascendance siamoise. Chez le Seal-Point, une couleur plus sombre sur les flancs est toutefois assez répandue, surtout lorsque le chaton commence à devenir adulte.

• **TRAITS** La couleur du corps devrait être un fauve clair chaud. Les marques, d'un brun soutenu, apportent un contraste net.

• **REMARQUE** Chez les mâles, le développement des bajoues donne plus de volume à la tête.

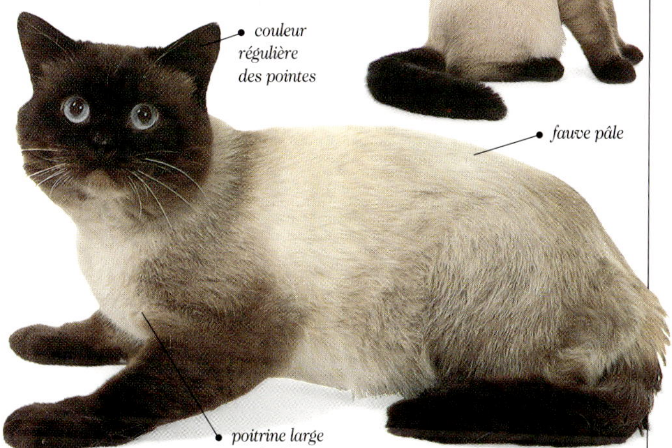

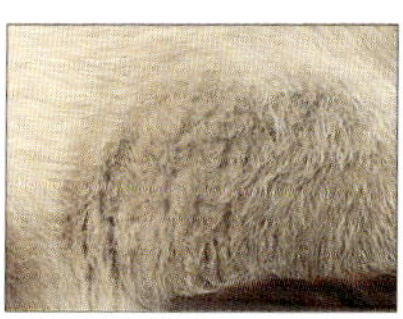

FOURRURE : courte, dense et rêche

Option poil long	Caractère
Persan Colourpoint Seal-Point	Affectueux

Pays d'origine	Ancêtres	Date
Grande-Bretagne	British Shorthair x siamois	1980-1990

RED-POINT

Ces chats sont faciles à soigner. Une toilette hebdomadaire suffit pour maintenir leur robe dans une condition excellente quand ils ne sont pas en période de mue. Un coup de peigne régulier suffira pour faire tomber les poils morts.

- **TRAITS** Le blanc abricot du corps fait contraste avec le rouge des pointes. Il est cependant moins fort que dans les variétés aux couleurs plus accusées.
- **REMARQUE** La longueur des poils à l'intérieur de l'oreille ne doit pas être excessive.

FOURRURE : courte, dense et rêche

Option poil long	Caractère
Persan Colourpoint Red-Point	Affectueux

Pays d'origine	Ancêtres	Date
Grande-Bretagne	British Shorthair x siamois	1980-1990

CHOCOLATE-POINT

Les grands yeux des Shorthair sont toujours expressifs, et la couleur contrastante du masque souligne cette qualité. Les yeux doivent être assez espacés, séparés d'au moins de la largeur d'un œil.

- **TRAITS** Ce chat possède un corps ivoire contrastant avec les marques chocolat au lait. Celles-ci doivent être d'une couleur régulière et nettement délimitées sur le corps.
- **REMARQUE** Les mâchoires doivent être alignées correctement comme chez les autres British Shorthair.

FOURRURE : courte, dense et rêche

Option poil long	Caractère
Persan Colourpoint Chocolate-Point	Affectueux

Pays d'origine	Ancêtres	Date
Grande-Bretagne	British Shorthair x siamois	1980-1990

BLUE-CREAM-POINT

Cette variété, forme dilué de l'écaille de tortue, donne, comme toutes les écailles, surtout des femelles.

• **TRAITS** On doit voir les traces bleu pâle et crème sur le dos et les flancs d'un corps blanchâtre. Les coussinets sont bleus, roses ou mauves.

• **REMARQUE** Les pointes bleues sont interrompues par des marques crème.

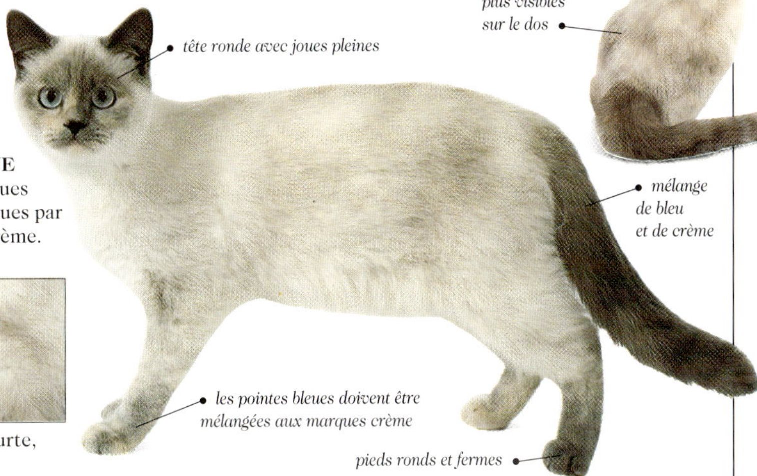

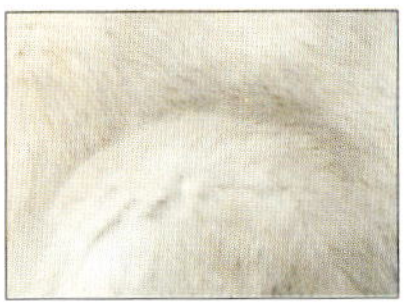

FOURRURE : courte, dense et rêche

Option poil long	Caractère
Persan Colourpoint Blue-Cream-Point	Affectueux

Pays d'origine	Ancêtres	Date
Grande-Bretagne	British Shorthair x siamois	1980-1990

SEAL TORTIE-POINT

Cette autre variété écaille de tortue conserve le regard bleu profond de l'ancêtre siamois. Les femelles de ce chat affectueux sont d'excellentes mères.

• **TRAITS** La couleur de base du corps est fauve, avec des nuances brunes et rouges sur le dos et les flancs. Toutes les pointes doivent être marron, mais plus ou moins marquées de rouge.

• **REMARQUE** Dans cette variété, les marques peuvent s'étendre au nez et aux pattes.

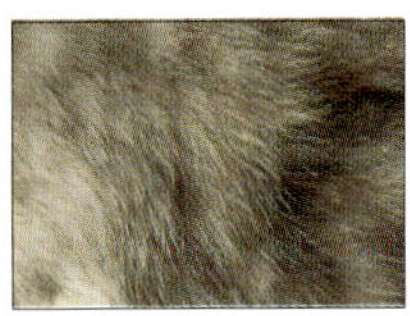

FOURRURE : courte, dense et rêche

Option poil long	Caractère
Persan Colourpoint Seal Tortie-Point	Affectueux

LES EXOTIC

L'EXOTIC est né vers 1960 aux États-Unis de croisements entre persans et American Shorthair. Reconnu aux USA en 1967, il n'a été homologué sur le plan international qu'en 1984. Bien qu'au tout début on eût recours au burmese, les croisements se limitent aujourd'hui aux États-Unis au persan et à l'American Shorthair. Alors qu'il est devenu très populaire en Suisse, en Allemagne, aux Pays-Bas, il reste encore très peu répandu en France et en Grande-Bretagne.

Pays d'origine	Ancêtres	Date
États-Unis	Persans x American Shorthair	1960-1970

BLEU

L'exotic doit sa rapide popularité à sa nature affectueuse et vive ; de plus, son entretien est facile. Maintenant que le type est solidement établi, les croisements avec d'autres races sont interdits, sauf en ce qui concerne les British Shorthair et les européens à poil court, mais aux États-Unis et au Japon, même ceux-ci ne sont pas admis.

• **TRAITS** La couleur peut varier d'intensité, les nuances de bleu étant plus ou moins sombres, mais sans tache noire ni poil blanc. La fourrure est épaisse.

• **REMARQUE** C'est dans les années 1966-1967 que les éleveurs américains ont séparé l'exotic de l'American Shorthair.

FOURRURE : moyenne, pelucheuse et douce

Option poil long	Caractère
Persan bleu	Affectueux, joueur

Pays d'origine	Ancêtres	Date
États-Unis	Persans x American Shorthair	1960

NOIR

Cette variété ressemble au persan en tout sauf la longueur de la robe. Les oreilles, très espacées, sont petites, arrondies et légèrement pointées en avant.

• **TRAITS** La couleur doit être d'un noir luisant sans le moindre soupçon de rouille ni de poils blancs.

• **REMARQUE** La couleur des chatons peut être grise ou rouille mais elle évolue avec l'âge.

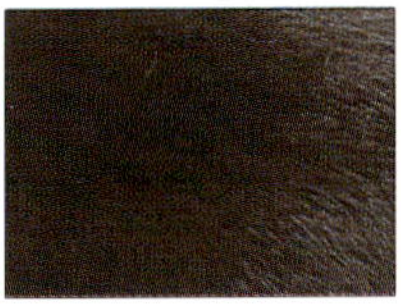

FOURRURE : moyenne, pelucheuse et douce

Option poil long	Caractère
Persan noir	Affectueux, joueur

Pays d'origine	Ancêtres	Date
États-Unis	Persans x American Shorthair	1960-1970

COLOURPOINT BLUE-POINT

Cette variété amusante, surnommée parfois « ours panda » à cause de ses grands yeux et de son aspect de peluche n'est pas encore réellement reconnue. Elle commence néanmoins à devenir assez nombreuse. Elle a un riche sous-poil et une fourrure relativement longue.

• **TRAITS** Ce Blue-Point est caractérisé par le bleu des marques contrastant avec le fond blanc cassé du corps et le ventre plus clair.

• **REMARQUE** La tête, très forte et courte, et le nez court sont les caractéristiques de ce chat.

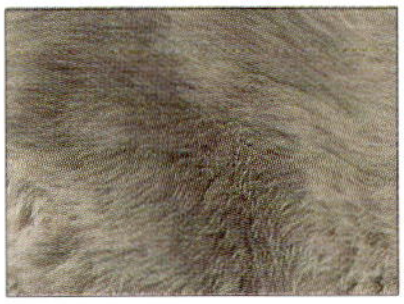

FOURRURE : moyenne, pelucheuse et douce

Option poil long	Caractère
Persan Colourpoint Blue-Point	Affectueux, joueur

Pays d'origine	Ancêtres	Date
États-Unis	Persans x American Shorthair	1960-1970

SHADED GOLDEN

Cette variété a gardé les traits principaux de ses ancêtres à poil long. Ces chats possèdent par ailleurs un caractère agréable. Leur fourrure est dense, longue mais loin, tout de même, de la longueur des robes persanes.

• **TRAITS** Le shading provient du tipping marron ou noir sur la fourrure dorée. Le sous-poil varie de l'abricot à l'or lumineux.

• **REMARQUE** On constate habituellement que le chaton exotic paraît plutôt indolent comparé aux jeunes chats d'autres races.

FOURRURE : moyenne, pelucheuse et douce

Option poil long	Caractère
Persan Shaded Golden	Affectueux, joueur

Pays d'origine	Ancêtres	Date
États-Unis	Persans x American Shorthair	1960-1970

TABBY CLASSIQUE ÉCAILLE ARGENT

Le tabby et l'écaille doivent apparaître clairement dans cette variété, qui est une des combinaisons les plus frappantes, soulignée ici par ses nuances rougeâtres.

• **TRAITS** Les marques tabby, d'un noir profond, doivent se dégager de la couleur de base argentée. Le ventre est plus clair. Des lignes noires continues, appelées colliers, entourent le cou et se prolongent jusqu'à la poitrine.

• **REMARQUE** L'exotic est un chat robuste et sain. Un brossage, de temps à autre, une nourriture variée, le maintiennent en bonne santé.

FOURRURE : moyenne, pelucheuse et douce

Option poil long	Caractère
Persan Tabby classique écaille argent	Affectueux, joueur

Pays d'origine	Ancêtres	Date
États-Unis	Persans x American Shorthair	1960-1970

Colourpoint Lilac Tabby-Point

Cette variété particulière n'est pas encore reconnue partout, même si elle représente une réussite esthétique. La robe, comme chez d'autres exotic, est dense et s'écarte bien du corps. Le nez, plus court et plus large que chez d'autres poils courts, rappelle l'ascendance persane.

• **Traits** Le lilas chaud des marques tabby contraste avec le blanc magnolia de la robe et est souligné par le gris glacé des pointes. Le dos et les flancs peuvent être assez sombres.

• **Remarque** Ce chat garde en général la queue droite, en-dessous du niveau du dos quand il se déplace.

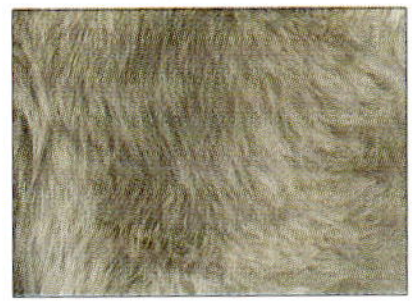

Fourrure : moyenne, pelucheuse et douce

Option poil long	Caractère
Persan Colourpoint Lilac Tabby-Point	Affectueux, joueur

Pays d'origine	Ancêtres	Date
États-Unis	Persans x American Shorthair	1960-1970

Moucheté brun

Le M, marque tabby, apparaît nettement sur la tête avec des lignes descendant sur l'arrière des épaules. Les oreilles, bordées de noir, présentent une empreinte brun cuivré.

• **Traits** Les marques, d'un noir intense, contrastent avec le fond brun agouti. Les taches, bien délimitées, de forme ovale ou ronde, peuvent se trouver sur tout le corps et les pattes ainsi que sur la queue, bien que celle-ci présente plutôt des anneaux.

• **Remarque** L'exotic est parfois décrit comme un « persan en déshabillé », car ces chats ont une mue très importante par rapport à d'autres poils courts.

Fourrure : moyenne, pelucheuse et douce

Option poil long	Caractère
Persan moucheté brun	Affectueux, joueur

LES CHATS DE L'ÎLE DE MAN (OU MANX)

IL EST généralement expliqué que la race des Manx (chats sans queue) descend de chats qui, lors d'un naufrage d'un galion espagnol, en 1588, auraient, en nageant, atteint l'île anglaise de Man. C'est effectivement sur cette île qu'on a découvert la race. Le vrai Manx (Manx Rumpy) doit être privé de queue. Mais on distingue aussi le Riser, le Longie ou le Stumpy qui présentent une ébauche plus ou moins nette d'appendice caudal ; le Tailed possède une queue normale.

Pays d'origine	Ancêtres	Date
Grande-Bretagne	Poils courts sans pedigree	XVIIe siècle

BLANC

On ne doit découvrir aucune trace de queue chez ce Manx Rumpy, qui présente tout juste un léger creux à l'endroit où la queue devrait prendre naissance. Cependant, chez le Riser, on découvre quelques vertèbres caudales et chez le Stumpy un moignon de queue.

• **TRAITS** Les Manx sont des chats solides qui ne souffrent pas de leur privation de queue. Ils apparaissent dans une grande variété de couleurs, avec même, parfois, les marques du siamois. Ici, la robe est totalement blanche. La « double fourrure » se compose d'un sous-poil dense et court et d'une fourrure plus rude et un peu plus longue. En période de mue, la chute du sous-poil donne au Manx un aspect plus svelte.

• **REMARQUE** Traditionnellement, les Manx ont une longue existence sans le moindre signe de vieillissement.

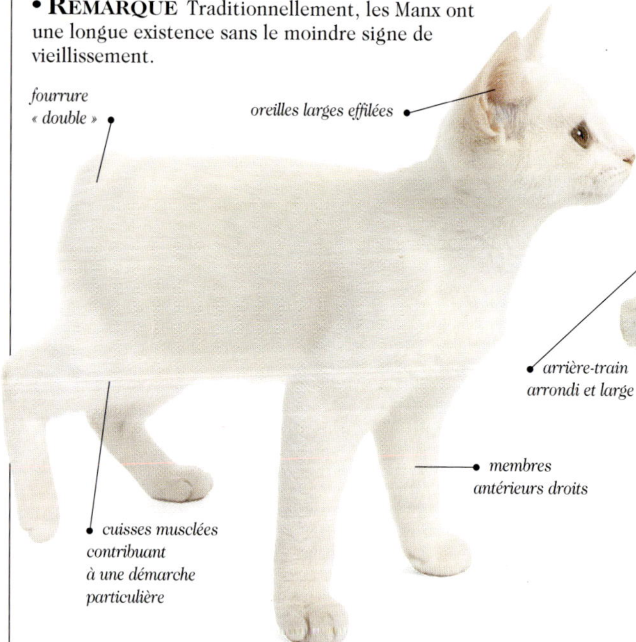

FOURRURE : sous-poil épais, poil plus long

Option poil long	Caractère
Cimrique blanc	Intelligent

Pays d'origine	Grande-Bretagne	Ancêtres	Poils courts sans pedigree	Date	XVIIe siècle

NOIR ET BLANC

Les Manx ont toujours été très populaires. Ils figurent même sur la monnaie du pays.

• **TRAITS** La qualité de la double fourrure constitue un facteur plus important que la couleur ou les marques.

• **REMARQUE** Avec ses longs membres postérieurs, le Manx se déplace en sautillant. Mais, aux USA, cette particularité représente plutôt un défaut, sauf chez les chatons.

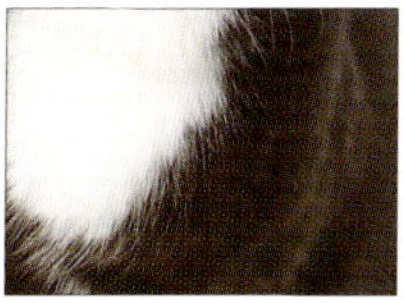

FOURRURE : sous-poil épais, poil plus long

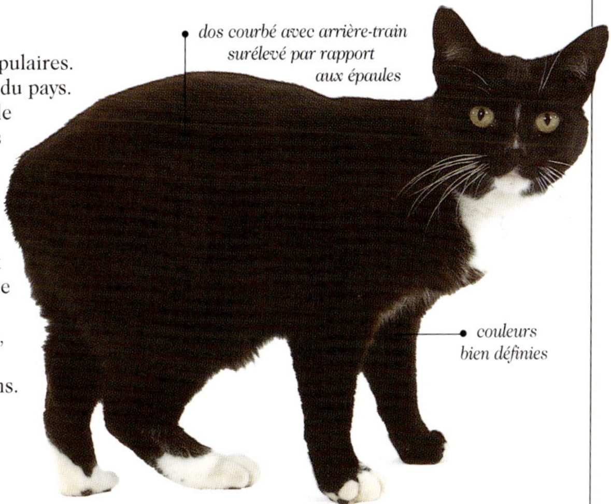

Option poil long	Cimrique noir et blanc	Caractère	Intelligent

Pays d'origine	Grande-Bretagne	Ancêtres	Poils courts sans pedigree	Date	XVIIe siècle

TABBY CLASSIQUE ROUX

Les marques tabby n'ont rien d'original chez le Manx. Le premier chat de l'île de Man à être élu champion était un Silver Tabby du nom de *Bonhaki*.

• **TRAITS** La couleur de base de cette variété est plus rouge qu'orange, avec les marques tabby très visibles. Toutes les différentes formes de marques tabby doivent être nettement définies.

• **REMARQUE** Les élevages de Manx sont difficiles car les portées sont petites et parmi les chatons, il y en a toujours à posséder des traces de queue. Il est important de vérifier que l'ouverture anale est bien formée chez les chatons Manx.

FOURRURE : sous-poil épais, poil plus long

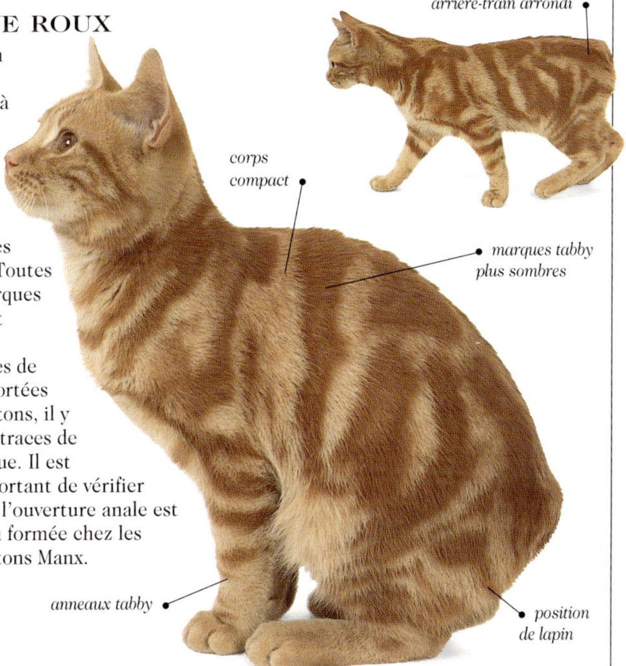

Option poil long	Cimrique Tabby classique roux	Caractère	Intelligent

Pays d'origine	Ancêtres	Date
Grande-Bretagne	Poils courts sans pedigree	XVIIe siècle

TABBY CLASSIQUE ROUX ET BLANC

Les Rumpy Manx sont accouplés avec des chats ayant au moins une trace de queue, car le gène responsable de l'absence de queue entraîne la mort, avant ou juste après la naissance, des chatons issus d'unions entre sujets identiques.

• **TRAITS** La combinaison de rouge et de blanc au dessin classique plus sombre porte les marques tabby dans les zones rouges.

• **REMARQUE** Le poil couvrant l'arrière du jarret des membres postérieurs peut être clairsemé car le chat s'asseoit souvent sur ses pattes plutôt que sur ses pieds.

FOURRURE : sous-poil épais, poil plus long

Option poil long	Caractère
Cimrique Tabby classique roux et blanc	Intelligent

Pays d'origine	Ancêtres	Date
Grande-Bretagne	Poils courts sans pedigree	XVIIe siècle

ÉCAILLE DE TORTUE

Les jeunes chats Manx peuvent être prédisposés à la constipation. Ce défaut est dû à la structure particulière de leur épine dorsale.

• **TRAITS** Cette variété présente les couleurs noir, rouge sombre et clair, typiques des écaille. La queue de ce Stumpy peut bouger, mais elle n'est pas aussi longue que celle d'un Longie. Utiles pour l'élevage, ces chats ne sont pas toujours admis aux expositions.

• **REMARQUE** On a tenté de créer une véritable chatterie dans l'île de Man afin d'y préserver le Manx.

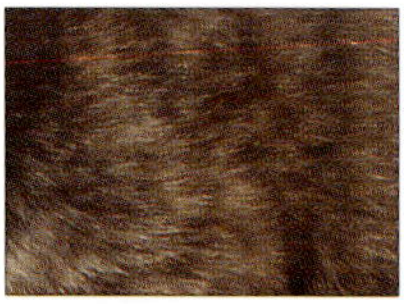

FOURRURE : sous-poil épais ; poil plus long

Option poil long	Caractère
Cimrique écaille de tortue	Intelligent

Les Bobtail japonais

Des chats à la queue déformée existent dans différentes régions de l'Asie. Les gènes responsables de cette mutation étaient probablement présents dans les chats qui passèrent de Chine au Japon il y a environ 1000 ans. Ils ont été sans doute les ancêtres de l'actuel Bobtail japonais, mais il n'y a aucun rapport entre celui-ci et le Manx. Les mutations sont absolument différentes. Cette race a une longue histoire dans son pays natal, mais elle est encore rare dans le reste du monde. La taille du moignon de queue du Bobtail est de 4 à 5 cm en position normale pour atteindre jusqu'à 10 cm lorsqu'elle se déroule. Elle reste repliée quand le chat est au repos pour se dresser souvent quand il est en mouvement.

Pays d'origine	Ancêtres	Date
Japon	Poils courts sans pedigree	XIe siècle

Roux et blanc

Parce que son moignon de queue, lorsqu'il s'ouvre, prend l'aspect d'une fleur, on a surnommé le Bobtail « chat chrysanthème ».

- **Traits** Le Bobtail japonais le plus recherché est le tricolore appelé *Mi-Ke*, dont les teintes sont noire, rousse et blanche. La forme roux et blanc illustrée ici est également très populaire. En fait, il n'y a pas de normes pour la coloration, mais les variétés à taches sont plus répandues que les unicolores. D'autres traits distinctifs sont les pommettes hautes et les yeux ovales placés légèrement de biais.
- **Remarque** C'est en 1968 que le Bobtail japonais a fait son apparition aux États-Unis.

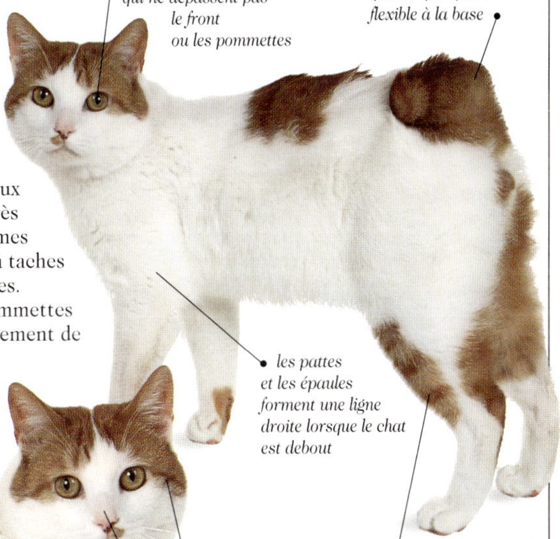

Fourrure : douce et soyeuse ; peu de sous-poil

Option poil long	Caractère
Bobtail japonais à poil long roux et blanc	Affectueux

LES SCOTTISH FOLD

En 1951, une chatte nommée *Susie* naissait avec les oreilles repliées dans une ferme écossaise. C'est ainsi que cette variété prit le nom de Scottish Fold (écossais à oreilles repliées). *Susie* mit bas un chaton aux oreilles repliées. Un éleveur local, du nom de William Ross, parvint à fixer la race à partir de ce chaton et de sa descendance. Le Scottish Fold a été rapidement apprécié et reconnu en Grande-Bretagne et aux États-Unis. En France, il ne fut introduit qu'en 1982.

Pays d'origine	Ancêtres	Date
Écosse	Poils courts sans pedigree	1951

NOIR ET BLANC

Au début du développement de cette race, des essais ont été tentés avec divers poils courts mais ce ne fut qu'avec des British Shorthair qu'on obtint de bons résultats et qu'on parvint à présenter un type bien défini.

• **TRAITS** Les oreilles recourbées, bien pliées, donnent l'impression que le chat porte une casquette. Le Scottish Fold est un chat casanier mais capable de fugues. Il reste très attaché à son maître. Il n'est pas bruyant et apprécie le calme.

• **REMARQUE** On a craint à tort que la forme de l'oreille ne favorise les infections.

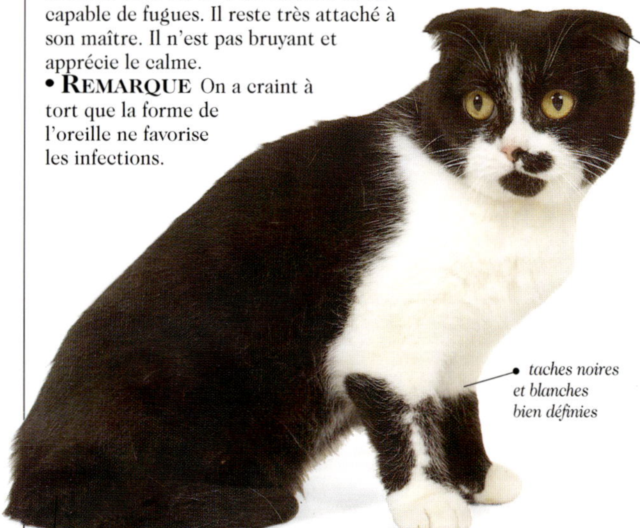

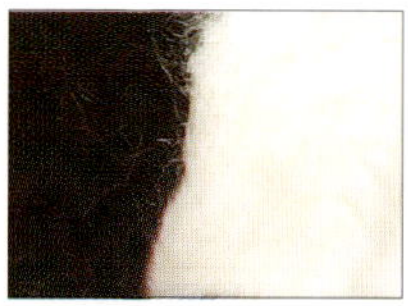

FOURRURE : courte, dense et élastique

Option poil long	Caractère
Scottish Fold à poil long noir et blanc	Placide

Pays d'origine	Écosse	Ancêtres	Poils courts sans pedigree	Date	1951

Bleu et blanc

L'aspect même de ce chat est très attractif. Il suscite beaucoup d'intérêt même si, en Angleterre, on assure parfois plaisamment qu'il reste avant tout un chat écossais. Il faut préciser que les associations félines anglaises, la GCCF notamment, ont mis de la mauvaise volonté à reconnaître définitivement la race.

• **Traits** Dans cette variété, la couleur bleue peut ne pas être foncée. Elle varie d'un animal à l'autre d'où un contraste plus ou moins prononcé avec le blanc. Il est évident que le bicolore sera d'autant plus recherché que le bleu et le blanc se trouveront en nette opposition.

• **Remarque** Cette race a été reconnue en 1973 aux États-Unis alors qu'il a fallu attendre 1984 pour qu'elle soit acceptée en Angleterre.

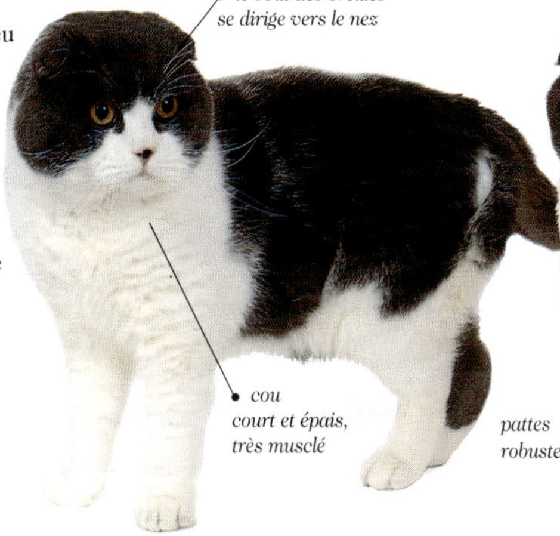

Fourrure : courte, dense et élastique

Option poil long	Scottish Fold à poil long bleu et blanc	Caractère	Placide

Pays d'origine	Ancêtres	Date
Écosse	Poils courts sans pedigree	1951

ÉCAILLE ET BLANC

Le Scottish Fold a été produit en de nombreuses couleurs. La tâche a été aisée car le gène porteur de la mutation est dominant. Un seul parent Scottish Fold suffit à produire des chatons qui lui ressemblent.

• **TRAITS** L'écaille de tortue présenté ici a, de toute évidence, une large surface réservée au blanc.

• **REMARQUE** Le jeune Scottish Fold naît avec les oreilles droites. Elles commencent à se replier entre trois et quatre semaines.

FOURRURE : courte, dense et élastique

Option poil long	Caractère
Scottish Fold à poil long écaille et blanc	Placide

Pays d'origine	Ancêtres	Date
Écosse	Poils courts sans pedigree	1951

SMOKE NOIR ET BLANC

La très prudente association féline anglaise qui a reconnu le Scottish Fold impose qu'un des parents ne soit pas Fold. Le standard pénalise en outre une queue trop courte et trop raide ou des membres trop épais.

• **TRAITS** Le blanc un peu terne du sous-poil et le noir du poil contrastent avec les zones d'un blanc brillant dont la surface varie d'un chat à l'autre.

• **REMARQUE**
Des mariages entre des British Shorthair et des Fold produisent des Fold avec des yeux plus ronds et des robes plus épaisses que les croisements avec les American Shorthair.

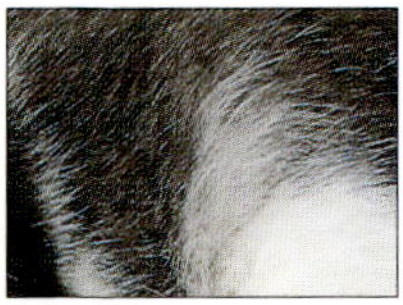

FOURRURE : courte, dense et élastique

Option poil long	Caractère
Scottish Fold à poil long Smoke noir et blanc	Placide

Les Snowshoe

Cette race a été développée, à partir de 1960, par une éleveuse de Philadelphie, Mrs Dorothy Hinds-Daugherty, en croisant des siamois et des American Shorthair. Le caractère particulier de ce type de chat est apparu lentement mais il s'est, au contraire, accentué rapidement. En dépit des pieds blancs qui donnent son nom à la race, ses ancêtres n'incluent pas de birman.

Pays d'origine	Ancêtres	Date
États-Unis	Siamois x American Shorthair	1960-1970

Seal and White Point

La musculature, relativement puissante, du Snowshoe lui vient de son ancêtre américain mais son corps allongé rappelle l'ancêtre siamois qui lui a légué également ses marques. Le mâle est souvent plus grand que la femelle.

• **Traits** Ici, le blanc s'ajoute au traditionnel Seal-Point du siamois mais les plages blanches sont bien délimitées, notamment sur la poitrine, et ne surpassent pas les marques. Les gants blancs couvrent le pied jusqu'aux chevilles sur les membres antérieurs et s'étendent jusqu'au jarret sur les pattes arrière. Avec l'âge les couleurs s'assombrissent mais le contraste doit rester très visible.

• **Remarque** Les chatons naissent blancs et il faut attendre deux ans pour que les marques atteignent leur intensité.

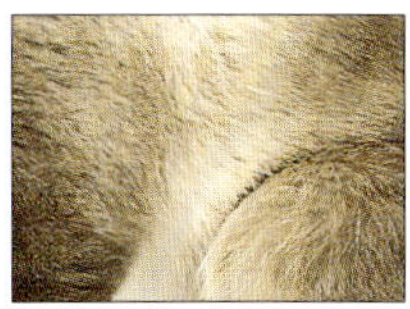

Fourrure : luisante et assez courte

Option poil long	Caractère
Néant	Actif

LES AMERICAN SHORTHAIR

L'AMERICAN Shorthair s'est développé à partir de chats européens emmenés en Amérique du Nord dans les premières années d'exploration et de colonisation. Des chats à bord de navires, où ils empêchaient les rongeurs de pulluler, parcouraient le monde et il n'est pas étonnant que, parfois, quelques-uns fussent abandonnés dans les ports. Les premiers colons emmenèrent certainement des chats, non pas pour qu'ils leur tiennent compagnie, mais pour profiter de leurs irremplaçables talents de chasseur. Avant les premiers voyages d'exploration au début du XVIe siècle, il n'existait pas de population de chats domestiques indigènes en Amérique du Nord, mais le nombre de ces animaux augmentait au fur et à mesure que les immigrants s'établissaient. Peu à peu, ces chats ont acquis un aspect légèrement différent de celui de leurs frères européens, présentant une tête moins ronde et un corps légèrement plus grand.

Pays d'origine	Ancêtres	Date
États-Unis	Poils courts sans pedigree	XVIIe siècle

NOIR

L'American Shorthair a, d'abord, évolué tout seul, sans apport humain. Il a formé une race courageuse, aux qualités multiples, avec un caractère aimable et une intelligence certaine. Sa robe épaisse lui accorde une bonne protection, non seulement contre les intempéries mais aussi contre les aléas de la chasse.

• **TRAITS** La différence la plus nette entre les poils courts américains et les européens tient dans la forme de la tête, moins ronde, avec un nez plus long. Dans l'ensemble, l'American Shorthair est un peu plus grand que son homologue du Vieux Monde.

• **REMARQUE** Avec sa nature robuste, l'American Shorthair résiste à la maladie et à la rigueur du climat. Devenu familier, il garde le goût du grand air et d'une liberté pas trop surveillée.

FOURRURE : courte et dense, de texture dure

Option poil long	Caractère
Maine Coon noir	Indépendant

Pays d'origine	Ancêtres	Date
États-Unis	Poils courts sans pedigree	XVIIe siècle

BLANC AUX YEUX VAIRONS

Ce chat blanc se présente sous trois variétés, la différence tenant seulement dans la couleur des yeux. La surdité étant associée aux yeux bleus, seule l'oreille du côté œil bleu sera atteinte de cette infirmité.

• **TRAITS** Ces chats donnent l'impression d'être de véritables athlètes félins leur musculature étant nettement visible sous la robe peu épaisse.

• **REMARQUE** En dépit d'une existence séculaire, le premier American Shorthair n'a été enregistré que vers 1900 ; encore s'agissait-il d'un chat né en Grande-Bretagne.

FOURRURE : courte et épaisse, de texture dure

Option poil long	Caractère
Maine Coon blanc	Indépendant

Pays d'origine	Ancêtres	Date
États-Unis	Poils courts sans pedigree	XVIIe siècle

SMOKE NOIR

Ce chat présente un contraste très net entre le blanc pur du sous-poil et la fourrure très noire, cette opposition étant plus apparente quand l'animal bouge.

• **TRAITS** La robe de l'American Shorthair n'est pas aussi pelucheuse que celle du British. S'étant adapté au cours des siècles à la rude vie en plein air, il n'est pas étonnant que sa fourrure soit plus épaisse en hiver.

• **REMARQUE** Le premier American Shorthair enregistré officiellement en 1904 était un Smoke noir aux origines inconnues.

FOURRURE : courte et dense, de texture dure

Option poil long	Caractère
Maine Coon Smoke noir	Indépendant

Pays d'origine	Ancêtres	Date
États-Unis	Poils courts sans pedigree	XVIIe siècle

TABBY CLASSIQUE ROUX

Cette forme de l'American Shorthair paraît un peu plus grande que le British Shorthair. Le Tabby roux est très populaire, avec ses marques d'un rouge profond tranchant sur le fond plus clair de la fourrure.

• **TRAITS** Vu de haut, un papillon assez vague apparaît sur les épaules, le dessin des ailes étant nettement plus visible. Une ligne sombre, partie du corps du « papillon », va jusqu'à la queue du chat avec deux traits noirs de chaque côté.

• **REMARQUE** Le brossage est simple et fait ressortir les contrastes de la robe.

FOURRURE : courte et épaisse, de texture dure

Option poil long	Caractère
Maine Coon Tabby classique roux	Indépendant

Pays d'origine	Ancêtres	Date
États-Unis	Poils courts sans pedigree	XVIIe siècle

TABBY CLASSIQUE BRUN

Cette variété est peut-être moins répandue que les autres, bien que sa robe soit de très belle tenue. Cette désaffection, toute relative, tient sans doute au brun marron, moins accrocheur que des couleurs plus vives.

• **TRAITS** Ce chat a une fourrure brun cuivré avec des marques noires entourées d'un anneau brun plus clair.

• **REMARQUE**
Le développement de cette race a été compromis, en 1960, par des croisements avec des persans et des birmans. Aujourd'hui cette pratique est interdite et l'American Shorthair a retrouvé son standard classique.

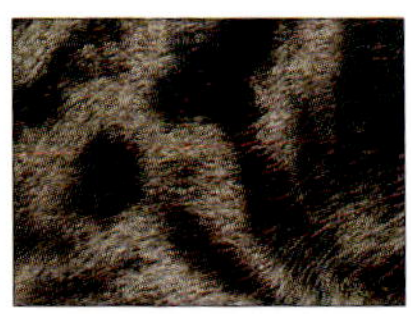

FOURRURE : courte et dense, de texture dure

Option poil long	Caractère
Maine Coon Tabby classique brun	Indépendant

Pays d'origine États-Unis	Ancêtres Poils courts sans pedigree	Date XVIIe siècle

Brown Patched Tabby

L'American Shorthair est une race bien équipée pour la survie. Son flair lui permet de surprendre ses proies et ses mâchoires sont parmi les plus solides dans le monde des félins. À l'état sauvage (haret), il est toujours capable de survivre.

• **Traits** L'aspect inhabituel de ces Tabby naît de la présence de marques écaille de tortue superposées à la fois sur le fond de la couleur et sur les taches tabby. Le mot « patched » désigne les taches rouges ou crème ou parfois les deux, qui caractérisent la robe.

• **Remarque** Ces chats sont parfois appelés *torbies*, abréviation de *tortie-tabby* (tabby écaille).

Fourrure : courte, dense, de texture dure

Option poil long Maine Coon Brown Patched Tabby	Caractère Indépendant

Pays d'origine États-Unis	Ancêtres Poils courts sans pedigree	Date XVIIe siècle

Tabby Van roux et blanc

Cette race qui fait preuve d'un excellent caractère, d'une bonne santé et d'une gamme de couleurs étendue, offre un large choix, que l'on désire un chat de compagnie ou un chat de concours. Ce chat est, par ailleurs, d'une intelligence remarquable

• **Traits** Alors que le type de ces Tabby est similaire à celui des autres American Shorthair, le dessin des marques est distinctif. Ces chats sont blancs, les teintes plus sombres et les marques tabby étant limitées à la tête, aux pattes et à la queue.

• **Remarque** La description du chat du lac de Van et de ses caractéristiques se trouve en pages 78-79.

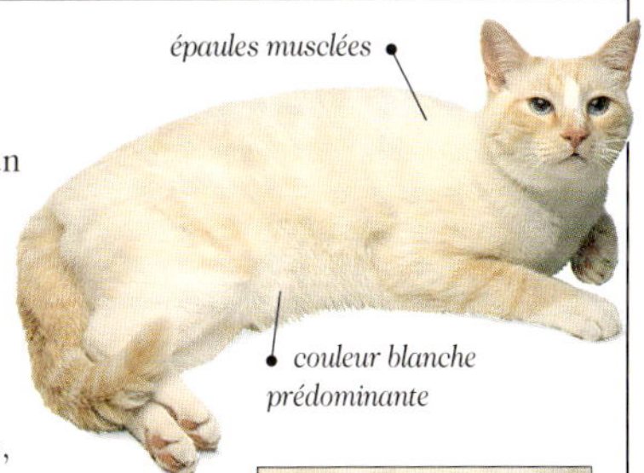

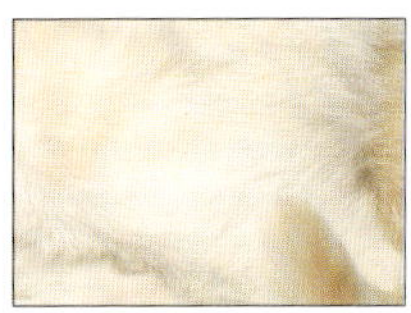

Fourrure : courte et dense, de texture dure

Option poil long Maine Coon Tabby Van roux et blanc	Caractère Indépendant

Pays d'origine	Ancêtres	Date
États-Unis	Poils courts sans pedigree	XVIIe siècle

TABBY TIGRÉ CRÈME

Les variétés tabby de l'American Shorthair comptent parmi les plus demandées, la texture de la robe mettant en valeur les marques. Le Tabby tigré est parfois appelé la forme naturelle, sa robe se retrouvant chez les chats sauvages.

• **TRAITS** Les marques ici sont chamois sombre se détachant sur la base crème clair.

• **REMARQUE** Chez le Tabby tigré, des lignes parallèles descendent sur les flancs en « rangs serrés » cependant qu'une autre ligne court sur l'épine dorsale.

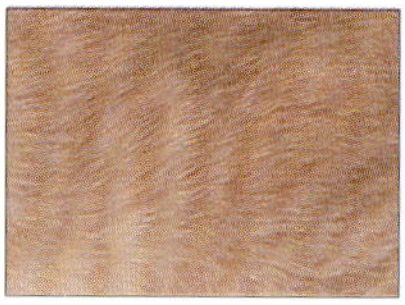

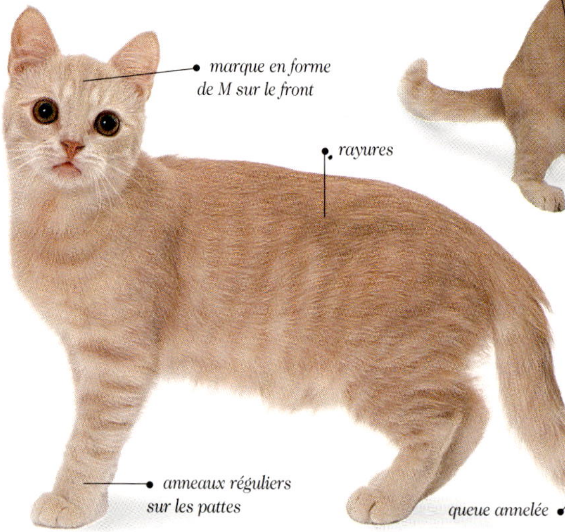

FOURRURE : courte et épaisse, de texture dure

Option poil long	Caractère
Maine Coon Tabby tigré crème	Indépendant

Pays d'origine	Ancêtres	Date
États-Unis	Poils courts sans pedigree	XVIIe siècle

TABBY TIGRÉ BLEU

Le dessin des marques doit être symétrique. Le ventre est moucheté selon l'aspect classique des Tabby et des sujets bien marqués présentent un nombre variable d'anneaux plus sombres sur le cou et sur la poitrine. Les rayures doivent être nombreuses, sans se chevaucher.

• **TRAITS** Cette variété est caractérisée par une couleur de base bleu pâle qui s'étend au nez et au menton, avec des marques bleues plus sombres. La teinte rose-rouge du nez et des coussinets forme un contraste subtil.

• **REMARQUE** Les marques tabby, bien définies, doivent accentuer le contraste entre la fourrure claire et sombre.

FOURRURE : courte et épaisse, de texture dure

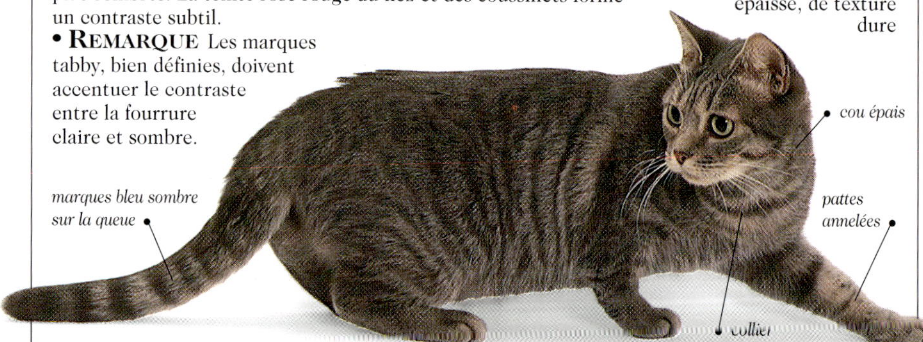

Option poil long	Caractère
Maine Coon Tabby tigré bleu	Indépendant

Pays d'origine	États-Unis	Ancêtres	Poils courts sans pedigree	Date	XVIIe siècle

Bleu crème

On a, ici, un aspect atténué de l'écaille de tortue, parfois appelé écaille bleu. Dans ce type, le chat ne diffère pas des autres variétés de Shorthair. Il ne produit essentiellement que des femelles comme les autres écaille de tortue. Pour qu'elles aient une progéniture, on les accouple avec d'autres types d'American Shorthair.

• **Traits** Dans cette variété, il ne devrait pas y avoir de marques tabby. Le museau doit être carré ; un petit creux dans le profil du nez est essentiel. La couleur du nez peut être bleue, rose ou une combinaison des deux couleurs.

• **Remarque** La longueur des pattes doit être proportionnée au corps.

Fourrure : courte et dense, de texture dure

Option poil long	Maine Coon bleu crème	Caractère	Indépendant

Pays d'origine	États-Unis	Ancêtres	Poils courts sans pedigree	Date	XVIIe siècle

Bleu crème et blanc

En Amérique du Nord ces chats sont souvent appelés – eux aussi – Calicos. Étant une forme d'écaille, la variété produit presque exclusivement des femelles. Les mâles sont stériles.

• **Traits** Des taches de bleu et de crème doivent être clairement visibles, sans signes de tabby. Le blanc occupe une très grande partie de la robe et il couvre les pattes et les pieds. La tête est elle-même en grande partie blanche mais le dos offre un bon ensemble bleu et crème.

• **Remarque** La robe représente un élément important chez l'American Shorthair. Elle doit serrer le corps de près, sans sous-poil pelucheux.

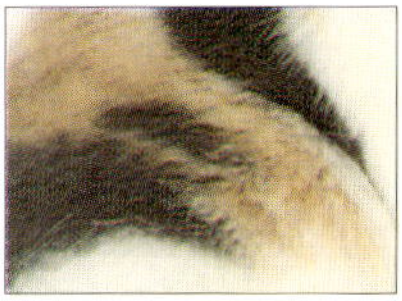

Fourrure : courte et épaisse, de texture dure

Option poil long	Maine Coon bleu crème et blanc	Caractère	Indépendant

Pays d'origine	États-Unis	Ancêtres	Poils courts sans pedigree	Date	XVIIe siècle

TABBY CLASSIQUE CRÈME

L'American Shorthair est très apprécié aux États-Unis mais il n'est guère répandu ailleurs. La forme tabby a fait beaucoup pour la promotion de la race.

• **TRAITS** La nuance claire du fond de la robe est un élément primordial. Les marques chamois crème, symétriques, doivent s'en détacher nettement.

• **REMARQUE** Ayant évolué par sélection naturelle, l'instinct de chasse reste très puissant chez ces chats.

FOURRURE : courte et dense, de texture dure

Option poil long	Maine Coon Tabby classique crème	Caractère	Indépendant

Pays d'origine	États-Unis	Ancêtres	Poils courts sans pedigree	Date	XVIIe siècle

TABBY CLASSIQUE ARGENT

L'aspect remarquable de ce chat vient de ce que la robe colle littéralement au corps.

• **TRAITS** La couleur de base est un très beau blanc argenté contrastant avec le noir dense des marques. De gros efforts ont été accomplis par les éleveurs pour éliminer toute trace pouvant ternir ce contraste.

• **REMARQUE** Le nom, pour le groupe entier de ces chats, a été modifié lors d'un congrès tenu en 1965. American Shorthair a remplacé Domestic Shorthair (chat domestique à poil court).

FOURRURE : courte et dense, de texture dure

Option poil long	Maine Coon Tabby classique argent	Caractère	Indépendant

Pays d'origine	Ancêtres	Date
États-Unis	Poils courts sans pedigree	XVIIe siècle

Chocolate Shaded

Le toilettage de ces chats ne présente pas de problème ; il faut l'entreprendre régulièrement pour mettre en valeur les marques.

• **Traits** Le sous-poil du Chocolate Shaded est blanchâtre, avec un tipping chocolat sur chaque poil, ce qui crée des nuances variables sur le corps. Le ton dominant est sombre sur le dos, devenant plus pâle sur les flancs et plus clair encore sur le ventre.

• **Remarque** La robe de l'American Shorthair peut varier dans l'année. Elle devient plus épaisse et plus serrée en hiver.

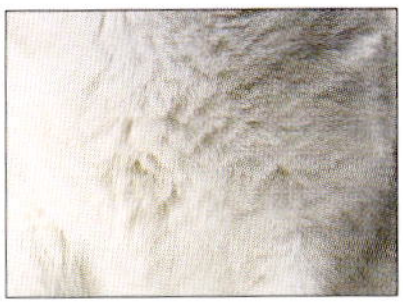

Fourrure : courte et dense, de texture dure

Option poil long	Caractère
Maine Coon Chocolate Shaded	Indépendant

Pays d'origine	Ancêtres	Date
États-Unis	Poils courts sans pedigree	XVIIe siècle

Silver Shaded

La présence d'un tipping très important chez ce chat le rend plus sombre que le chinchilla. Ici, l'ombre noirâtre est dominante.

• **Traits** Une couleur plus accentuée se distingue sur les parties supérieures du corps alors que le blanc est plus visible sur le dessous. La couleur de l'œil peut être un vert bleuté ou un vert pur. Le nez, rosé, est ourlé d'un trait noir. Les coussinets sont totalement noirs.

• **Remarque** Le poil court de ces chats atténue le contraste tel qu'on le voit chez les poils longs, mais le tipping est néanmoins très visible.

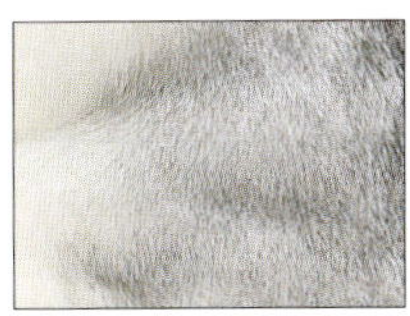

Fourrure : courte et épaisse, de texture dure

Option poil long	Caractère
Maine Coon Silver Shaded	Indépendant

Les American Wirehair

L'ORIGINE des American Wirehair remonte probablement à un chaton rouge et blanc au poil dur, né dans les années soixante dans une ferme à Verona, dans l'État de New York. Cette nouvelle parvint aux oreilles d'une éleveuse de Rex, Mrs O'Shea, qui acheta ce chaton mâle et sa sœur à la robe normale. Elle entreprit ensuite un programme d'élevage pour fixer la mutation poil dur. Ayant accouplé frère et sœur, il apparut que cette caractéristique est dominante, de sorte qu'il suffit d'un parent à poil dur pour obtenir dans une portée une certaine proportion de chatons de ce type. Plus tard, on a utilisé des croisements avec des American Shorthair pour développer la race.

Pays d'origine États-Unis	Ancêtres Poils courts sans pedigree	Date 1966

Écaille et blanc

Le poil du Wirehair est bouclé, frisé même. Ce chat fait penser au Rex à une différence près : c'est bien le poil, et non pas le sous-poil, qui est frisé. Il doit, de plus, être aussi mince que possible.

• **TRAITS** L'épaisseur de la robe doit se manifester par des boucles, surtout sur la tête, ainsi que par une ondulation plus ouverte. Dans l'ensemble, la robe de ces chats a l'aspect et le toucher de la laine d'agneau, un peu moins rêche sur le ventre et sous le menton. Les moustaches sont, elles aussi, bouclées.

• **REMARQUE** Des apports de sang étranger, hors celui de l'American Shorthair, sont prohibés. La couleur des yeux doit être en harmonie avec celle de la robe. Il faut attendre 4 à 5 mois pour que les chatons présentent leur robe définitive.

FOURRURE : moyenne, bouclée et rêche

Option poil long Néant	Caractère Joueur et actif

Pays d'origine	Ancêtres	Date
États-Unis	Poils courts sans pedigree	1966

Tabby tigré brun

L'entretien de ce chat est aisé. Un brossage une fois par semaine suffit. S'il doit être présenté à une exposition, la toilette doit être exécutée quelques jours auparavant. Une fois complètement sec, le poil du Wirehair retrouve naturellement ses boucles.

• **Traits** Les marques tabby sont très visibles malgré la texture originale de la robe. Comme toujours, le contraste entre la couleur de base et les marques est recherché.

• **Remarque** Bien que ce chat soit solide et attachant, il n'est encore que peu répandu hors des États-Unis.

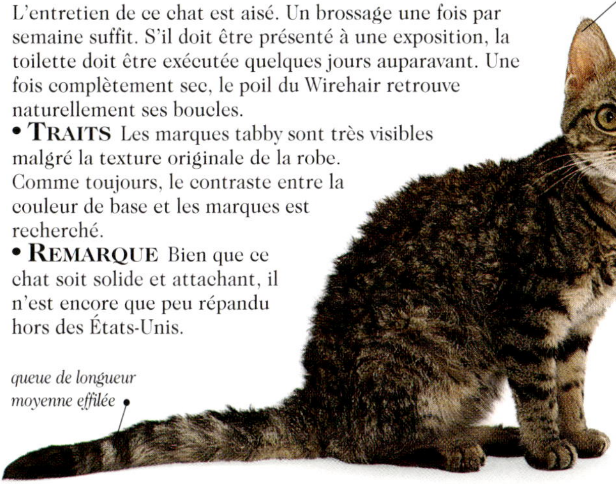

Fourrure : moyenne, bouclée et rêche

Option poil long	Caractère
Néant	Joueur et actif

Pays d'origine	Ancêtres	Date
États-Unis	Poils courts sans pedigree	1966

Van écaille et blanc

Ce chat n'a rien qui le distingue du Shorthair, sauf la texture du poil. Mais les éleveurs tentent actuellement d'obtenir des types de taille un peu moins grande.

• **Traits** Les marques « Van » de cette variété écaille de tortue et blanc, produisant uniquement des femelles, proviennent de l'American Shorthair.

• **Remarque** Depuis la naissance des premiers American Wirehair de pure race, en 1969, on n'a pas repéré de chats de ce type en dehors des élevages. Tous les American Wirehair descendent donc d'un seul père nommé… *Adam* !

Fourrure : moyenne, bouclée et rêche

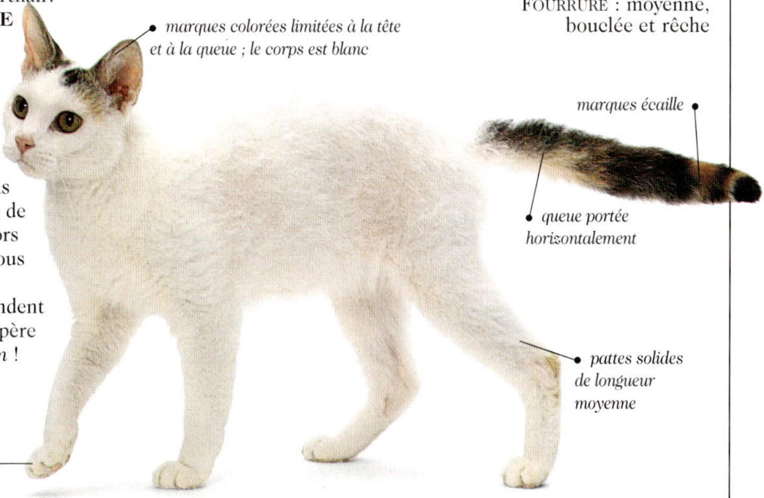

Option poil long	Caractère
Néant	Joueur et actif

LES AMERICAN CURL

LES OREILLES « tortillées » caractéristiques de cette race résultent d'une mutation relativement récente. Elle a été observée pour la première fois en 1981. Ce fut à Lakewood que Joe et Grace Ruga découvrirent un chaton à poil long présentant cette anomalie. Devenu adulte, il donna naissance à son tour à deux chatons, possédant, eux aussi, les oreilles en tire-bouchon.... On dut se rendre à l'évidence : il s'agissait d'une mutation dominante qui apparaissait indépendamment de la longueur du poil. Une première exposition de cette variété eut lieu, en 1983, à Palm Springs, en Californie. Devant le succès obtenu, il ne restait plus qu'à fixer la race qui existe dans la forme à poil court comme dans la forme à poil long *(voir page 112 pour le Curl à poil long)*.

Pays d'origine États-Unis	Ancêtres Chats sans pedigree	Date 1981

TABBY ÉCAILLE CLASSIQUE BRUN

La progression de l'American Curl à poil court a été relativement lente. Dans les portées obtenues, on découvrait surtout des chatons à poil long. Ce chat a fini, tout de même, par devenir populaire et il existe en plusieurs couleurs.

• **TRAITS** Le degré de malformation des oreilles varie d'un animal à l'autre. La préférence ira aux « très tortillées » ayant, de plus, les oreilles dirigées vers le centre du crâne. Couleurs et marques sont peu importantes mais doivent rester bien visibles.

• **REMARQUE** Du fait même de la création récente du Curl, on peut admettre que, dans son origine, la présence de gouttières n'est pas impossible.

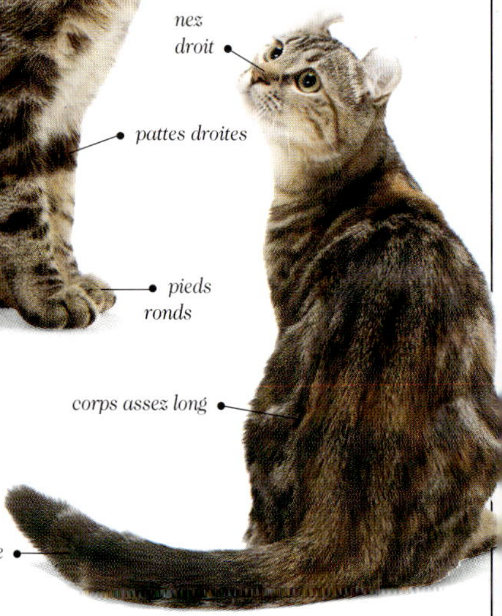

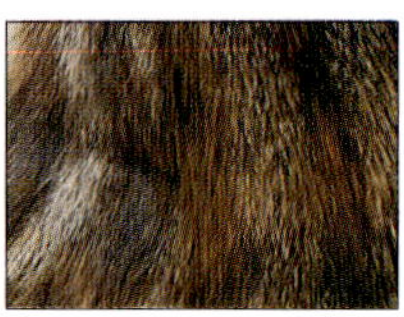

FOURRURE : courte et soyeuse ; peu de sous-poil

Option poil long American Curl à poil long Tabby écaille classique brun	Caractère Doux

Pays d'origine	Ancêtres	Date
États-Unis	Chats sans pedigree	1981

NOIR

Malgré son aspect original, l'American Curl jouit d'une bonne santé. Un simple brossage, de temps à autre, suffit pour enlever les poils morts.

• **TRAITS** La couleur noire doit être nette, sans aucune trace de poils blancs. La forme des oreilles et les proportions du corps sont les traits les plus importants. La tête est plus longue que large et les yeux, relativement larges, sont légèrement obliques.

• **REMARQUE** Un détail amusant : le bout des oreilles est très mobile.

FOURRURE : courte et soyeuse ; peu de sous-poil

Option poil long	Caractère
American Curl à poil long noir	Doux

Pays d'origine	Ancêtres	Date
États-Unis	Chats sans pedigree	1981

SEAL TABBY-POINT

L'apport de sang siamois s'est déjà produit, ce qui donne des variétés « Point ». Il importe cependant que ce chat garde ses caractéristiques propres, à mi-chemin entre la sveltesse orientale et la solidité du British Shorthair.

• **TRAITS** Les marques doivent être marron et les dessins tabby visibles sur les pattes et la queue. Des rayures, notamment sous les yeux, sont également exigées.

• **REMARQUE** Les chatons sont toujours plus clairs que les adultes.

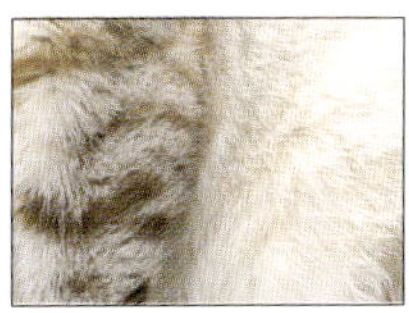

FOURRURE : courte et soyeuse ; peu de sous-poil

Option poil long	Caractère
American Curl à poil long Seal Tabby-Point	Doux

LES EUROPÉENS

En 1925, un membre de la GCCF (Governing Council of the Cat Fancy) demandait, à Londres, que le « chat de gouttière » fût reconnu en tant que race : on parla, dès lors, de British Shorthair. En Europe, il fallut attendre beaucoup plus longtemps pour que le chat des rues ait, lui aussi, son « appellation contrôlée » : il devint européen. Et il fallut encore plus longtemps pour que cet européen soit reconnu en Grande-Bretagne. Depuis, d'ailleurs, les essais se multiplient pour que le British et l'européen se différencient, surtout dans le choix des couleurs et dans la taille. C'est ainsi que le croisement des européens avec les British Shorthair sont interdits. Au fur et à mesure de la sélection, l'européen s'éloigne du British Shorthair.

Pays d'origine	Ancêtres	Date
Europe	Poils courts sans pedigree	XXᵉ siècle

CRÈME

L'européen à poil court est un chat courageux qui s'adapte à toutes les situations. Les couleurs claires sont moins habituelles. Par ailleurs, à cause de ses points communs avec le British et l'American Shorthair, l'européen éprouve beaucoup de mal à s'imposer hors du vieux continent.

• **TRAITS** On tolère, mais assez difficilement, les teintes crème trop chaudes, révélant une nuance de roux, ainsi que les marques tabby. Il est toutefois très difficile d'obtenir dans une portée des chatons vraiment crème.

• **REMARQUE** On découvre, mais rarement, des européens à la robe blanche immaculée qui, tout en ayant les yeux bleus, ne sont pas atteints de surdité.

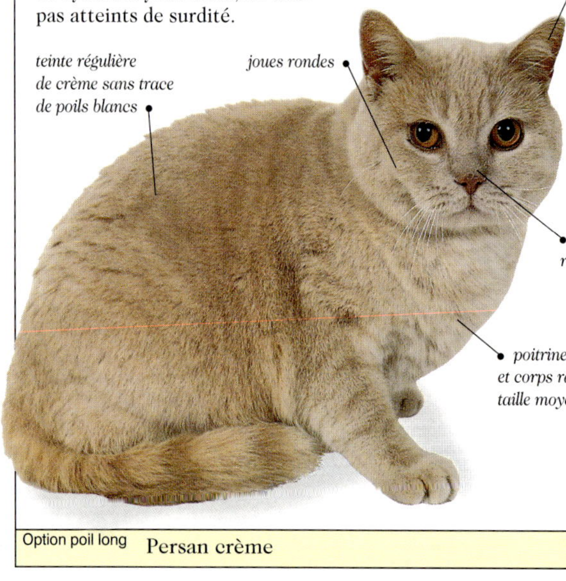

FOURRURE : courte, très dense et rêche

Option poil long	Caractère
Persan crème	Sensible

Pays d'origine	Ancêtres	Date
Europe	Poils courts sans pedigree	XXe siècle

TABBY TIGRÉ CAMEO RED SHADED

Il y avait, en Europe, des chats depuis, pense-t-on, des millénaires et ils se sont multipliés de façon non sélective sous les formes et les couleurs les plus diverses. On tente, aujourd'hui, de définir un type bien caractérisé d'européen.

• **TRAITS** Dans cette variété, le sous-poil est blanc avec un tipping roux sur le dos. La couleur est plus claire sur les flancs et plus blanche encore sur le ventre.

• **REMARQUE** Comme la plupart des races naturelles, l'européen jouit d'une excellente santé.

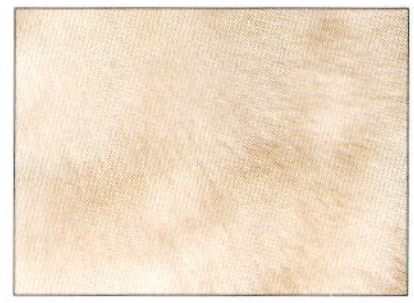

FOURRURE : courte, très dense et rêche

Option poil long	Caractère
Persan Tabby tigré Cameo Red Shaded	Sensible

Pays d'origine	Ancêtres	Date
Europe	Poils courts sans pedigree	XXe siècle

SMOKE ÉCAILLE DE TORTUE

Les types écaille de tortue et Smoke produisent un chat présentant un contraste net entre la couleur de base et les marques.

• **TRAITS** Le sous-poil doit être aussi blanc que possible. Le tipping noir, roux et crème constitue la coloration écaille de tortue. Ces taches colorées doivent être nettement délimitées et distinctes.

• **REMARQUE** Si ce chat mène une existence très libre, le soleil peut agir sur les marques noires qui, dès lors, tournent au marron.

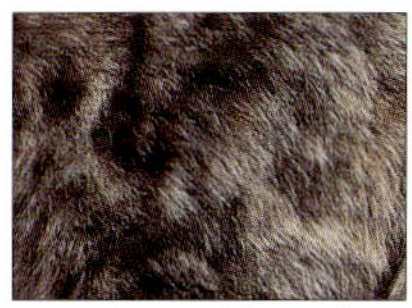

FOURRURE : courte, très dense et rêche

Option poil long	Caractère
Persan Smoke écaille	Sensible

Pays d'origine	Ancêtres	Date
Europe	Poils courts sans pedigree	XXe siècle

Tabby Cameo Cream Shaded

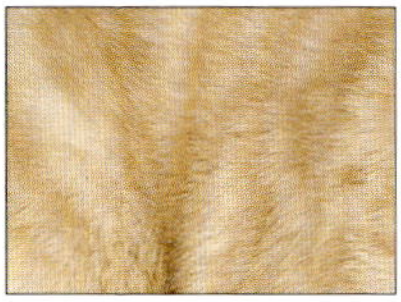

Fourrure : courte, très dense et rêche

Un type très caractéristique, aujourd'hui apparent, qui distingue l'européen de ses cousins anglais et américains. La tête est plus longue et le corps moins massif.

• **Traits** Les poils de surface ont un tipping crème clair avec une surimpression tabby plus foncée, en contraste avec la couleur de fond.

• **Remarque** Facile à toiletter, affectueux, familier, ce chat est un excellent compagnon même s'il conserve un puissant instinct de chasse.

Option poil long	Caractère
Persan Tabby Cameo Cream Shaded	Sensible

Pays d'origine	Ancêtres	
Europe	Poils courts sans pedigree	XXe siècle

Tabby tigré roux argent

Les marques tabby, naturellement, doivent être apparentes. On dénombre autant de variétés que chez les chats anglais et les chats américains.

• **Traits** Les marques tabby rousses sont mises en valeur par une couleur de base argentée, ce qui produit un contraste attrayant. Au coin de chaque œil, on distingue des rayures et, sur les joues, des lignes étroites. Les oreilles sont de même couleur que les marques mais avec une tache argentée en leur centre.

• **Remarque** Pendant la mue, les marques tabby sont moins distinctes.

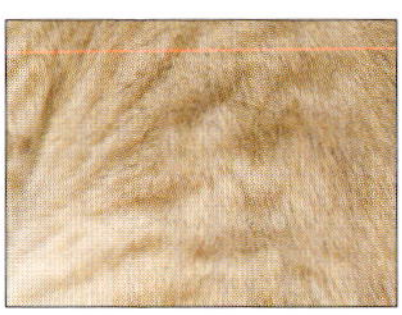

Fourrure : courte, très dense et rêche

Option poil long	Caractère
Persan Tabby tigré roux argent	Sensible

Pays d'origine	Europe	Ancêtres	Poils courts sans pedigree	Date	XXe siècle

TABBY NOIR ARGENT

Les marques tabby tachetées, tigrées et mouchetées ne diffèrent pas, chez l'européen, de celles des autres races à poil court. La marque M sur le front est également commune aux autres.

• **TRAITS** De tous les Tabby, le noir argent présente les marques les plus nettes. Le noir soutenu des taches contraste de façon frappante avec la couleur argentée de base. On doit voir la ligne noire qui court le long du dos. Il s'y attache des lignes verticales sur les flancs. Celles-ci doivent être étroites et régulières. La queue est annelée. Sur chaque flanc on distingue une tache plus large, en forme d'huître.

• **REMARQUE** Les chatons naissent avec des teintes un peu plus sombres qui s'éclaircissent à l'âge adulte.

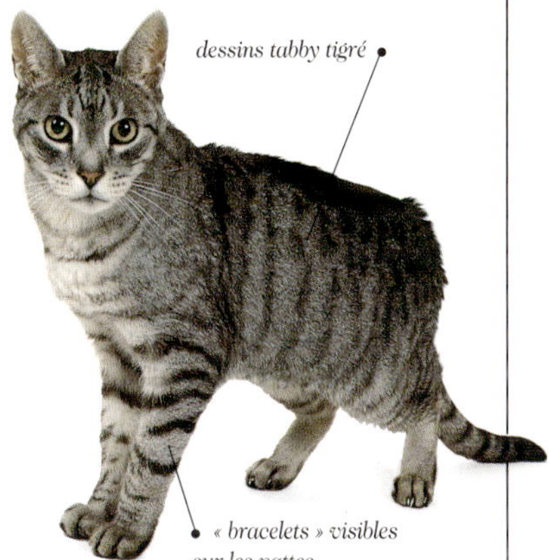

FOURRURE : courte, très dense et rêche

Option poil long	Persan Tabby noir argent	Caractère	Sensible

Les Européens Colourpoint

Bien que l'apport siamois donne à cette variété des marques plus caractérisées, son apparence ne doit pas trancher par trop (en dehors de la couleur de la robe) sur les autres types de l'européen. Comme chez le siamois, la température générale ambiante peut jouer sur la couleur des pointes. La température du corps du chat est légèrement plus basse aux extrémités de sorte que la production de pigment augmente. Dans un climat chaud comme, par exemple, celui de l'Europe méridionale, la couleur de la robe est moins soutenue, ce qui n'enlève rien à la qualité intrinsèque de l'animal.

Pays d'origine	Europe	Ancêtres	Poils courts sans pedigree	Date	XXe siècle

Blue-Point

L'opposition entre les couleurs est évidemment importante chez ce type de chat. Le bleu des marques doit être d'une très grande qualité. Si le chat se blesse à une patte, le vétérinaire évitera de bander celle-ci, car le bandage accumulera de la chaleur, ce qui diminuera l'intensité de la couleur. Très souvent, la couleur du corps devient un peu plus sombre avec l'âge. En revanche, le mâle conserve longtemps ses qualités de reproducteur.

• **Traits** Les marques, restreintes à la face, aux oreilles, aux pattes et à la queue, seront bleu clair, contrastant avec le blanc glacé du corps, qui, sur le dos, devient bleuâtre.

• **Remarque** Ces chats peuvent être développés dans toute la gamme des Colourpoint.

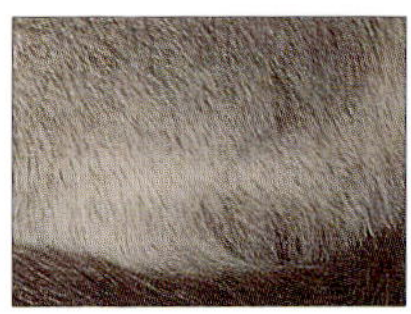

Fourrure : courte, très dense et rêche

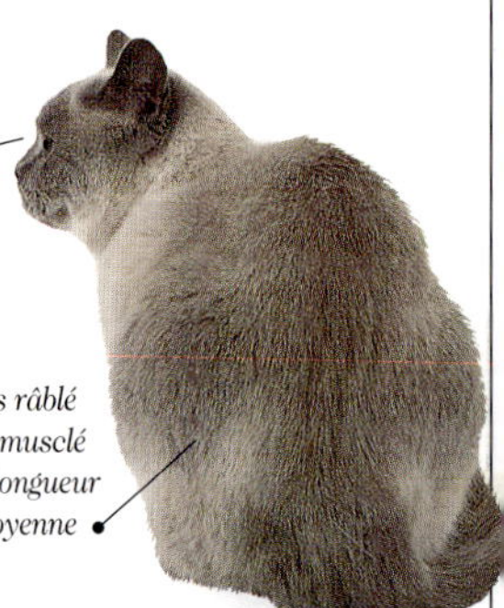

Option poil long	Persan Colourpoint Blue-Point	Caractère	Sensible

Les chartreux

On ignore l'origine exacte de cette ancienne race française. Peut-être a-t-elle été créée par les moines chartreux du monastère qui existait à Paris sur l'emplacement actuel du jardin du Luxembourg. Mais la légende prétend également que de tels chats auraient été ramenés des croisades par les chevaliers qui en auraient confié la garde aux moines. Ceux-ci en auraient contrôlé la race en ne vendant que des animaux castrés. La couleur gris-bleu est distinctive : aucune autre nuance n'est acceptée. Un chartreux bleu crème, créé récemment, n'est pas admis par toutes les fédérations.

Pays d'origine	Ancêtres	Date
France	Poils courts sans pedigree	XIVe siècle

Bleu gris

Le chartreux fut élevé, par le passé, pour sa fourrure unique qui se vendait cher. Dans les années vingt, cependant, son nombre avait diminué ; il a survécu grâce aux efforts de religieuses qui avaient remarqué les chats bleu-gris qui vagabondaient dans l'enceinte de l'hôpital de Belle-Ile-sur-Mer. Des croisements entre des chats bleus avec et sans pedigree, et surtout, des British Shorthair, ont été utilisés pour maintenir et améliorer la race traditionnelle française.

• **Traits** La couleur bleu-gris soutenue peut aller de cendré à ardoise : les pointes argentées donnent du brillant à la robe.

• **Remarque** Cette race fut importée aux USA en 1870.

Fourrure : moyenne, dense, brillante

Option poil long	Caractère
Néant	Sociable

LES REX CORNISH

CES CHATS descendent d'un chaton né dans le comté de Cornouailles en 1950. Les éleveurs en développèrent le type pour l'apparenter, autant que possible, aux orientaux dans une gamme étendue de couleurs. La robe, telle qu'elle apparaît, est, en réalité, formée par le sous-poil et le duvet relativement courts et bouclés. L'absence de poils rend ce chat assez frileux, donc sensible au temps froid ou pluvieux. Il est mal adapté à la vie en plein air.

Pays d'origine	Grande-Bretagne	Ancêtres	Poils courts sans pedigree	Date	1950

BLANC

La mutation « rex » existe chez le lapin et le mot fut repris pour les chats. Lepremier chaton rex, appelé *Kallibbunker*, fut accouplé à sa mère. Leur descendance était, elle aussi, dépourvue de poils.

• **TRAITS** Après diverses expériences, on a établi un type très élaboré de chats chez lesquels, signe distinctif, le sous-poil a pris la place du poil défaillant.

• **REMARQUE** Les premiers Rex Cornish abordèrent la côte américaine en 1957. Depuis, la race a suscité un réel intérêt dans le monde entier.

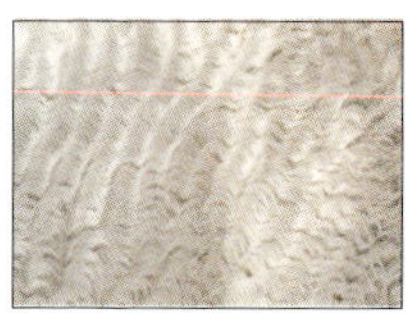

FOURRURE : courte, riche bouclée ou ondulée

Option poil long	Néant	Caractère	Joueur

Pays d'origine Grande-Bretagne | Ancêtres Poils courts sans pedigree | Date 1950

CRÈME

Le ton crème a tranché sur la couleur générale depuis le début du développement de la race : *Kallibunker* a, lui-même, produit deux chatons dont un était blanc crème.

• **TRAITS** Ce chat possède une robe serrée sans poil de surface qui, si elle n'est pas de longueur moyenne, est considérée comme défectueuse. Moustaches et cils doivent être frisés.

• **REMARQUE** Le toilettage des Rex Cornish doit se faire dans le sens du sous-poil. Il permet de bien entretenir l'aspect frisé du chat.

FOURRURE : courte, riche, bouclée ou ondulée

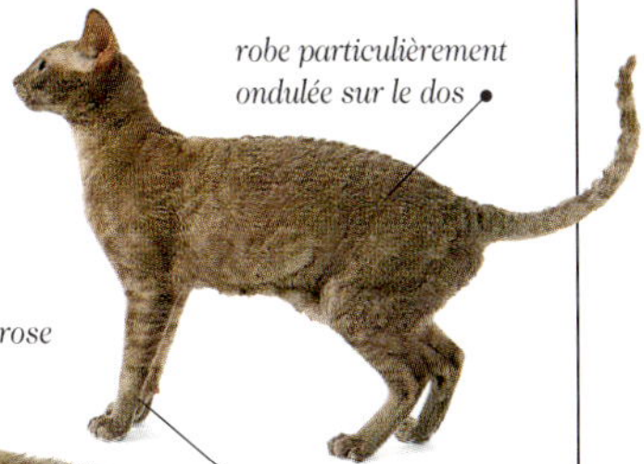

Option poil court Néant | Caractère Joueur

Pays d'origine Grande-Bretagne | Ancêtres Poils courts sans pedigree | Date 1950

BLEU ET BLANC

Des mutations identiques se sont produites en Allemagne et aux États-Unis. Le Rex a fait son apparition en Allemagne en 1931, mais il est devenu très rare. En Amérique, diverses mutations Rex ont pu être observées. Le Rex Cornish, produit en 1960, a été reconnu en 1967.

• **TRAITS** La couleur bleue doit être régulière et bien définie. On cherche à obtenir, dans la mesure du possible, la régularité des marques mais cela n'est pas obligatoire.

• **REMARQUE** Pour éliminer les taches de graisse de sa robe, un bain de son est très efficace.

FOURRURE : courte, riche, bouclée ou ondulée

Option poil long Néant | Caractère Joueur

Pays d'origine	Ancêtres	Date
Grande-Bretagne	Poils courts sans pedigree	1950

ÉCAILLE DE TORTUE

Les marques du Rex Cornish écaille de tortue peuvent varier mais le type originel doit garder le même aspect.

• **TRAITS** Les taches noires visibles sur l'animal doivent être ponctuées de rouge sombre dans une belle opposition. Les chatons auront souvent des tons gris plutôt que noirs. Ils prendront la couleur définitive à l'âge adulte. Les teintes doivent être distribuées régulièrement. Chez certains individus, la tête présente une flamme de couleur plus claire.

• **REMARQUE** Sur le ventre du Rex Cornish, le sous-poil doit être particulièrement frisé.

FOURRURE : courte, riche, bouclée ou ondulée

Option poil long	Caractère
Néant	Joueur

Pays d'origine	Ancêtres	Date
Grande-Bretagne	Poils courts sans pedigree	1950

VAN ÉCAILLE ET BLANC

L'aspect quelque peu cylindrique du corps provient de la conjugaison de muscles solides et de squelette fin. Haut sur pattes, le mâle est plus grand que la femelle.

• **TRAITS** Ce type de chat est à prédominance blanche. L'apport Van rappelle le chat turc du même nom (*voir pages 78-79*). La couleur d'appoint se trouve sur la tête et sur la queue.

• **REMARQUE** Au repos, le Rex Cornish replie le bout de sa queue souple.

FOURRURE : courte, riche, bouclée ou ondulée

Option poil long	Caractère
Néant	Joueur

Pays d'origine	Ancêtres	Date
Grande-Bretagne	Poils courts sans pedigree	1950

CANNELLE ARGENT

La qualité du sous-poil est une caractéristique fondamentale. Les boucles doivent être évidentes sur tout le corps, ainsi que sur les pattes.

• **TRAITS** Le sous-poil est blanc mais avec un tiquetage cannelle. Celui-ci est plus soutenu le long de la colonne vertébrale et sur les flancs.

• **REMARQUE** Le tiquetage cannelle crée un effet léger et miroitant.

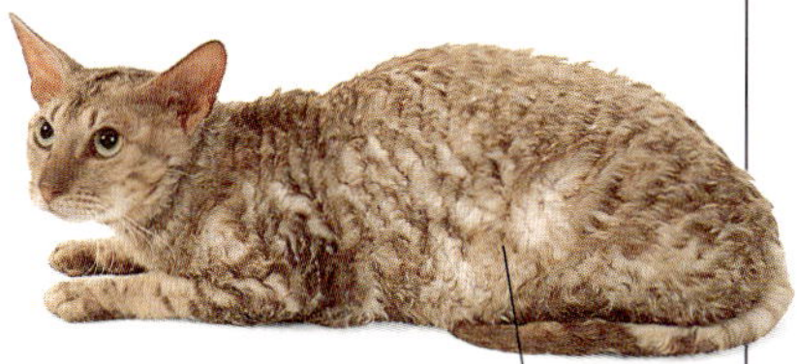

FOURRURE : courte, riche, bouclée ou ondulée

Option poil long	Caractère
Néant	Joueur

Pays d'origine	Ancêtres	Date
Grande-Bretagne	Poils courts sans pedigree	1950

CHOCOLATE POINT SI-REX

Les versions Colourpoint du Rex Cornish sont trop récentes pour être universellement reconnues. Dans cette variété, la couleur n'a qu'une importance limitée. On se base, plutôt, sur la qualité du sous-poil et l'aspect général du chat.

• **TRAITS** La couleur de base du corps est blanc ivoire. Une nuance plus sombre doit correspondre aux marques chocolat au lait. La truffe et les coussinets ont la même teinte.

• **REMARQUE** Les Colourpoint doivent présenter un type semblable à celui des autres Rex.

FOURRURE : courte, riche, bouclée ou ondulée

Option poil long	Caractère
Néant	Joueur

Pays d'origine	Grande-Bretagne	Ancêtres	Poils courts sans pedigree	Date	1950

SMOKE ROUGE

Les Rex peuvent être élevés en n'importe quelle variété mais les plus controversées sont les Si-rex aux marques siamoises.

• **TRAITS** Un rouge sombre, sans marques tabby, est souhaitable. Les marques Smoke apparaissent plus nettement quand le chat se déplace. Le sous-poil a une texture soyeuse.

• **REMARQUE** Une robe trop ébouriffée est considérée comme un défaut.

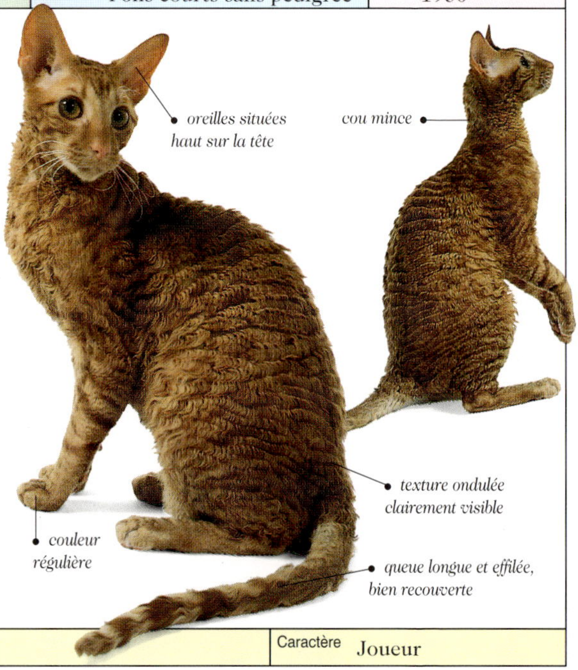

FOURRURE : courte, riche, bouclée ou ondulée

Option poil long	Néant	Caractère	Joueur

Pays d'origine	Grande-Bretagne	Ancêtres	Poils courts sans pedigree	Date	1950

SMOKE BLEU

Les Rex Cornish ont tendance à trop grossir. À une silhouette déformée s'ajoute un risque de mauvaise santé. Il convient donc de surveiller l'alimentation de ce chat.

• **TRAITS** Chez ce type, le bleu est prédominant sur un fond blanc. Les chatons Rex ont parfois une robe peu épaisse, mais elle s'étoffe lorsqu'ils prennent de l'âge. Chez les adultes, la présence de plaques dénudées est considérée comme un sérieux défaut.

• **REMARQUE** Une femelle bleue nommée *Riovista Kismet* fut une des premières chattes Rex Cornish. Elle descendait en droite ligne de *Kallibunker*.

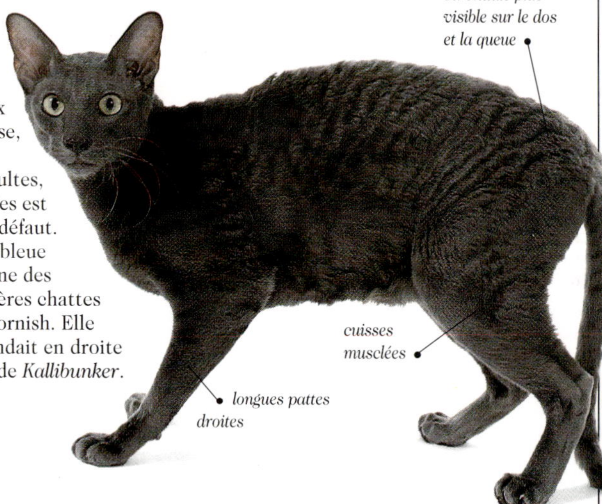

FOURRURE : courte, riche, bouclée ou ondulée

Option poil long	Néant	Caractère	Joueur

Pays d'origine	Grande-Bretagne	Ancêtres	Poils courts sans pedigree	Date	1950

SMOKE BLEU CRÈME

On dit qu'un des premiers ancêtres des Rex Cornish fut un mâle bleu crème mais ce n'est guère vraisemblable car la couleur est une forme diluée d'écaille de tortue où il n'existe que des mâles stériles. Il s'agissait sans doute d'un Tabby bleu.

• **TRAITS** Bien que les mâles ait une corpulence plus forte que les femelles, leur aspect doit rester svelte.

• **REMARQUE** Le Rex Cornish est un chat sain. Les femelles sont des mères très attentives.

FOURRURE : courte, riche, bouclée ou ondulée

Option poil long	Néant	Caractère	Joueur

Pays d'origine	Grande-Bretagne	Ancêtres	Poils courts sans pedigree	Date	1950

SMOKE NOIR ET BLANC

Chez tous les Rex Cornish, la qualité du sous-poil est essentielle. Les ondulations doivent être serrées (la fourrure rappelle l'astrakan). Ici, les marques blanches peuvent être asymétriques mais cette particularité n'est pas tolérée chez le Si-rex.

• **TRAITS** Le sous-poil argenté se voit nettement puisqu'il n'a pas de poils de surface. La couleur plus foncée se limite au sous-poil, le duvet étant argenté.

• **REMARQUE** La robe graisseuse de ce chat peut provoquer des problèmes au niveau de la queue.

FOURRURE : courte, riche, bouclée ou ondulée

Option poil long	Néant	Caractère	Joueur

LES REX DEVON

CETTE DEUXIÈME mutation est apparue en 1960. On a d'abord pensé qu'il s'agissait d'une forme de Rex Cornish mais les unions avec des Cornish n'ont pas produit de Rex, ce qui confirme qu'on a affaire à un groupe génétiquement distinct. Le pelage du Rex Devon se distingue par le fait que les poils de surface et le duvet sont tous deux présents et se révèlent plus tortillés que chez le Cornish.

Pays d'origine	Ancêtres	Date
Grande-Bretagne	Poils courts sans pedigree	1960

BLANC

La découverte du Rex Devon passa presque inaperçue. Dans le comté de Devon, une femme découvrit un chat perdu dans une mine abandonnée et qui présentait un pelage bouclé. Elle le recueillit. Une chatte du voisinage, séduite par le larron, mit bas des chatons eux aussi bouclés. Ayant heureusement entendu parler du Cornish, elle comprit qu'elle tenait là un chat plein de possibilités.

• **TRAITS** Le pelage de cette variété est d'un blanc pur. Il gardera sa couleur s'il est bien entretenu. Comme tous les Rex, le Devon possède un corps musclé.

• **REMARQUE** Les oreilles sont nettement plus larges que celles des autres Rex. Attachées bas sur la tête, on leur donne parfois le surnom d'oreilles de Korrigan. Il faut les nettoyer régulièrement avec du coton hydrophile.

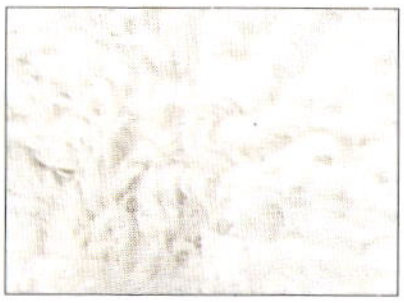

FOURRURE : courte, fine, douce, ondulée et bouclée

Option poil long	Caractère
Néant	Joueur

Pays d'origine	Ancêtres	Date
Grande-Bretagne	Poils courts sans pedigree	1960

CRÈME

La grandeur même des oreilles surmontant une tête triangulaire donne à ce chat un air espiègle. Il est d'ailleurs un excellent compagnon. On doit lui éviter les brusques modifications de température.

• **TRAITS** Le pelage du chaton Rex Devon est moins dense que celui de l'adulte. Sa couleur crème doit être répartie uniformément.

• **REMARQUE** La variété Rex Devon a été reconnue officiellement en 1967.

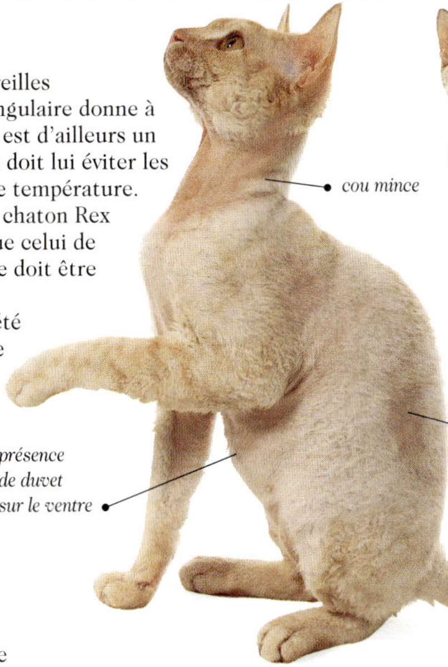

FOURRURE : courte, fine, douce, ondulée et bouclée

Option poil long	Caractère
Néant	Joueur

Pays d'origine	Ancêtres	Date
Grande-Bretagne	Poils courts sans pedigree	1960

BLEU

Kirlee, père de cette variété, était de couleur gris fumé. Le bleu a remplacé cette teinte tout en gardant une nuance assez proche.

• **TRAITS** Le stop du nez qui caractérise cette race doit être assez net.

• **REMARQUE** À l'inverse de la plupart des autres chats, le Rex Devon marque son contentement en agitant horizontalement la queue. Ce comportement inhabituel lui a valu le sobriquet de « chat-caniche ».

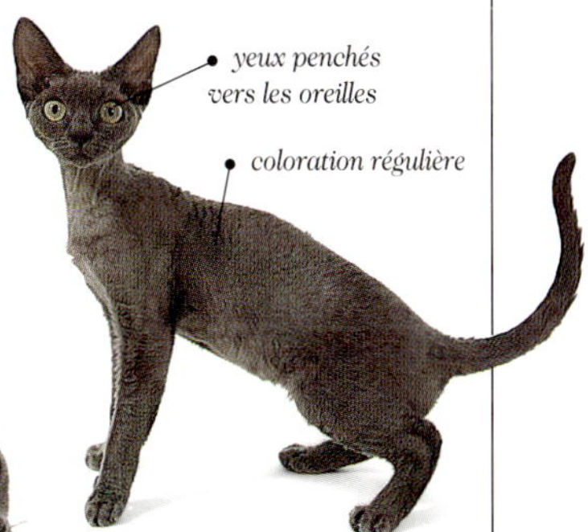

FOURRURE : courte, fine, douce, ondulée et bouclée

Option poil long	Caractère
Néant	Joueur

Pays d'origine	Ancêtres	Date
Grande-Bretagne	Poils courts sans pedigree	1960

Cream Tabby Point Si-rex

De nouvelles unions avec d'autres races, burmese, bombay et siamois, ont permis une étendue de couleurs plus vaste chez le Rex Devon. En revanche, les accouplements tentés avec le Cornish, on l'a déjà signalé, n'ont pas donné de bons résultats.

• **Traits** Là encore, la qualité du pelage donne sa valeur au chat. Les chatons doivent attendre l'âge adulte pour présenter un aspect définitif. La couleur crème, avec des marques tabby sur les pointes, caractérise cette variété.

• **Remarque** Le Rex Devon est de plus en plus répandu hors de la Grande-Bretagne.

Fourrure : courte, fine, douce, ondulée et bouclée

Option poil long	Caractère
Néant	Joueur

Pays d'origine	Ancêtres	Date
Grande-Bretagne	Poils courts sans pedigree	1960

Tabby écaille argent

On a ici une des variétés de Rex Devon les plus intéressantes. Mais puisqu'il s'agit d'écaille de tortue, les rares mâles sont stériles.

• **Traits** Chez les Tabby écaille, les marques tabby remplacent souvent le noir de l'écaille de tortue, le sous-poil blanc restant essentiellement inchangé.

• **Remarque**
En Amérique du Nord, ce chat a été surnommé *torbie* ou *tabby tacheté*.

Fourrure : courte, fine, douce, ondulée et bouclée

Option poil long	Caractère
Néant	Joueur

Pays d'origine Grande-Bretagne	Ancêtres Poils courts sans pedigree	Date 1960

Crème et blanc

Bien que les variétés bicolores du Rex Devon restent encore peu répandues dans les expositions, ce chat attirant possède le caractère affectueux et dévoué particulier à la race.

• **Traits** La distribution des taches crème et blanches est moins importante que la qualité du pelage.

• **Remarque** Les marques tabby doivent être absentes du corps des adultes alors qu'elles sont visibles chez les jeunes chats.

Fourrure : courte, fine, douce, ondulée et bouclée

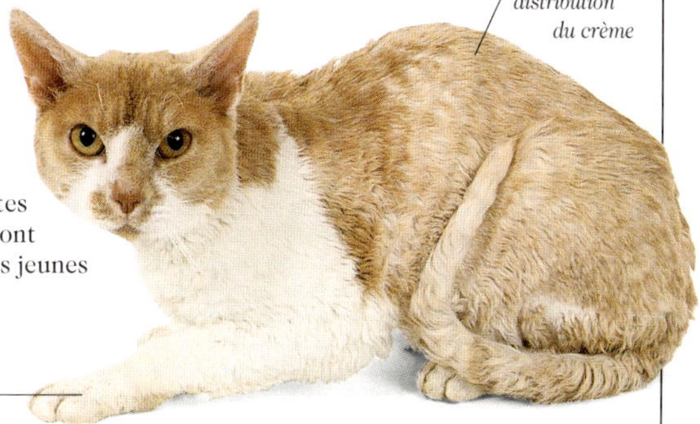

Option poil long Néant	Caractère Joueur

Pays d'origine Grande-Bretagne	Ancêtres Poils courts sans pedigree	Date 1960

Smoke noir et blanc

Alors que la mère des premiers chatons Rex Devon a été écaille de tortue et blanc, les variétés bicolores ne sont pas généralement recherchées.

• **Traits** Les oreilles sont la marque la plus distinctive de cette race. De plus, le triangle dessiné par la tête la distingue aussi du Rex Cornish. Le contraste entre les couleurs doit être bien marqué.

• **Remarque** Les éleveurs se penchent surtout sur l'amélioration de la qualité du pelage et ne donnent pas trop d'importance aux marques.

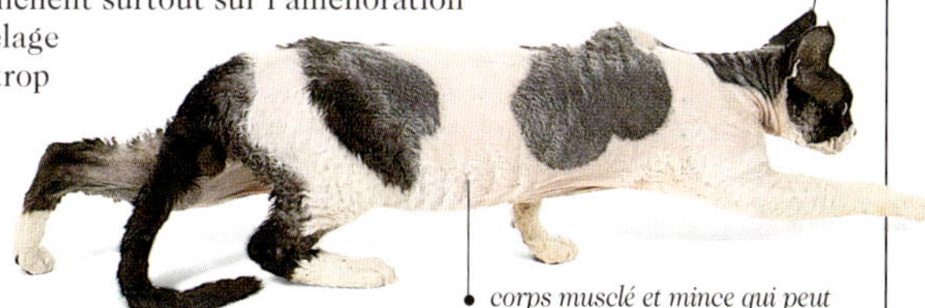

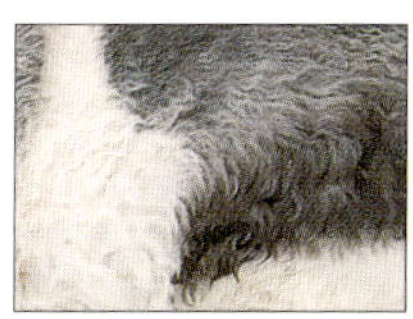

Fourrure : courte, fine, douce, ondulée et bouclée

Option poil long Néant	Caractère Joueur

Pays d'origine	Ancêtres	Date
Grande-Bretagne	Poils courts sans pedigree	1960

BLEU CRÈME ET BLANC

Ce type étant écaille de tortue, il ne produit que des femelles et quelques rares mâles stériles. Il faut les accoupler à d'autres variétés de Rex.

- **TRAITS** La pelade, observée parfois en plaques sur le corps, est une tare majeure. En revanche, on accepte des moustaches relativement ténues.
- **REMARQUE** Le Rex Devon a une mue importante, provoquant des plages dénudées. Une tache isolée de pelade à un autre moment que la mue doit être soignée, car elle peut être due à la présence de parasites.

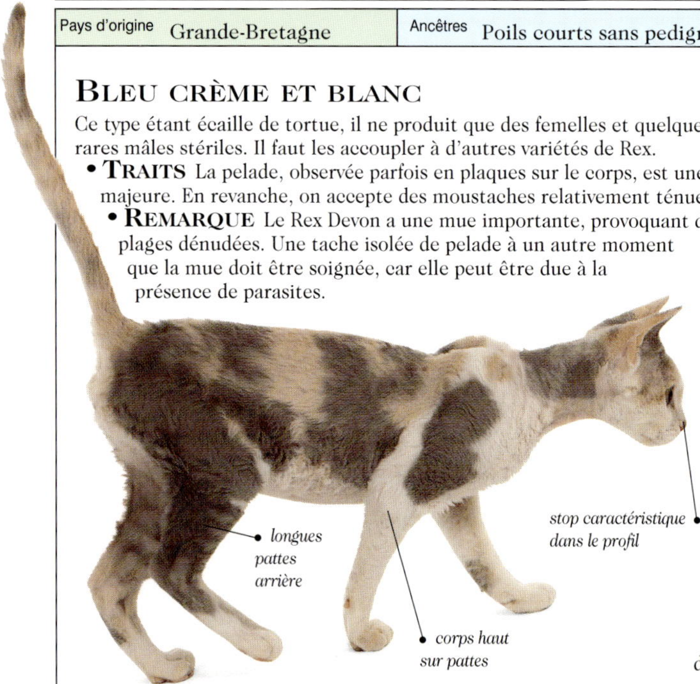

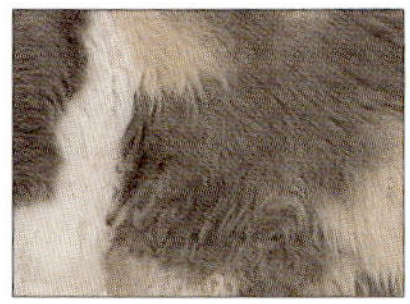

FOURRURE : courte, fine, douce, ondulée et bouclée

Option poil long	Caractère
Néant	Joueur

Pays d'origine	Ancêtres	Date
Grande-Bretagne	Poils courts sans pedigree	1960

SMOKE NOIR

Le pelage du Rex Devon est très doux au toucher, même si chez certains individus il semble un peu rêche parce que son sous-poil est plus court que celui du Cornish.

- **TRAITS** Bien que la couleur soit moins importante chez le Smoke que le type et la qualité de la robe, le noir est souvent préféré à cause de ses beaux contrastes. Chez quelques sujets, les pattes avant peuvent sembler arquées, mais c'est une illusion créée par la largeur de la poitrine et non une faiblesse inhérente.
- **REMARQUE** Le sous-poil gardera ses qualités si on fait un toilettage à la main ou avec un chiffon de soie.

FOURRURE : courte, fine, douce, ondulée et bouclée

Option poil long	Caractère
Néant	Joueur

Pays d'origine	Ancêtres	Date
Grande-Bretagne	Poils courts sans pedigree	1960

TABBY ROUGE ARGENT

Ce chat, comme ses congénères Smoke noir, a besoin d'un toilettage régulier, au moins hebdomadaire.

• **TRAITS** Cette toilette permet de conserver au sous-poil ses souples ondulations. La couleur, ici, doit présenter des tons soutenus de roux jouant sur les tons argentés. Les moustaches sont fragiles.

• **REMARQUE** Un bain de son est indiqué pour la toilette de ce chat. Il élimine toute tache de graisse. Après ce traitement, il convient de lustrer le poil.

FOURRURE : courte, fine, douce, ondulée et bouclée

Option poil long	Caractère
Néant	Joueur

Pays d'origine	Ancêtres	Date
Grande-Bretagne	Poils courts sans pedigree	1960

TABBY BRUN

Il existe des variétés de Rex de plus en plus nombreuses (près de cent aux États-Unis). Devon et Cornish n'en sont que deux exemplaires. En Europe, on en découvre certains qui ont un aspect très différent.

• **TRAITS** Les Rex Devon possèdent des joues larges et un museau court. Les marques tabby sont plus visibles sur la tête, les pattes et la queue. Le pelage relativement court est bien plaqué sur un corps de longueur moyenne, svelte mais musclé.

• **REMARQUE** Chat devenu casanier, le Rex Devon est un animal familier qui prend vite ses habitudes et s'adapte volontiers à la vie en appartement.

FOURRURE : courte, fine, douce, ondulée et bouclée

Option poil long	Caractère
Néant	Joueur

LES SPHINX (OU CHATS NUS)

CET ANIMAL reste un objet de curiosité plutôt que d'admiration. Il n'est, d'ailleurs, pas reconnu par nombre d'associations félines. On pense que l'absence de poils constitue une tare et non pas une qualité. Et il semble qu'en dépit de précautions nombreuses, sa santé reste fragile.

Pays d'origine	Ancêtres	Date
Canada	Poils courts sans pedigree	1935

BRUN ET BLANC

Contrairement à l'opinion acquise, l'élevage du chat nu ne s'est pas créé au Canada. En France, dès 1935, le professeur Étienne Létard en élevait. Malheureusement, la Seconde Guerre mondiale anéantit cette lignée.

- **TRAITS** Le Sphinx (ou sphynx) n'est pas un chat absolument nu. Il possède un duvet léger très court sur la face, les oreilles et la queue.
- **REMARQUE** L'intérêt que certains portent à cet animal est récent. Des élevages se sont créés en Europe tout comme en Amérique du Nord.

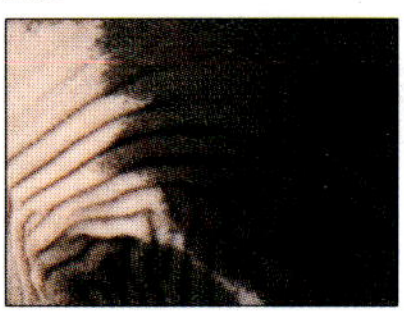
FOURRURE : très courte, peu dense et duveteuse

Option poil long	Caractère
Néant	Affectueux

Pays d'origine	Canada	Ancêtres	Poils courts sans pedigree	Date	1966

NOIR ET BLANC

Le premier sphinx noir et blanc de l'après-guerre a été découvert au Canada dans une portée de chatons normaux. Depuis, on a bien évidemment multiplié les couleurs. Dans tous les cas, la nuance des yeux doit être en harmonie avec celle du corps. L'absence de poils rend ce chat particulièrement sensible au froid alors que, d'autre part, la chaleur trop forte du soleil peut provoquer des brûlures.

• **TRAITS** Paradoxalement, les chatons naissent avec un duvet plus fourni qui s'amenuise peu à peu. Le sphinx n'exige pas de toilette poussée. Les soins consistent surtout à lisser la peau, chaque matin, à l'aide d'un chiffon doux et sec.

• **REMARQUE** Il s'agit ici d'une mutation récessive. Seuls, deux parents nus peuvent produire des chatons nus.

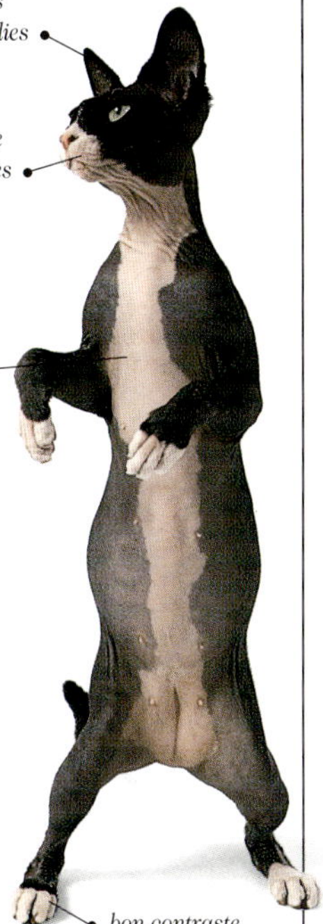

FOURRURE : très courte, dense et duveteuse

Option poil long	Néant	Caractère	Affectueux

LES REX SELKIRK

IL EST toujours possible que de nouvelles mutations surviennent spontanément, et si leur intérêt est assez grand, les éleveurs peuvent les utiliser pour développer une race nouvelle. Le Rex Selkirk en est un exemple frappant. Originaire des États-Unis, il fit son apparition en 1987. Cette année-là, Peggy Voorhees de la *Bozeman Humane Society* découvrit un chaton bleu crème et blanc dans une portée ordinaire, née au Wyoming. Le jeune chat avait des yeux verts et un pelage particulier. Son sous-poil était frisé tout comme ses moustaches alors que les poils des oreilles étaient presque rigides.

Pays d'origine	États-Unis	Ancêtres	Poils courts sans pedigree	Date	1987

BLEU CRÈME

Le premier chaton à poils frisés fut marié à une persane noire alors qu'il avait 14 mois. La chatte appartenait à un éleveur, Jeri Newman. Sur une portée de six chatons, on en découvrit trois qui avaient le poil frisé.

• **TRAITS** Chez cette race, la couleur ne compte pas pour beaucoup, ce qui importe c'est la qualité de la robe. Les nuances claires sont les plus recherchées. Les yeux doivent être en harmonie avec l'ensemble. Ici, la couleur du pelage est bleu crème. Généralement les yeux vont de l'or chaud au cuivré.

• **REMARQUE** Le sous-poil frisé indique bien qu'il s'agit d'une variété de Rex. Il ne doit pas présenter un aspect hirsute ou insuffisamment ondulé.

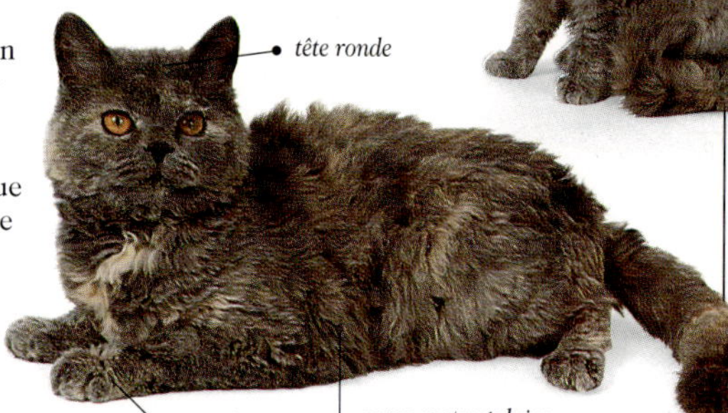

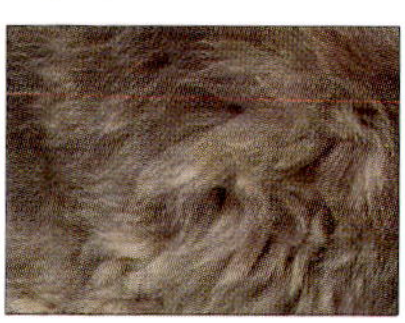

FOURRURE : épaisse, riche et bouclée

Option poil long	Rex Selkirk à poil long bleu crème	Caractère	Sociable

Pays d'origine	Ancêtres	Date
États-Unis	Poils courts sans pedigree	1987

Écaille de tortue

Les chatons naissent avec un poil frisé relativement abondant qui fait place rapidement à un pelage dur et plus clairsemé qui ne dure qu'un temps. C'est vers 10 mois que le chat commence à prendre son pelage caractéristique, épais et riche.

• **Traits** Les boucles sont visibles aussi bien dans le poil plutôt rude que dans le duvet et le sous-poil. Les moustaches sont également frisées.

• **Remarque** La distribution des marques écaille de tortue, comme chez d'autres races, relève du hasard.

Fourrure : épaisse, riche et bouclée

Option poil long	Caractère
Rex Selkirk à poil long écaille de tortue	Sociable

Pays d'origine	Ancêtres	Date
États-Unis	Poils courts sans pedigree	1987

Smoke écaille noir

Des races diverses, notamment les British Shorthair, les American Shorthair et les exotic, de même que les persans ont joué leur part dans l'élaboration du Rex Selkirk. En revanche, des unions avec d'autres Rex ne sont pas admises. En août 1990, deux associations félines américaines ont reconnu cette variété, et des amateurs ont fondé la *Selkirk Rex Society*.

• **Traits** Le sous-poil blanc contraste avec le tipping noir et les taches écaille du pelage.

• **Remarque** Mâles et femelles ont des bajoues.

Fourrure : épaisse, riche et bouclée

Option poil long	Caractère
Selkirk Rex à poil long Smoke écaille noir	Sociable

LES BLEUS RUSSES

Ces chats étaient d'abord connus sous le nom d'« Archange bleu », d'après le port russe d'Arkhangelsk d'où ils furent importés en Grande-Bretagne, peut-être dès le XVIIe siècle. Ils furent exposés dans la même classe que les British Shorthair, qui en général triomphaient d'eux. À partir de 1912, ils furent classés à part sous le nom de « bleus étrangers ». Ces dernières années, on a développé des formes blanches et noires, surtout en Australie et en Nouvelle-Zélande. On l'appelle aussi chat espagnol ou chat de Malte.

Pays d'origine	Ancêtres	Date
Russie	Poils courts sans pedigree	Avant 1800

BLEU

La Seconde Guerre mondiale a pratiquement fait disparaître le chat russe. Pour conserver la race, on a essayé des croisements avec des siamois à pointes bleues, mais les résultats n'étaient pas satisfaisants. Depuis, les éleveurs ont travaillé dur pour recréer l'aspect traditionnel du bleu russe.

• **TRAITS** La fourrure du bleu russe, épaisse et fine à la fois, est unique. Le bleu, seule couleur admise, a des reflets argentés. Truffe et coussinets sont également bleus, du moins chez les adultes. Les yeux, en forme d'amande, ont une couleur très vive, allant du vert bouteille au vert émeraude.

• **REMARQUE** Les éleveurs russes, utilisant des sujets venus d'ailleurs, espèrent rétablir le chat russe dans son pays natal.

FOURRURE : courte, épaisse, fine et soyeuse

Option poil long	Caractère
Néant	Affectueux, docile

LES KORAT

DU NOM de la province thaïlandaise de Korat dont elle est originaire, cette race très ancienne a évolué dans l'isolement. C'est une des rares races de chats pures. C'est en 1893 qu'elle fut exposée pour la première fois en Occident. Mais il fallut attendre 1959 pour qu'un éleveur américain en obtienne un couple et en développe l'élevage, aujourd'hui mondialement répandu.

Pays d'origine Thaïlande	Ancêtres Inconnus	Date XIVe-XVIIIe s.

BLEU

Considérée comme divine, cette race était vénérée sous le nom de *Si-Sawat*. Le korat portait bonheur.

• **TRAITS** Le korat a été célébré dans de vieux manuscrits. Citons ce passage : « (Il possède) des poils lisses avec des bouts comme des nuages, des racines comme de l'argent et des yeux brillants comme la rosée sur des feuilles de lotus ». Les éleveurs ont tenu à préserver ses qualités naturelles.

• **REMARQUE** Dès 1966, le korat fut reconnu en Amérique, mais en Angleterre, il a fallu attendre 1975.

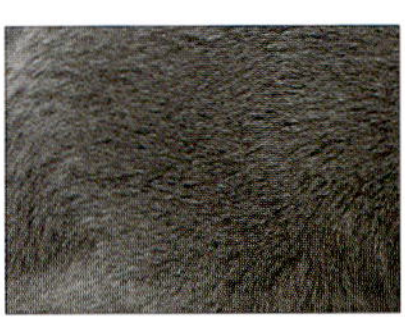

FOURRURE : courte, fine, proche du corps

Option poil long Néant	Caractère Joueur

Les siamois

Avec son visage triangulaire et sa silhouette svelte, le siamois est l'un des plus connus parmi les chats de race. Pourtant, il semble avoir perdu du terrain par rapport aux autres, peut-être parce qu'on a trop voulu le « travailler ». Le siamois est un chat à pointes, c'est-à-dire que ses extrémités présentent une couleur plus sombre que le reste du corps.

Pays d'origine	Ancêtres	Date
Thaïlande	Asiatiques sans pedigree	XIVe siècle

Cream-Point

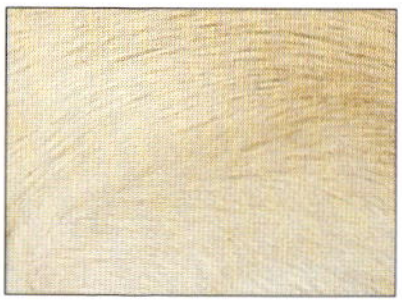

Fourrure : très courte, fine et brillante

Chats délicats, tout au moins hors de leurs frontières thaïlandaises, ils sont de moins en moins tributaires du climat, même s'il joue encore un peu sur l'intensité des marques. Tous les siamois naissent blancs. Les marques apparaissent progressivement jusqu'à l'âge adulte.

• **Traits** Le dos et les flancs sont crème pâle et le reste du corps est blanc, avec des marques d'un crème plus foncé, notamment sur les oreilles, la face et la queue.

• **Remarque** La truffe et les coussinets roses peuvent être parsemés de petites taches plus sombres. Les unions entre Cream-Point donnent des chatons de même couleur.

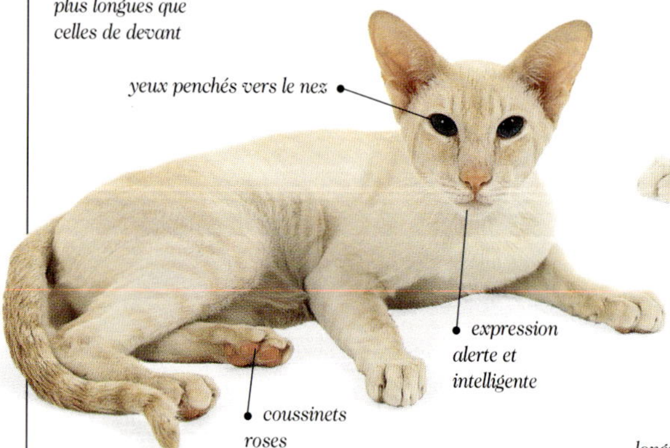

Option poil long	Caractère
Javanais Cream-Point	Affectueux

Pays d'origine	Ancêtres	Date
Thaïlande	Asiatiques sans pedigree	XIVe siècle

RED-POINT

Le siamois Red-Point a été présenté pour la première fois en 1934. Il a été controversé parce que ses taches ne correspondaient pas aux marques traditionnelles. Accouplé à des persans Tabby roux, il a bénéficié d'une belle nuance rousse.

• **TRAITS** Une nuance abricot sur le dos et les flancs, s'atténuant en blanc, contraste avec les marques roux doré. Des traces de tabby peuvent être visibles sur la face ainsi que sur les pattes et la queue.

FOURRURE : très courte, fine et brillante

• **REMARQUE** Aux USA, il est considéré comme un Colourpoint à poil court.

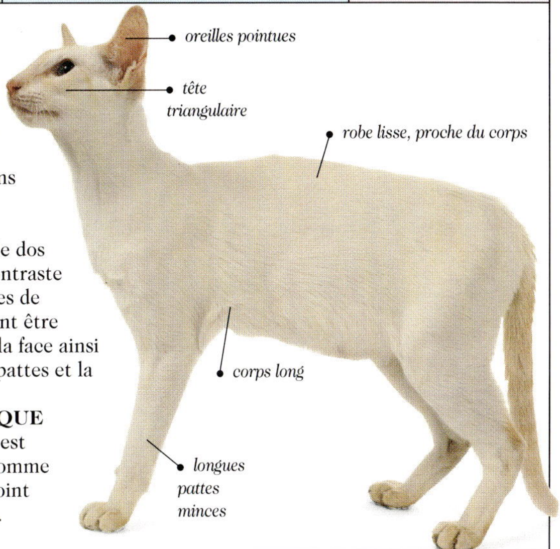

Option poil long	Caractère
Javanais Red-Point	Affectueux

Pays d'origine	Ancêtres	Date
Thaïlande	Asiatiques sans pedigree	XIVe siècle

LILAC-POINT

Un premier Lilac-Point, présenté en Angleterre en 1896, a été disqualifié parce qu'il ne correspondait pas à des normes… qui n'étaient pas établies à l'époque.

• **TRAITS** Les marques, d'un gris pâle rehaussé de reflets roses, sont en opposition avec la couleur blanc magnolia du corps. Le bleu des yeux est très profond. Il ne doit pas y avoir d'anneaux bien marqués sur la queue.

• **REMARQUE** Le Lilac-Point appartient au « Club des Quatre ». Sa couleur est traditionnelle, comme celles du Seal-Point, du Blue-Point et du Chocolate-Point.

FOURRURE : très courte, fine et brillante

Option poil long	Caractère
Balinais Lilac-Point	Affectueux

Pays d'origine Thaïlande	Ancêtres Asiatiques sans pedigree	Date XIVe siècle

BLUE-POINT

Le siamois Blue-Point est considéré comme l'autre très grand des siamois, juste après le Seal-Point. Dès 1930, il a fait la conquête du public.

• **TRAITS** La couleur est très importante. On admet, pourtant, une nuance proche, celle du gris ardoise.

• **REMARQUE** Le siamois Blue-Point a la réputation d'être très attaché à son maître.

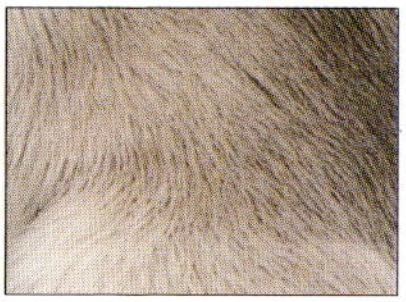

FOURRURE : très courte, fine et brillante

Option poil long Balinais Blue-Point	Caractère Affectueux

Pays d'origine Thaïlande	Ancêtres Asiatiques sans pedigree	Date XIVe siècle

CHOCOLATE-POINT

Les chatons siamois naissent en général blancs. La coloration apparaît d'abord sur les oreilles et la queue, les autres pointes n'étant bien colorées qu'à l'âge d'un an. Certains chatons ont même des marques qui seront trop sombres à l'âge adulte.

• **TRAITS** Les marques doivent être chocolat au lait et se dessiner sur une robe blanc ivoire. Les pattes peuvent être légèrement plus claires, mais ce n'est pas souhaitable.

• **REMARQUE** Le gène chocolat n'a été admis que dans les années cinquante.

FOURRURE : très courte, fine et brillante

Option poil long Balinais Chocolate-Point	Caractère Affectueux

Pays d'origine	Ancêtres	Date
Thaïlande	Asiatiques sans pedigree	XIVe siècle

Seal-Point

C'est le seigneur de la race. Présenté en Europe vers 1880, il n'a effectué une véritable percée qu'en 1920. La sexualité est précoce, surtout chez la femelle.

• **Traits** Ci-contre, un exemple d'un siamois en pleine maturité, avec une couleur plus sombre sur le dos et les flancs. Les marques sont marron sombre, contrastant avec les yeux d'un bleu profond.

• **Remarque** Les premiers chats siamois, décrits en 1793 par l'explorateur allemand Peter Simon Pallas, avaient une tête plus ronde.

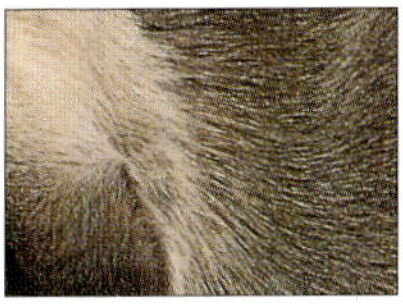

Fourrure : très courte, fine et brillante

Option poil long	Caractère
Balinais Seal-Point	Affectueux

Pays d'origine	Ancêtres	Date
Thaïlande	Asiatiques sans pedigree	XIVe siècle

Blue Tortie-Point

Les couleurs écaille de tortue ont été introduites lors d'unions entre siamois et poils courts. Les marques siamoises ont été maintenues par un élevage très sélectif.

• **Traits** Ce chat a une couleur de fond blanche avec un mélange de bleu pâle et de crème pâle sur le dos et les flancs. La face, les oreilles, les pattes, les pieds et la queue sont bleus avec des taches de crème. Chacune des pointes doit présenter une interruption de couleur.

• **Remarque** Les siamois Tortie-Point sont nés d'unions entre siamois et écaille. Les rares mâles sont presque toujours stériles.

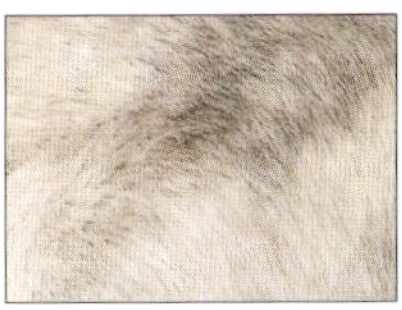

Fourrure : très courte, fine et brillante

Option poil long	Caractère
Javanais Blue Tortie-Point	Affectueux

Pays d'origine	Ancêtres	Date
Thaïlande	Asiatiques sans pedigree	XIVe siècle

Chocolate Tortie-Point

Aux États-Unis, ce chat est généralement reconnu comme Colourpoint. En France et en Europe, on le classe parmi les siamois.

• **Traits** La couleur ivoire du corps devient abricot et chocolat clair sur le dos et les flancs. Les marques chocolat au lait sont ponctuées par des taches plus claires mais dont l'intensité est variable.

• **Remarque** Cette variété, après s'être développée lentement, a désormais pris son essor.

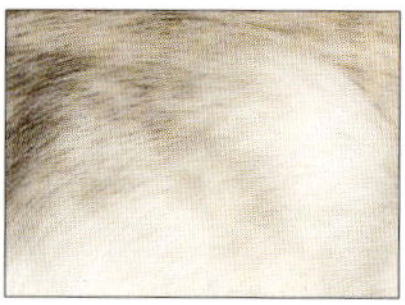

Fourrure : très courte, fine et brillante

Option poil long	Caractère
Javanais Chocolate Tortie-Point	Affectueux

Pays d'origine	Ancêtres	Date
Thaïlande	Asiat. sans pedigree	XIVe siècle

Seal Tortie-Point

Avec son dessin écaille de tortue, ce chat est un proche parent du siamois Red-Point. Au début, la couleur de la robe présentait des tons trop soutenus qui ont été atténués.

• **Traits** Une flamme rouge sur la face n'est pas considérée comme importante en France. Aux États-Unis, on a tendance, au contraire, à la considérer comme une qualité réelle.

• **Remarque** La voix des siamois n'est pas spécialement agréable, surtout chez les femelles en chaleur.

Fourrure : très courte, fine et brillante

Option poil long	Caractère
Javanais Seal Tortie-Point	Affectueux

Pays d'origine	Ancêtres	Date
Thaïlande	Asiatiques sans pedigree	XIVe siècle

Red Tabby-Point

Les siamois Tabby roux ont connu, en 1960, une période de grande faveur, surtout en Angleterre. C'était à qui voulait avoir un Lynx, un Attabya ou un Shadow. Depuis, on lui a rendu son appellation propre.

• **Traits** Chez le Red Tabby-Point, le corps est blanc avec un soupçon d'abricot sur le dos et les flancs. La face, les oreilles et la queue présentent des marques d'un roux doré. Sur les pattes, elles peuvent être plus claires.

• **Remarque** Dans des portées siamoises, on a pu avoir des Tabby qui, au début du siècle, furent considérés comme des intrus. On a accepté cette variété en 1966.

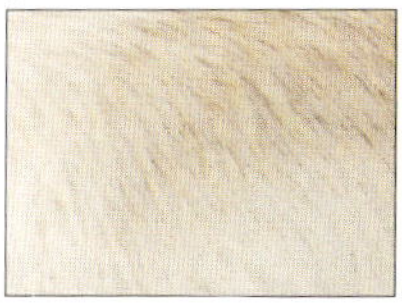

Fourrure : très courte, fine et brillante

Option poil long	Caractère
Javanais Red Tabby-Point	Affectueux

Pays d'origine	Ancêtres	Date
Thaïlande	Asiatiques sans pedigree	XIVe siècle

Seal Tabby-Point

Mieux connu, aux États-Unis, sous l'appellation Lynx-Point ce chat apparaît sous de nombreuses couleurs. Mais les dessins ne doivent pas varier.

• **Traits** La nuance de base a tendance à être plus prononcée chez le Seal Tabby-Point, la forme la plus sombre.

• **Remarque** Le siamois Seal Tabby-Point est né en France. Le père de cette variété s'appelait, assez paradoxalement, *Faux Pas* ...

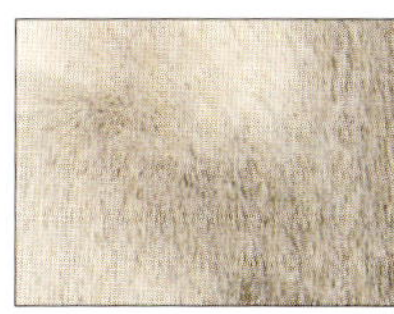

Fourrure : très courte, fine et brillante

Option poil long	Caractère
Javanais Seal Tabby-Point	Affectueux

Pays d'origine	Ancêtres	Date
Thaïlande	Asiatiques sans pedigree	XIVe siècle

CREAM TABBY-POINT

Tout comme le Red Tabby-Point, on l'a, en Grande-Bretagne surtout, baptisé Attabiya ou Lynx ou Shadow, avant de revenir à sa véritable dénomination.

• **TRAITS** Le dos et les flancs sont crème pâle mais toujours sur un fond blanc. Les marques ont une teinte chamois plus foncée.

• **REMARQUE** Ce crème est le plus pâle des Tabby-Point siamois.

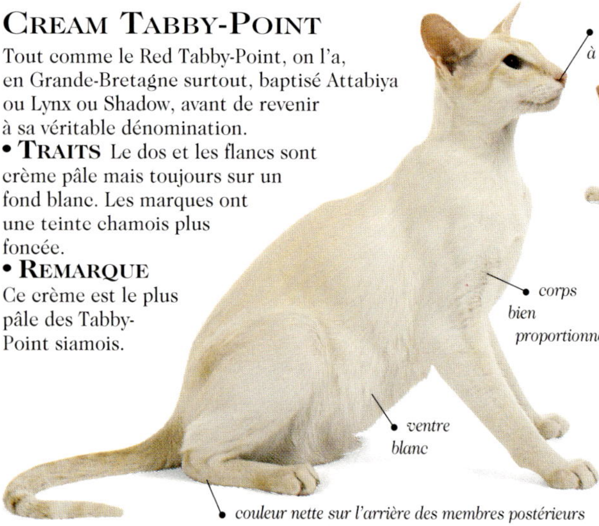

FOURRURE : très courte, fine et brillante

Option poil long	Caractère
Javanais Cream Tabby-Point	Affectueux

Pays d'origine	Ancêtres	Date
Thaïlande	Asiatiques sans pedigree	XIVe siècle

LILAC TABBY-POINT

Les unions de siamois avec un Tabby-Point produisent des chatons Tabby-Point, mais il est extrêmement difficile d'obtenir les marques tabby désirées.

• **TRAITS** Les marques doivent être apparentes sur toutes les pointes où la teinte gris-rose doit être interrompue par une coloration plus pâle. Comme chez les autres siamois, les oreilles sont unies, à l'exception d'une empreinte de pouce au centre.

• **REMARQUE** La couleur bleue des yeux est une caractéristique de tous les siamois.

FOURRURE : très courte, fine et brillante

Option poil long	Caractère
Javanais Lilac Tabby-Point	Affectueux

Pays d'origine	Ancêtres	Date
Thaïlande	Asiatiques sans pedigree	XIVe s.

BLUE TABBY-POINT

Une fois le dessin tabby fixé, il n'était pas difficile de le mélanger avec toutes les couleurs des siamois. Il va sans dire que, du fait même de leur multiplicité, les rapports entre couleurs et tabby n'ont pas tous la même intensité.

• **TRAITS** La couleur de base va du blanc-bleu au gris platine, le ventre du chat étant plus clair. Les marques doivent être bleu-gris, interrompues par des taches plus pâles.

• **REMARQUE** La truffe et les coussinets du Blue Tabby-Point épousent le bleu-gris des marques.

FOURRURE : très courte, fine et brillante

Option poil long	Caractère
Javanais Blue Tabby-Point	Affectueux

Pays d'origine	Ancêtres	Date
Thaïlande	Asiatiques sans pedigree	XIVe siècle

CHOCOLATE TABBY-POINT

L'incontournable dessin en forme de M tient la vedette chez tous les Tabby-Point. Il se détache davantage sur les couleurs plus sombres. Autre caractéristique : des traits « au crayon » partant des yeux.

• **TRAITS** La robe de couleur ivoire peut s'assombrir avec l'âge. Ici, les marques offrent une teinte chocolat au lait, nuancée de tons plus clairs. Les pattes sont rayées, la queue est annelée. Les yeux sont d'un bleu soutenu, mis en valeur par un cerne noir.

• **REMARQUE**
Le siamois Tabby-Point a été reconnu en Angleterre en 1966.

FOURRURE : très courte, fine et brillante

Option poil long	Caractère
Javanais Chocolate Tabby-Point	Affectueux

Pays d'origine	Ancêtres	Date
Thaïlande	Asiatiques sans pedigree	XIVe siècle

LILAC TORTIE-TABBY-POINT

Il est malaisé, souvent, de distinguer des chatons Tortie-Tabby-Point et Tortie-Point car ces deux variétés présentent des dessins tabby. Mais, avec l'âge, ils se distinguent.

• **TRAITS** Ici, les taches écaille sont crème. En tout état de cause, on doit rappeler que ces variétés de siamois sont très proches les unes des autres.

• **REMARQUE** Aux États-Unis, on continue à désigner ce chat sous le nom de Tortie-Lynx-Point.

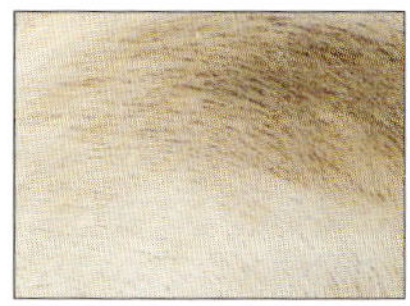

FOURRURE : très courte, fine et brillante

Option poil long	Caractère
Javanais Lilac Tortie-Tabby-Point	Affectueux

Pays d'origine	Ancêtres	Date
Thaïlande	Asiatiques sans pedigree	XIVe siècle

BLUE TORTIE-TABBY-POINT

Ici également, les dessins tabby sont très visibles, surtout sur les surfaces crème du corps. Les taches que ce chat porte sur les oreilles sont une coloration qui permet de le distinguer des autres Tortie-Point.

• **TRAITS** Une expression poétique assure que les siamois ont, dans leurs yeux, « le bleu pur des profondeurs d'un lac ». La truffe et les coussinets sont d'un rose pigmenté de bleu.

• **REMARQUE** Aux États-Unis, on explique la dénomination « Lynx-Point » en rappelant que cette variété rappelle assez le beau félin sauvage.

FOURRURE : très courte, fine et brillante

Option poil long	Caractère
Javanais Blue Tortie-Tabby-Point	Affectueux

Pays d'origine	Thaïlande	Ancêtres	Asiatiques sans pedigree	Date	XIVe siècle

Chocolate Tortie-Tabby-Point

Comme tous les autres siamois, la précocité sexuelle est un fait. Les chattes sont de bonnes mères, mais elles n'aiment pas être dérangées, surtout lors de leur première portée.

• **Traits** Les marques chocolat chaud mélangées au tabby comportent des taches rousses ou crème. Là encore, on notera une tache particulière au creux de l'oreille.

• **Remarque** En Amérique du Nord, certaines associations félines classent cette variété parmi les Colourpoint.

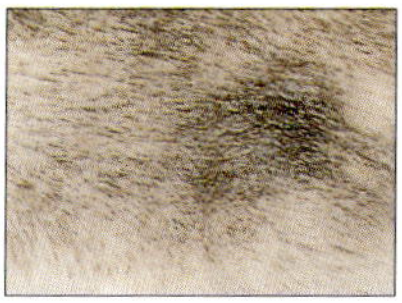

Fourrure : très courte, fine et brillante

Option poil long	Javanais Chocolate Tortie-Tabby-Point	Caractère	Affectueux

Pays d'origine	Thaïlande	Ancêtres	Asiatiques sans pedigree	Date	XIVe siècle

Seal Tortie-Tabby-Point

L'aspect lisse de la robe du siamois est facile à garder. Un brossage, deux fois par semaine, suffit largement. On lissera, ensuite, à l'aide d'une peau de chamois. Ce chat est plus calme et moins exigeant que ne le sont les siamois traditionnels. C'est pourquoi ils deviennent d'excellents compagnons.

• **Traits** Le dessin tabby est ponctué de crème. La couleur de base chez le Seal est plus prononcée que chez les autres siamois.

• **Remarque** On remarquera dans cette variété, comme chez les autres Tabby, les oreilles tachetées.

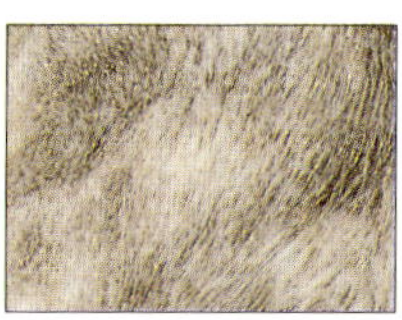

Fourrure : très courte, fine et brillante

Option poil long	Javanais Seal Tortie-Tabby-Point	Caractère	Affectueux

LES BURMESE

L'ASPECT lisse de ce chat, sa gentillesse habituelle, mais aussi les tons chauds conservés dans une gamme toujours croissante de couleurs ont rendu ce très beau chat populaire. Le burmese n'a ni la sveltesse extrême du siamois, ni la silhouette râblée du British Shorthair. Les chats élevés aux États-Unis ont en général une carrure plus robuste, accentuée par des pattes légèrement plus courtes.

Pays d'origine Thaïlande	Ancêtres Poils courts sans pedigree	Date XVe siècle

CRÈME

Les chats nouveaux-nés de toutes les variétés de burmese ont la robe claire. Dans le cas du burmese crème adulte, des marques tabby peuvent persister sur la face. Elles doivent se limiter à ce seul endroit. Des taches blanches constituent un défaut majeur.

• **TRAITS** Le burmese adulte présente un crème très riche. La couleur des oreilles doit être un peu plus sombre que celle du dos.

• **REMARQUE** En 1964, une rencontre fortuite entre un Tabby rouge et une burmese bleu a produit les premiers chatons de cette variété. Elle a été reconnue, outre-Manche, en 1970.

FOURRURE : courte et brillante, satinée

Option poil long Tiffany crème	Caractère Joueur

Pays d'origine	Ancêtres	Date
Thaïlande	Poils courts sans pedigree	XVe siècle

ROUX

En Europe, on développe les couleurs allant du rouge au bleu, alors qu'aux USA on continue à penser que le vrai burmese est celui dont la robe est zibeline : ceux arborant d'autres couleurs y sont appelés malayans.

• **TRAITS** La couleur de la robe doit être roussâtre, voire orange. On admet des taches tabby sur la face.

• **REMARQUE** Le burmese roux n'a pas encore fait son entrée officielle partout, notamment en Amérique du Nord.

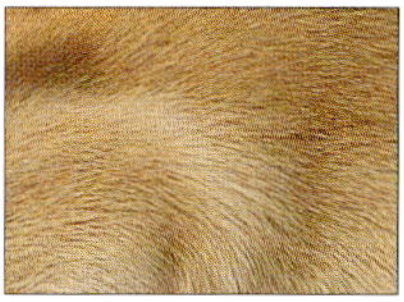

FOURRURE : courte, brillante et satinée

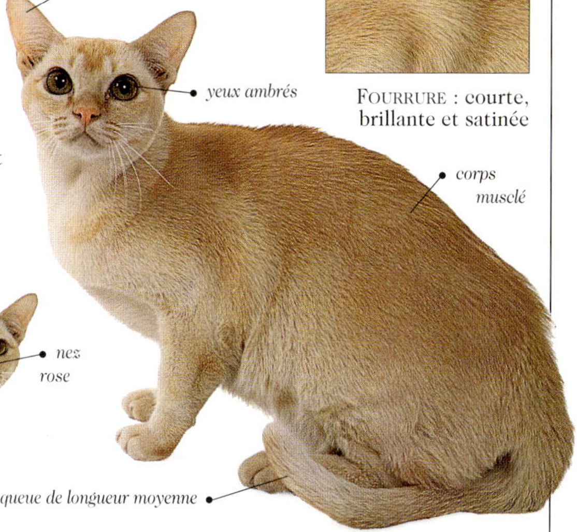

Option poil long	Caractère
Tiffany roux	Joueur

Pays d'origine	Ancêtres	Date
Thaïlande	Poils courts sans pedigree	XVe siècle

CHOCOLAT

Différent de la couleur marron type, le ton chocolat a donné à ce chat, aux États-Unis, le nom pétillant de « Champagne ». Il a franchi l'Atlantique pour débarquer en Europe vers la fin des années soixante.

• **TRAITS** Sa couleur est celle d'un chocolat au lait. La nuance doit être régulière, sans trace de marques mais la face et les oreilles sont généralement plus sombres.

• **REMARQUE** La robe satinée du burmese n'exige pas une toilette très fréquente.

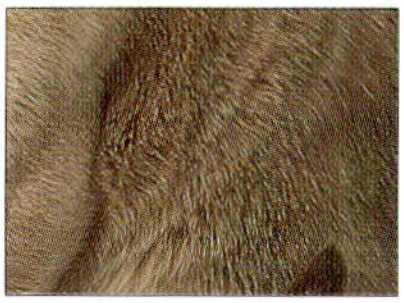

FOURRURE : courte, brillante et satinée

Option poil long	Caractère
Tiffany chocolat	Joueur

Pays d'origine	Ancêtres	Date
Thaïlande	Poils courts sans pedigree	XVe siècle

LILAS

Les burmese chocolat et brun furent importés des États-Unis en Grande-Bretagne en 1969 et donnèrent naissance à cette nouvelle forme.

• **TRAITS** À l'âge adulte, le burmese lilas prend des tons gris colombe. Les coussinets, rose coquille chez le chaton, passent au rose lavande avec l'âge. Les oreilles et la face, comme chez les variétés proches, peuvent devenir plus sombres.

• **REMARQUE** Ce chat est en général nommé Malayan platine aux États-Unis.

FOURRURES: courte, brillante et satinée

Option poil long	Caractère
Tiffany lilas	Joueur

Pays d'origine	Ancêtres	Date
Thaïlande	Poils courts sans pedigree	XVe siècle

BLEU

L'apparition de la couleur bleue chez un jeune burmese a suscité une grande surprise. Le nouveau-né fut appelé *Sealcoat Blue Surprise*.

• **TRAITS** Le bleu de ce burmese est en réalité une teinte gris argent aux reflets bleuâtres. Le ton argenté doit être plus prononcé sur la face, les oreilles et les pieds. Une teinte plus sombre est admise sur le dos et la queue.

• **REMARQUE** Reconnue en Angleterre en 1970, cette variété a du mal à s'implanter aux États-Unis.

FOURRURE : courte, brillante et satinée

Option poil long	Caractère
Tiffany bleu	Joueur

Pays d'origine Thaïlande	Ancêtres Poils courts sans pedigree	Date XVᵉ siècle

BRUN

Le burmese, tel qu'il apparaît aujourd'hui en Occident, est né d'un père siamois et une mère mi-siamoise, mi-malaise appelée *Wong-Mau*.

• **TRAITS** L'adulte doit offrir une robe de teinte brun marron très chaud, un peu plus claire sur le ventre.

• **REMARQUE** Ce chat brun, forme originelle du burmese, est appelé « Sable » aux USA. En France, on le baptisa « chat zibeline ».

FOURRURE : courte, brillante, satinée

Option poil long Tiffany brun	Caractère Joueur

Pays d'origine Thaïlande	Ancêtres Poils courts sans pedigree	Date XVᵉ siècle

ÉCAILLE CHOCOLAT

Femelles fertiles, mâles stériles... On comprend immédiatement qu'il y a de l'écaille de tortue dans cette variété.

• **TRAITS** Le type est, chez ces burmese, l'élément majeur. Ici la robe est d'une couleur chocolat et roux sans rayures.

• **REMARQUE** Les premiers burmese écaille chocolat sont apparus vers 1970. Ils restent plus rares que les écaille bleu.

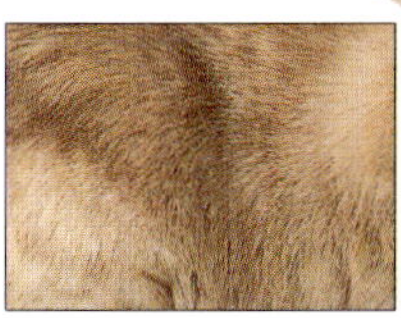

FOURRURE : courte, brillante et satinée

Option poil long Tiffany écaille chocolat	Caractère Joueur

Pays d'origine	Thaïlande	Ancêtres	Poils courts sans pedigree	Date	XVe siècle

ÉCAILLE LILAS

Ce chat présente une nuance plus claire sur le ventre que sur le dos. Un juge indulgent oubliera de voir, perdus dans la masse, quelques poils blancs mais il ne pourra en admettre des zones plus ou moins vastes. La robe est brillante et souligne la silhouette élégante de ce chat.

• **TRAITS** La couleur générale de l'écaille lilas devrait être formée d'un mélange de lilas et de crème. On le désigne aussi comme lilas crème. La robe n'aura aucune rayure, mais des variations de ton sont admises. Comme chez d'autres écaille de tortue, ces nuances peuvent donner l'apparence de plusieurs couleurs distinctes.

• **REMARQUE** Le type de cette variété prend le pas dans l'esprit des juges sur les couleurs.

FOURRURE : courte, brillante et satinée

Option poil long	Tiffany écaille lilas	Caractère	Joueur

Pays d'origine Thaïlande	Ancêtres Poils courts sans pedigree	Date XVe siècle

ÉCAILLE BLEU

On rappellera, comme il a déjà été dit, que les chatons naissent clairs, avec parfois le dessin tabby.

• **TRAITS** Ce bleu crème présente des zones bleu et crème, sans rayures. La truffe est unie ou tachetée bleu et rose.

• **REMARQUE** Variété écaille, donc femelle fertile et mâle stérile.

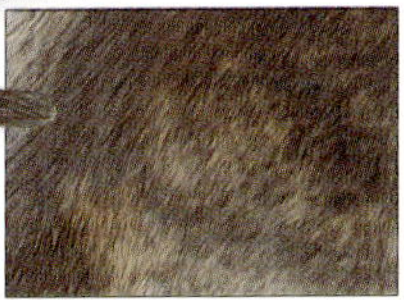

FOURRURE : courte, brillante et satinée

Option poil long Tiffany écaille bleu	Caractère Joueur

Pays d'origine Thaïlande	Ancêtres Poils courts sans pedigree	Date XVe siècle

ÉCAILLE BRUN

Comme pour les races voisines, on note chez ce burmese l'absence de zones noires sur la robe. Le burmese écaille brun est désigné parfois comme Normal Tortie.

• **TRAITS** Ce chat est un burmese typique, à la tête particulière. Pour les juges, le type est considéré comme plus important que la couleur et les marques.

• **REMARQUE** Cette variété du burmese est peu répandue outre-Atlantique.

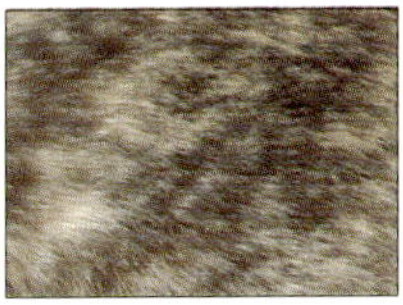

FOURRURE : courte, brillante et satinée

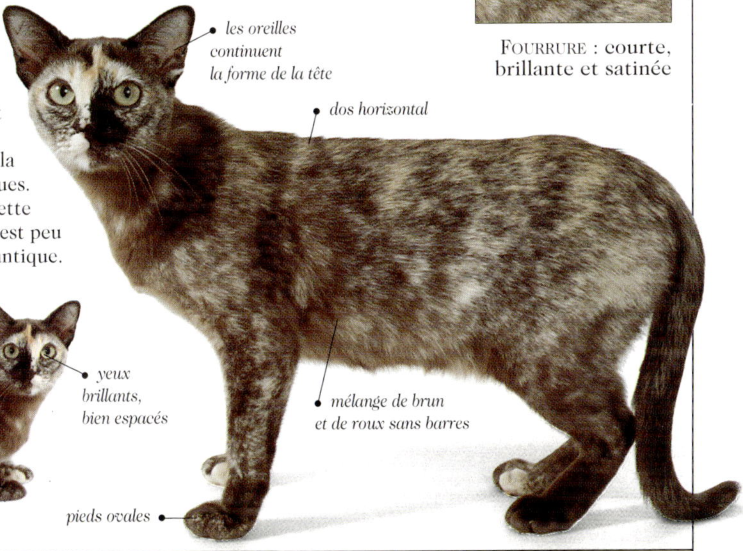

Option poil long Tiffany écaille brun	Caractère Joueur

LES TONKINOIS

NÉ DE croisements entre siamois et burmese, ce chat, appelé tonkinois, est un animal « recréé ». Après avoir connu une certaine vogue, il fut en effet quelque peu oublié. Dans les années soixante, on l'a appelé Golden Siamese (siamois doré) parce qu'il présentait la couleur bronze sépia du burmese et la robe du siamois. Le tonkinois, reconnu pour la première fois au Canada puis, en 1972, aux États-Unis, est élevé dans des pays européens, notamment en Suisse et en Allemagne. Les éleveurs souhaitent aujourd'hui le faire connaître à nouveau.

Pays d'origine	Ancêtres	Date
Birmanie	Burmese x siamois	1930-1940

CRÈME

Bien que la race soit fixée, le tonkinois peut très bien, dans une portée, avoir des petits qui sont siamois et d'autres, burmese. Le tonkinois, bien que race récente, est déjà accepté aux États-Unis par toutes les associations félines.

• **TRAITS** En Grande-Bretagne, on admet toutes les couleurs qui existent chez le burmese.

• **REMARQUE** La couleur des marques est plus sombre que celle du corps.

FOURRURE : brillante, douce, collée au corps

Option poil long	Caractère
Tiffany crème	Actif, affectueux

Pays d'origine	Ancêtres	Date
Birmanie	Burmese x siamois	1930-1940

LILAS

Dans une portée de quatre petits issus de parents tonkinois, on découvre en moyenne deux chatons tonkinois, un siamois et un burmese. Mais il se peut aussi qu'une portée ne compte aucun tonkinois.

• **TRAITS** La couleur de base est une teinte délicate de gris colombe, transition entre la couleur sombre du burmese et celle, plus claire, du siamois. Marques gris rosâtre.

• **REMARQUE** Les chatons ont une nuance plus claire mais les pointes se détachent bien.

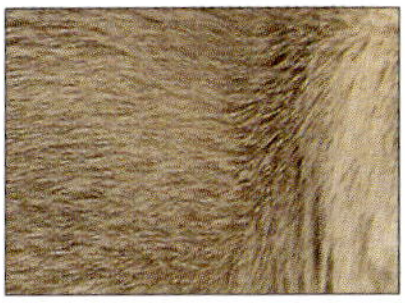

FOURRURE : brillante, douce, collée au corps

Option poil long	Caractère
Tiffany lilas	Actif, affectueux

Pays d'origine	Ancêtres	Date
Birmanie	Burmese x siamois	1930-1940

BLEU

Aux États-Unis, les couleurs reconnues du tonkinois sont groupées sous l'étiquette « Mink ». Ici, la variété devient « Blue Mink ». Elle a une robe souple et un bleu très nuancé.

• **TRAITS** Un des traits importants du tonkinois est la forme de sa tête. Elle s'inscrit dans un triangle mais avec un menton carré. De profil, on note le stop du nez. Ici, la couleur de la robe va du bleu au bleu-gris plus sombre.

• **REMARQUE** Il faut attendre parfois jusqu'à deux ans avant que le tonkinois acquière sa couleur définitive.

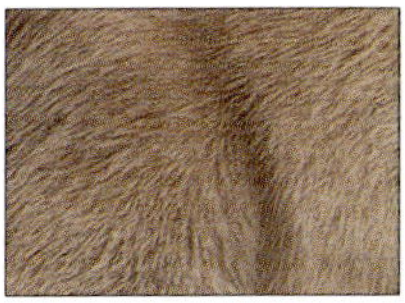

FOURRURE : brillante, douce, collée au corps

Option poil long	Caractère
Tiffany bleu	Actif, affectueux

Pays d'origine	Ancêtres	Date
Birmanie	Burmese x siamois	1930-1940

BRUN

Plus connu, en Amérique du Nord, sous le nom de Natural Mink (vison naturel). Attention ! ces chats ont une fâcheuse tendance à vagabonder.

• **TRAITS** Ici, le brun très chaud du corps contraste avec les pointes chocolat foncé.

• **REMARQUE** Le tonkinois représente un heureux équilibre entre la sveltesse du siamois et la solidité du burmese.

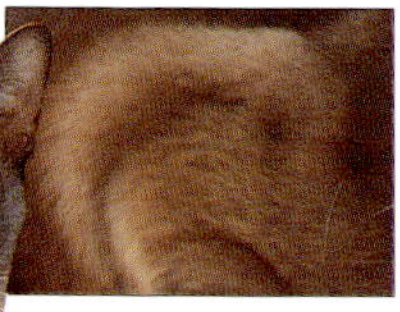

FOURRURE : brillante, douce, collée au corps

Option poil long	Caractère
Tiffany brun	Actif, affectueux

Pays d'origine	Ancêtres	Date
Birmanie	Burmese x siamois	1930-1940

CHOCOLAT

Un brossage régulier fait briller la fourrure, qu'on lustrera avec un chiffon soyeux avant une exposition.

• **TRAITS** La couleur du corps de ce chat est chocolat au lait avec les marques apparentes. La tête est un peu plus sombre.

• **REMARQUE** La couleur n'est pas affectée par les variations de température.

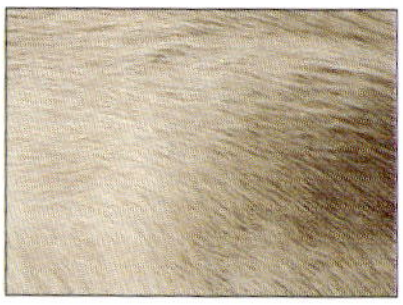

FOURRURE : brillante, douce, collée au corps

Option poil long	Caractère
Tiffany chocolat	Actif, affectueux

Pays d'origine	Ancêtres	Date
Birmanie	Burmese x siamois	1930-1940

ÉCAILLE LILAS

Une des plus grandes qualités des tonkinois tient dans la couleur profonde des yeux. On la nomme parfois aigue-marine.

• **TRAITS** Ici, les marques lilas se dispersent sur le fond crème du corps. Elles peuvent varier beaucoup, tant en intensité qu'en grandeur.

• **REMARQUE** La profondeur, la clarté, ainsi que la luminosité du regard comptent énormément dans la définition de la beauté des tonkinois.

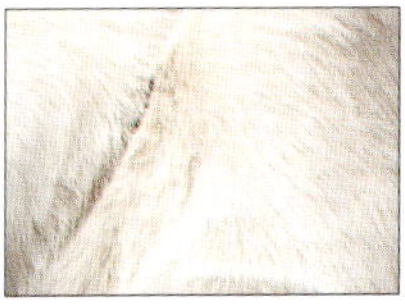

FOURRURE : brillante, douce, collée au corps

Option poil long	Caractère
Tiffany écaille lilas	Affectueux

Pays d'origine	Ancêtres	Date
Birmanie	Burmese x siamois	1930-1940

ÉCAILLE BRUN

Tout en donnant une impression de légèreté, les tonkinois sont beaucoup plus lourds que les siamois. La couleur des pointes et celle du corps doivent être nettement distinctes. Les chatons mettent un an avant d'acquérir leur coloration définitive.

• **TRAITS** Chez les jeunes chats écaille, les rayures ne sont pas très apparentes et elles disparaissent au bout de quelques mois.

• **REMARQUE** Aux États-Unis, outre le Natural Mink et le Blue Mink, les tonkinois sont : Honey Mink (vison miel), Champagne Mink (vison champagne) ou Plutonium Mink (vison à la robe argentée).

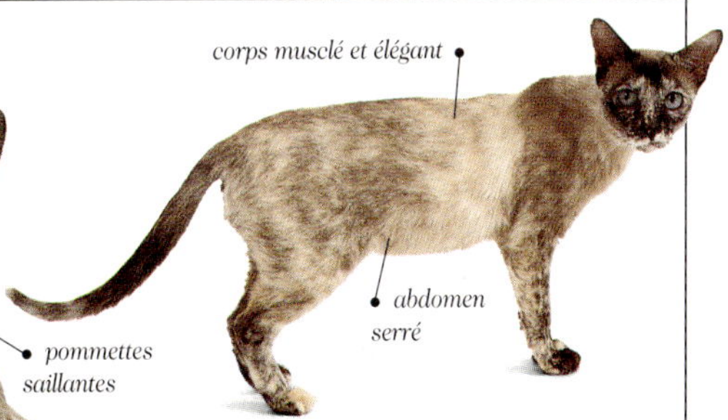

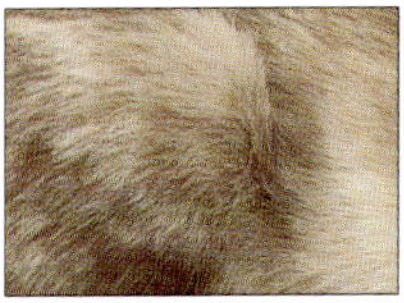

FOURRURE : brillante, douce, collée au corps

Option poil long	
Tiffany écaille brun	Affectueux

LES BURMILLA

La très récente création de cette race explique qu'elle soit encore très peu connue en Europe, alors qu'en Grande-Bretagne, on a commencé à la développer dès 1980. C'est un type agouti, avec des formes argent ou or, avec un tipping ou des ombres sur la fourrure plaquée contre le corps, dense et douce.

Pays d'origine	Ancêtres	Date
Grande-Bretagne	Burmese x chinchilla	1981

CHOCOLATE TIPPED

Des chatons nés d'une union entre chinchilla et burmese lilas ont été les premiers burmillas. Leur maîtresse, Miranda von Kirchberg, développa l'élevage, toujours en partant de chinchillas pour le tipping et de burmese pour le type. Les burmillas ont été exposés, en Angleterre, pour la première fois en 1983.

• **TRAITS** Dans ce type de chat, le tipping est chocolat avec un sous-poil argenté. Une couleur un peu plus accentuée pourra se voir sur le dos et sur la queue pour devenir plus claire sur les flancs.

• **REMARQUE** De légères taches sur le ventre sont admises.

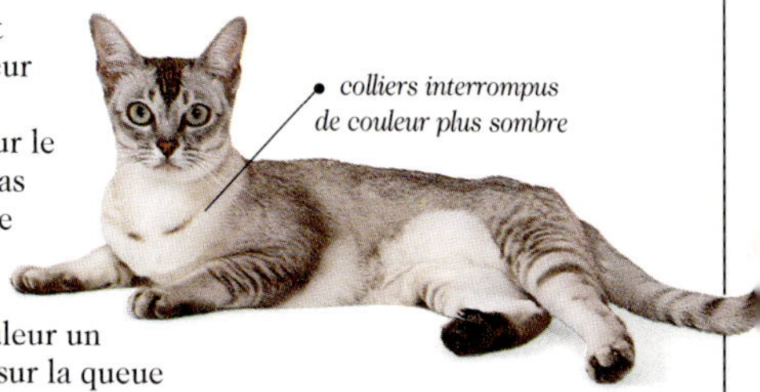

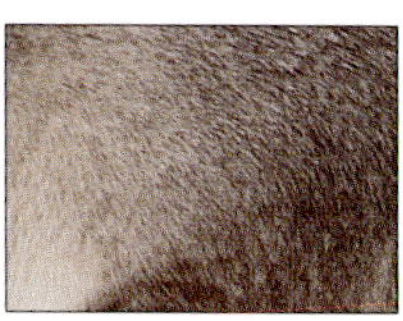

FOURRURE : courte, fine, douce, collée au corps

Option poil long	Caractère
Néant	Actif et sociable

Pays d'origine	Ancêtres	Date
Grande-Bretagne	Burmese x chinchilla	1981

Lilac Shaded

Les quatre chatons Black Shaded, qui composaient la première portée de burmilla, se situaient à mi-chemin entre les types de leurs parents. Grâce à un programme d'élevage bien mis au point, il a été possible de développer les qualités désirées.

• **Traits** Parce que le tipping est plus prononcé chez le burmilla Shaded, la couleur d'ensemble est plus sombre. Chez le lilas, c'est le dos qui est le plus foncé.

• **Remarque** La femelle est un peu plus petite que le mâle.

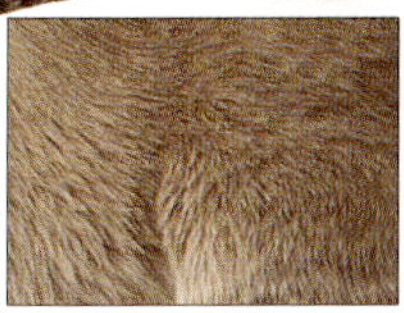

Fourrure : courte, fine, douce, collée au corps

Option poil long	Caractère
Néant	Actif et sociable

Pays d'origine	Ancêtres	Date
Grande-Bretagne	Burmese x chinchilla	1981

Lilac Silver Shaded

La lignée obtenue par la baronne von Kirchberg était remarquable quant au type, alors qu'une autre lignée, développée par Charles et Thérèse Clark, montrait d'excellentes marques. En accouplant des chats issus de ces deux programmes, on a obtenu une amélioration sensible de la race.

• **Traits** Ici, le blanc net du sous-poil crée un contraste remarquable avec le lilas du tipping, le vert des yeux et le « terre cuite » du nez. Le tabby apparaît sur la tête, les pattes et la queue.

• **Remarque** Les éleveurs essaient d'éliminer les queues courtes et touffues.

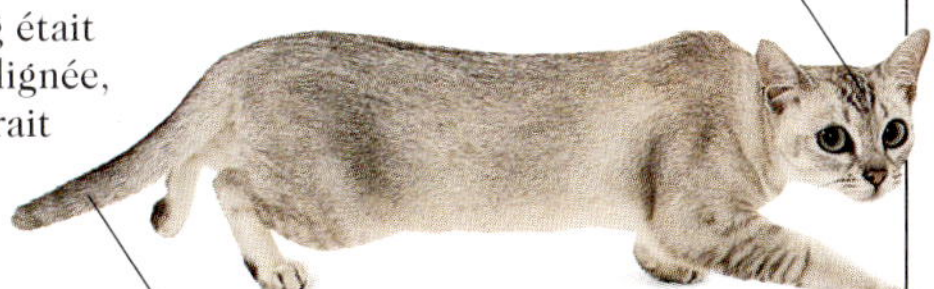

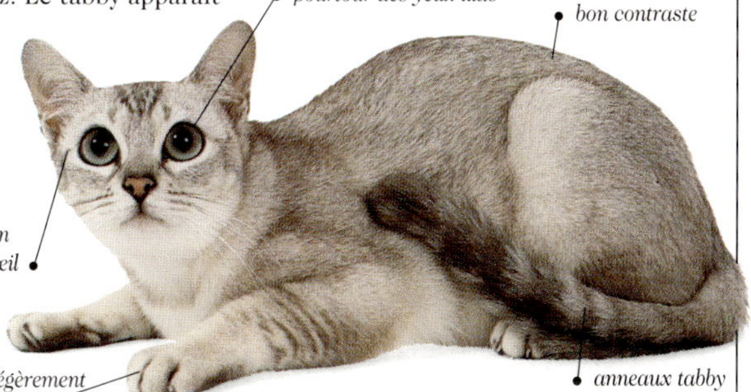

Fourrure : courte, fine, douce, collée au corps

Option poil long	Caractère
Néant	Actif et sociable

Pays d'origine	Ancêtres	Date
Grande-Bretagne	Burmese x chinchilla	1981

LIGHT CHOCOLATE TIPPED

La dimension du tipping (ou du shading) ne constitue pas un élément invariable, la couleur devenant plus accentuée à la maturité.

• **TRAITS** En revanche, la forme des yeux, intermédiaire entre arrondie et en amande, est une caractéristique importante. Ils sont légèrement inclinés vers le nez. Le tipping de cette variété correspond à la riche couleur chocolat du type burmese.

• **REMARQUE** Les chatons burmillas sont d'une couleur relativement claire à la naissance.

FOURRURE : courte, fine, douce, collée au corps

	Néant	Caractère	Actif et sociable

Pays d'origine	Ancêtres	Date
Grande-Bretagne	Burmese x chinchilla	1981

BROWN TIPPED

Chez ce type de burmilla, comme chez beaucoup de ses congénères, on peut noter l'activité intense du chat. Il se révèle, en outre, bon souricier.

• **TRAITS** Le tipping brun piquetant le sous-poil argenté donne son type à cette variété. Un tipping trop pâle est indésirable car il laisse trop de valeur à la couleur blanche de base.

• **REMARQUE** Le burmilla a été reconnu par la Cat Association of Britain en novembre 1983.

FOURRURE : courte, fine, douce, collée au corps

Option poil long		Caractère	
	Néant		Actif et sociable

LES ASIAN

Il semble que sous cette appellation les éleveurs britanniques aient voulu donner un nom général à des races du Sud-Est asiatique, plus ou moins classées et reconnues universellement et dont les différences spécifiques ne sont pas toujours faciles à distinguer. Ainsi, par exemple, le burmilla, le bombay, le tiffany restent très proches de ce groupe *Asian* tout comme, d'ailleurs, le singapour. Mais on pourrait y adjoindre des variétés nouvelles obtenues à partir du burmese.

Pays d'origine	Ancêtres	Date
Grande-Bretagne	Burmese x chinchilla	1981

TABBY TIGRÉ BRUN

Il existe, on peut le concevoir, un potentiel extraordinaire de sangs dans les unions possibles entre les races de ce groupe. Souvent, d'ailleurs, les combinaisons Tabby et Tortie peuvent être renouvelées.

• **TRAITS** Le Tabby tigré, classe Asian, a des marques plus discrètes que la forme classique. Comme le Tabby classique, il présente une ligne courant sur le dos jusqu'à la queue mais ici, des rayures verticales descendent vers les flancs non mouchetés. Le Tabby tiqueté « Asian » présente une grande réduction du nombre de marques sur la fourrure où domine le tiquetage alors que la forme mouchetée est facilement reconnaissable, elle aussi.

• **REMARQUE** Chez cet Asian, on note le bon contraste entre les marques noires du tabby et les tons plus pâles de la couleur de base.

FOURRURE : courte, fine, douce, collée au corps

Option poil long	Caractère
Tiffany Tabby tigré brun	Actif et sociable

Pays d'origine Grande-Bretagne	Ancêtres Burmese x chinchilla	Date 1981

ROUX (CORNELIAN)

La catégorie Asian des poils courts comprend des chats d'apparence mi-orientale tout en étant du type burmese.

• **TRAITS** Les couleurs unies ne sont reconnues que provisoirement dans le Royaume-Uni.

• **REMARQUE** « Cornelian » sera le nom de ce chat de couleur unie quand il sera reconnu officiellement.

Option poil long Tiffany roux	Caractère Actif et sociable

Pays d'origine Grande-Bretagne	Ancêtres Burmese x chinchilla	Date 1981

BURMESE-BROWN SMOKE

Le groupe des Asian Smoke comprend des chats à la coloration burmese, comme celui-ci. Le sous-poil des Smoke doit être blanc ou blanchâtre.

• **TRAITS** Le tipping brun doit s'étendre sur le tiers ou la moitié de toute la longueur de poil. Les marques pâles du tabby, apparentes sur le corps, jouent, sur la tête, avec des traces argentées.

• **REMARQUE** De minces touffes de poils plus longs peuvent apparaître sur les oreilles.

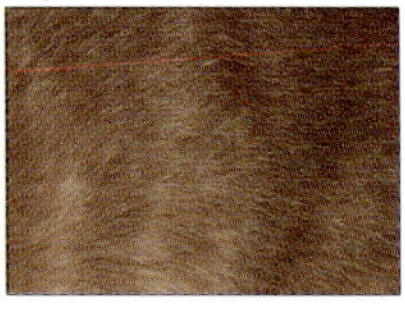

FOURRURE : courte, fine, douce, collée au corps

Option poil long Tiffany Smoke brun	Caractère Actif et sociable

Pays d'origine Grande-Bretagne	Ancêtres Burmese x chinchilla	Date 1981

SMOKE CHOCOLAT

Ces races sont en général plus calmes que leurs frères burmese, mais elles ont néanmoins une voix assez bruyante, surtout quand la femelle est en chaleur et recherche un mâle.

• **TRAITS** Pour cette variété, le contraste entre le chocolat de la robe et le fond blanchâtre apparaît surtout lorsqu'on sépare les poils. De légères marques tabby sont apparentes. L'espace relativement large entre les yeux ajoute à l'aspect attirant de ce chat sociable.

• **REMARQUE** Des surfaces plus claires sont admises mais trop de blanc est un défaut.

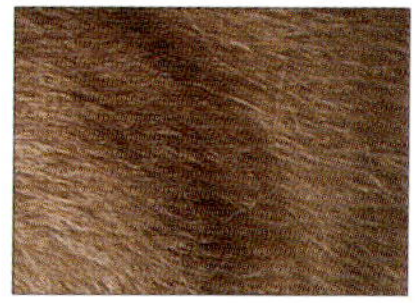

FOURRURE : courte, fine, douce, collée au corps

Option poil long Tiffany Smoke Chocolat	Caractère Actif et sociable

Pays d'origine Grande-Bretagne	Ancêtres Burmese x chinchilla	Date 1981

SMOKE NOIR

L'opposition entre les différentes couleurs de la robe est plus prononcée dans cette variété Smoke. La couleur du nez, des coussinets et des cernes des yeux s'accorde avec celle du pelage.

• **TRAITS** Le contraste entre la couleur de base blanchâtre et le poil noir très brillant se distingue facilement ici. Les dessins tabby, plus pâles, créent un effet de soie moirée.

• **REMARQUE** Les marques argentées autour des yeux sont appelées « marques de clown » car elles rappellent le maquillage des clowns de cirque.

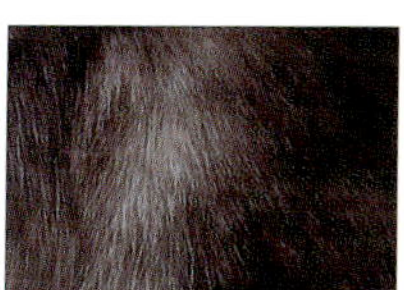

FOURRURE : courte, fine, douce, collée au corps

Option poil long Tiffany Smoke noir	Caractère Actif et sociable

LES BOMBAY

En 1958 on présenta pour la première fois ce chat que Nikki Horner avait créé dans le Kentucky. Son intention était de produire un chat qui ressemble vraiment à une panthère noire miniature. La race est un type intermédiaire mais il convient de noter la différence grandissante entre les chats élevés aux USA et en Grande-Bretagne. Alors qu'aux États-Unis, on procéda toujours par croisements entre burmese marron et American Shorthair, en Grande-Bretagne, on accentua l'apport de sang burmese. Le bombay reconnu aux USA en 1976, est classé dans les « Asians » en Angleterre. Il reste rare en France.

Pays d'origine	Ancêtres	Date
États-Unis	Burmese x Amer. Shorthair	1950-1960

NOIR

Le bombay se révèle excellent chat de compagnie, supportant bien les enfants, sociable envers les autres animaux, y compris les chiens.

• **TRAITS** Le poil très court, serré, noir et lustré, lui donne un caractère particulier, tout comme la couleur lumineuse de ses yeux allant du jaune à l'orange. Les chatons sont lents à se développer, présentant souvent des marques tabby. Leurs yeux sont d'abord bleus, puis gris avant d'avoir leur teinte définitive.

• **REMARQUE** Le corps du bombay est souple et allongé, la queue plutôt longue et élégante. La tête s'inscrit dans un triangle assez lâche. Il porte les oreilles droites et possède des yeux bien ronds.

FOURRURE : courte et lisse, lustrée

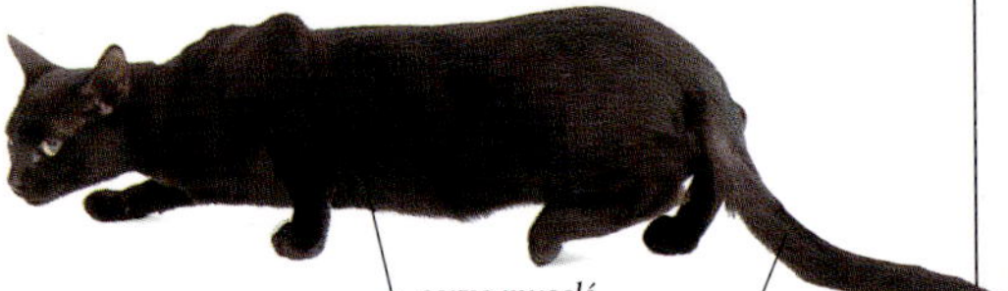

Option poil long	Caractère
Tiffany noir	Volontaire

LES SINGAPOUR

CE CHAT a commencé à faire parler de lui vers 1975. Vivant en liberté, il recherchait sa nourriture dans les immondices de la grande cité. Recueilli par quelques habitants, remarqué par des Américains de passage, il s'est révélé comme un animal affectueux et très propre.

Pays d'origine	Ancêtres	Date
Singapour	Poils courts sans pedigree	1974

SÉPIA AGOUTI

Ce fut un certain Tommy Meadow qui, découvrant par hasard une portée de ce chat, emmena les cinq petits aux USA en 1975. Ils allaient être les fondateurs de la race.

• **TRAITS** Le singapour est un chat de petite taille. Traditionnellement, sa robe est de couleur zibeline, tiquetée de brun. À Singapour même, ses congénères peuvent arborer d'autres couleurs. Le menton et la poitrine sont plus clairs.

• **REMARQUE** Très rare, le singapour n'a encore qu'un standard assez flou. La chatte de Singapour est une mère très attentive.

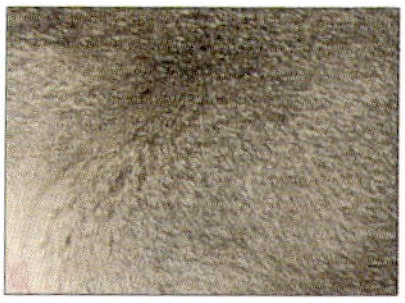

FOURRURE : courte, soyeuse et lisse

Option poil long	Caractère
Néant	Curieux

LES ORIENTAUX (ÉTRANGERS)

QUELQUES-UNS des premiers siamois, ou considérés comme tels, présentaient des couleurs unies sans la moindre marque. Ce fut dans les années cinquante que les éleveurs anglais recréèrent ce qu'on a appelé, depuis, l'oriental, un chat sans les marques types du siamois mais avec des robes tachetées, marbrées, rayées : ce sont les orientaux. Par souci de classification, certaines fédérations ont appelé les orientaux unicolores *étrangers*. Cette distinction tend à disparaître.

Pays d'origine	Grande-Bretagne	Ancêtres	x siamois	Date	1950-1960

BLANC

En même temps que l'on créait le havana *(p. 216)* on recherchait d'autres types de couleurs, tel l'oriental blanc issu d'unions entre siamois et poils courts blancs. Il possède des yeux bleus ou orange. Cette variété a été développée plutôt avec les yeux bleus. Mais deux des trois lignées créées peuvent être menacées de surdité, même si, aujourd'hui, le problème est presque réglé.

• **TRAITS** Le type de ce chat est maintenant identique à celui de son ancêtre siamois, exception faite de sa coloration.

• **REMARQUE** Cette variété a été acceptée, dans les expositions, comme étranger blanc, mais sur le plan international le nom reconnu est oriental blanc.

FOURRURE : courte, fine et brillante

Option poil long	Oriental à poil long blanc	Caractère	Vif

Pays d'origine Grande-Bretagne	Ancêtres x siamois	Date 1950-1960

CRÈME

Ce crème est né du même programme que le lilas et le bleu *(p. 217)*.

• **TRAITS** Dans cette variété, la robe est crème et ne doit présenter que des traces de marques tabby.

• **REMARQUE** Un généticien anglais a établi que, rien que dans ce groupe, on pouvait obtenir près de 400 variétés possibles de couleurs !

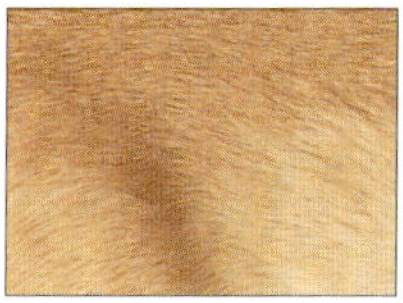

FOURRURE : courte, fine et brillante

Option poil long Oriental à poil long crème	Caractère Vif

Pays d'origine Grande-Bretagne	Ancêtres x siamois	Date 1950-1960

LILAS

Bien que les premiers orientaux lilas soient apparus lors du développement du havana, le développement de cette variété n'a été entrepris qu'à partir de 1960.

• **TRAITS** Les chatons de ce type peuvent présenter des marques tabby sur leur robe et la queue mais elle disparaissent rapidement. De faibles marques peuvent également être visibles sur les flancs des chats plus vieux, au cours de l'été, pour s'estomper lors de la mue d'automne. Le bleu ou le fauve sur la robe sont considérés comme des défauts.

• **REMARQUE** Rappelons que, d'une manière générale, le terme étranger a été abandonné au profit d'oriental.

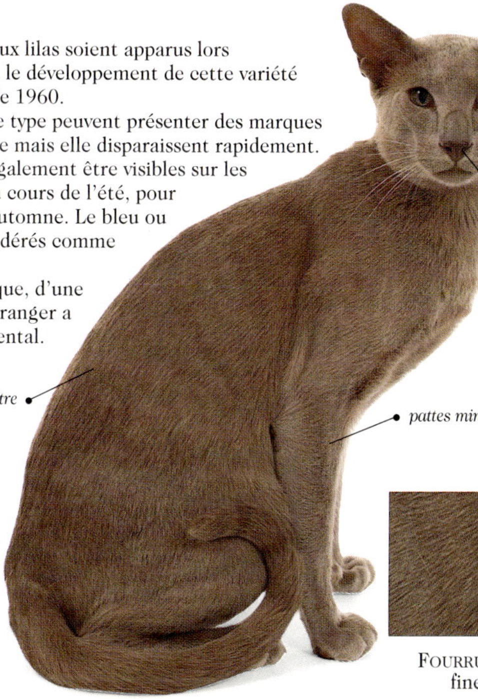

FOURRURE : courte, fine et brillante

Option poil long Oriental à poil long lilas	Caractère Vif

Pays d'origine Grande-Bretagne	Ancêtres x siamois	Date 1950-1960

ROUX

FOURRURE : courte, fine et brillante

L'apparence lisse de ce chat est renforcée par son profil long et svelte et par le lustre de sa fourrure. En Grande-Bretagne les fédérations continuent à distinguer unicolores et variétés à marques. C'est ainsi que ce chat y est appelé *Foreign Red* (étranger roux).

• **TRAITS** Ce chat arbore un rouge (ou roux) presque flamboyant. Toute apparition de poils blancs dans la robe est une faute.

• **REMARQUE** En règle générale, les marques tabby ne doivent pas apparaître ici, et, plus spécialement, chez les jeunes chats. Cet oriental roux est encore assez rare.

Option poil long Oriental à poil long roux	Caractère Vif

Pays d'origine Grande-Bretagne	Ancêtres x siamois	Date 1950-1960

FAUVE

Présenté il y a peu, l'oriental fauve est un oriental typique. Sa fourrure est facilement maintenue dans sa condition optimale. Il possède une personnalité attachante et affectueuse, parfois même exigeante.

• **TRAITS** La coloration doit être régulière jusqu'à la racine de chaque poil. La robe devrait avoir une nuance rosâtre plutôt que bleutée, sans poils blancs.

• **REMARQUE** L'apparition d'un oriental caramel fut considérée comme une innovation importante dans l'élevage de l'oriental fauve et d'autres chats orientaux unicolores.

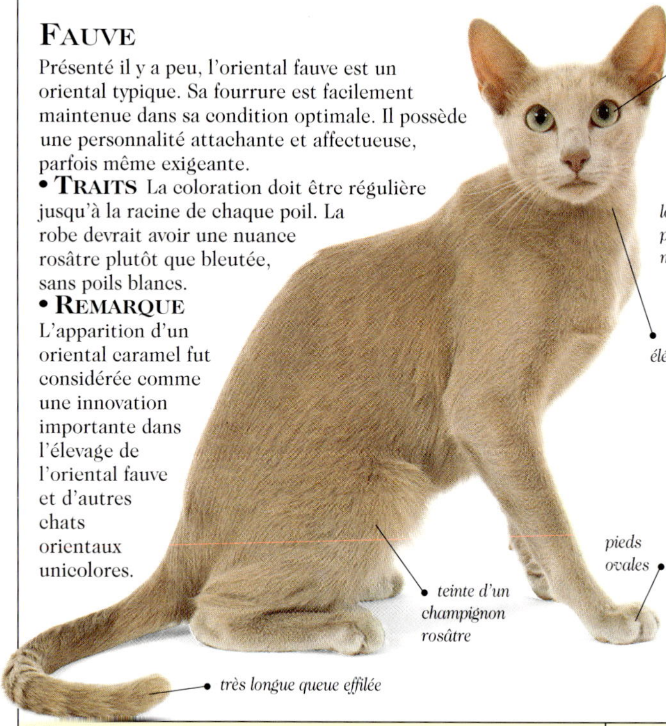

FOURRURE : courte, fine et brillante

Option poil long Oriental à poil long fauve	Caractère Vif

Pays d'origine Grande-Bretagne	Ancêtres x siamois	Date 1950-1960

Roux et blanc

La venue de cette variété dans le monde nombreux des orientaux prouve que l'on peut parvenir à d'innombrables combinaisons de couleurs et de marques.

• Traits
Dans cette variété, on recherche surtout un équilibre dans les proportions du corps. La tête doit s'inscrire dans un triangle bien dessiné.

• Remarque
Ce chaton sera utilisé dans le développement d'une nouvelle race, celle du « seychellois ».

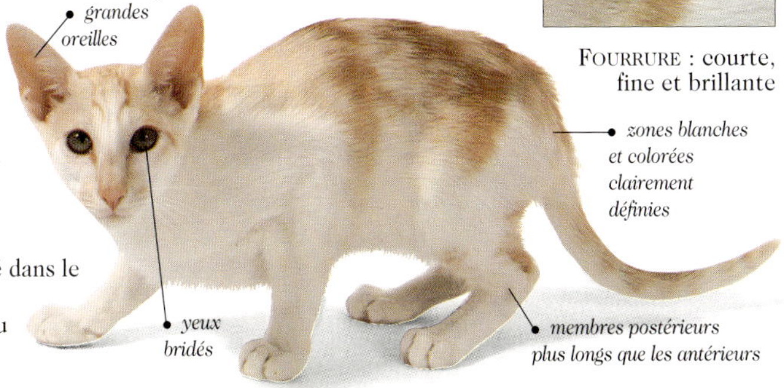

Fourrure : courte, fine et brillante

Option poil long Oriental à poil long roux et blanc	Caractère Vif

Pays d'origine Grande-Bretagne	Ancêtres x siamois	Date 1950-1960

Cannelle

Cette variété était baptisée caramel chez les Américains et « havana blond » par les Néerlandais, mais elle est connue aujourd'hui en général sous le nom de « oriental cannelle ».

• Traits Sa couleur doit être brun cannelle, sans la moindre trace de blanc. L'œil est vert lumineux.

• Remarque Cette variété, née d'unions entre havanas et abyssins roux, apparut d'abord aux Pays-Bas dans les années soixante.

Fourrure : courte, fine et brillante

Option poil long Oriental à poil long cannelle	Caractère Vif

Pays d'origine	Ancêtres	Date
Grande-Bretagne	x siamois	1950-1960

CARAMEL

Ces chats ont fait leur apparition au cours du développement des orientaux Shaded et ont contribué à leur tour à créer de nouveaux unicolores.

• **TRAITS** Ce chat au profil typiquement siamois est uniformément fauve bleuté, y compris sur le nez, les coussinets et le contour des yeux.

• **REMARQUE** Cette variété est issue d'unions entre chinchilla argenté et siamois.

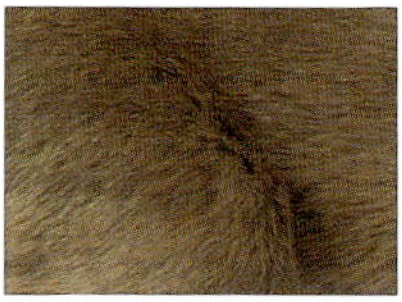

FOURRURE : courte, fine et brillante

Option poil long	Caractère
Oriental à poil long caramel	Vif

Pays d'origine	Ancêtres	Date
Grande-Bretagne	x siamois	1950-1960

HAVANA

Les Britanniques qui l'ont dénommé jusqu'en 1970 *Chestnut Brown Foreign*, le considèrent comme un oriental. En France, le havana est devenu une race à part entière.

• **TRAITS** On confond parfois ce chat avec le burmese, mais sa robe est marron et non pas brun foncé, ses yeux sont verts et non pas jaunes, sa tête est plus courte et moins triangulaire. Et il est plus calme.

• **REMARQUE** La naissance du havana reste énigmatique. C'est en 1951 qu'il a fait son apparition dans le monde félin.

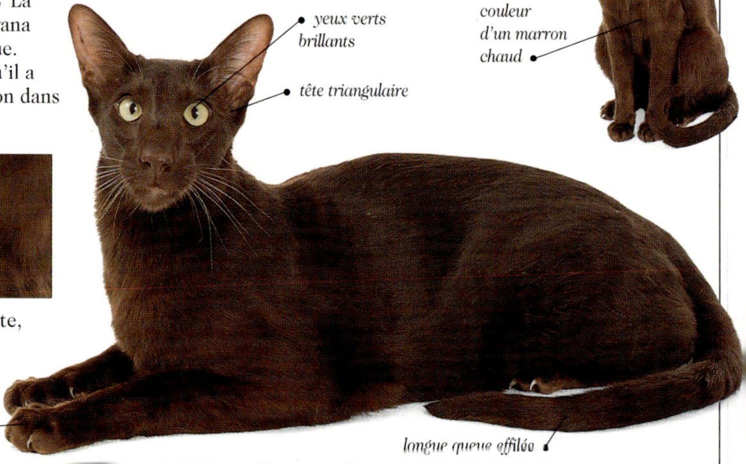

FOURRURE : courte, fine et brillante

Option poil long	Caractère
Oriental à poil long brun	Vif

Pays d'origine Grande-Bretagne	Ancêtres x siamois	Date 1950-1960

BLEU

FOURRURE : courte, fine et brillante

Cet oriental bleu est un peu plus calme que son ancêtre siamois mais il est tout aussi affectueux et exigeant.
• **TRAITS** La robe doit être d'un bleu très pur, sans la moindre trace de blanc. L'œil est vert sans aucune tache.
• **REMARQUE** Ce chat présente parfois une robe qui a des traces siamoises mais dont l'ordonnancement n'entre pas en considération dans la définition d'origine.

Option poil long Oriental à poil long bleu	Caractère Vif

Pays d'origine Grande-Bretagne	Ancêtres x siamois	Date 1950-1960

NOIR

Connu également sous le nom d'oriental Ebony, il représente la plus ancienne forme d'oriental encore élevé. Il est devenu célèbre dans les années quatre-vingt.
• **TRAITS** L'Ebony doit offrir une robe uniformément noire sans la moindre trace de roux.
• **REMARQUE** Dans le sang de l'Ebony, il entre du bleu russe, du havana et, naturellement, du siamois.

FOURRURE : courte, fine et brillante

Oriental à poil long noir	Caractère Vif

Pays d'origine Grande-Bretagne	Ancêtres x siamois	Date 1950-1960

TABBY TIQUETÉ CARAMEL ARGENT

FOURRURE : courte, fine et brillante

L'oriental Tabby tiqueté argenté se reconnaît à sa robe scintillante, sans les habituelles taches ou rayures ou mouchetures, sauf une zone plus sombre sur la tête qui se poursuit sur l'épine dorsale.

• **TRAITS** Chez cette variété, la couleur est une combinaison de fauve bleuté frais avec un fauve argenté plus pâle. Il devrait y avoir sur le haut de la poitrine un collier simple ou double, et des signes tabby sur la tête, les pattes et la queue.

• **REMARQUE** Ici le gène argent donne sa fraîcheur à l'ensemble.

Option poil long Oriental à poil long Tabby tiqueté caramel argent	Caractère Vif

Pays d'origine Grande-Bretagne	Ancêtres x siamois	Date 1950-1960

ÉCAILLE CANNELLE

FOURRURE : courte, fine et brillante

Est-il nécessaire de rappeler que, dans les variétés écaille, les mâles sont stériles ? L'originalité de cette variété-ci est due à des mariages entre havana ou orientaux noirs avec le siamois Red-Point.

• **TRAITS** La chaude couleur cannelle se combine harmonieusement avec les tons noir et rouge. Tout poil blanc est prohibé mais des traces tabby sont plus ou moins admises.

• **REMARQUE** On dit parfois de ce chat qu'il est un oriental panaché...

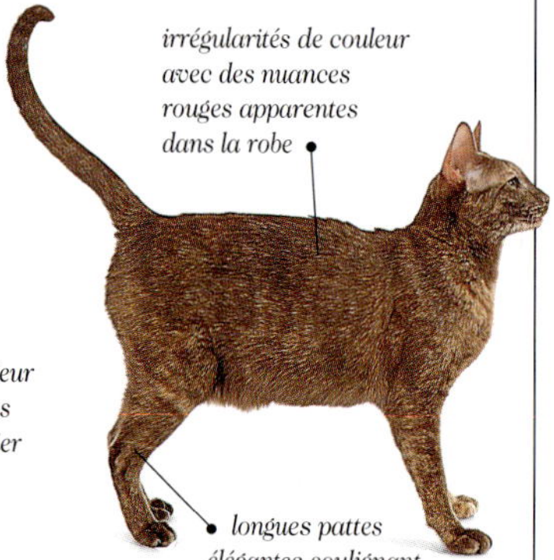

Oriental à poil long écaille cannelle	Caractère Vif

Pays d'origine Grande-Bretagne	Ancêtres x siamois	Date 1950-1960

ÉCAILLE CHOCOLAT

Les marques, ici, sont disposées au hasard, mais il reste important que la coloration écaille soit bien visible sur la tête, le corps et aux extrémités.

• **TRAITS** L'aspect général de l'écaille chocolat est un brun chaud, contrastant avec du rouge foncé ou pâle, ou les deux. Une flamme rouge sur la face est appréciée.

• **REMARQUE** Un regard vert est une des caractéristiques de l'oriental écaille.

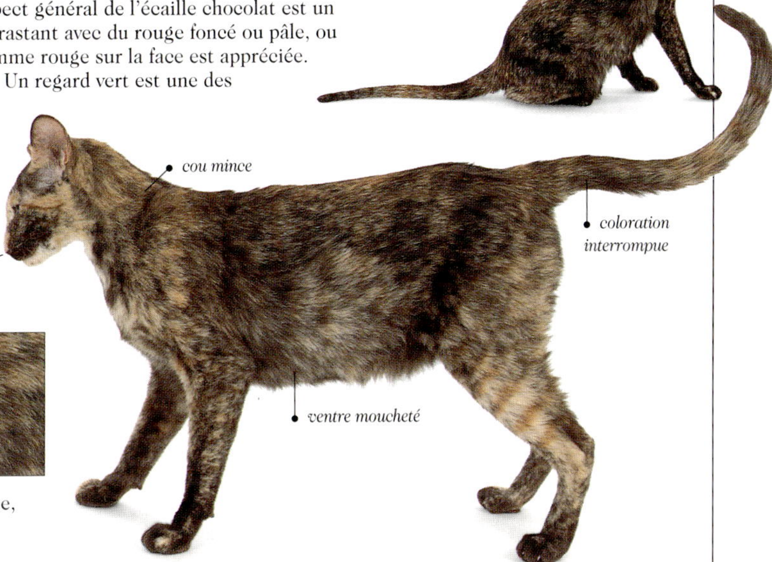

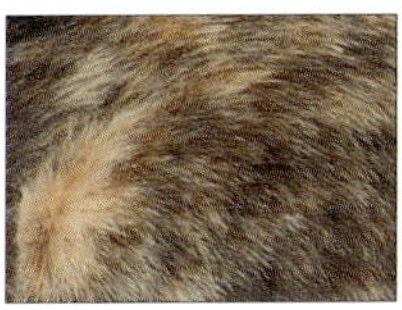

FOURRURE : courte, fine et brillante

Option poil long Oriental à poil long écaille chocolat	Caractère Vif

Pays d'origine Grande-Bretagne	Ancêtres x siamois	Date 1950-1960

MOUCHETÉ ÉCAILLE NOIR ARGENT

Voici une variété plus proche de l'oriental moucheté argent (Silver Spotted) que de l'écaille de tortue. Les marques tabby, associées à un corps de bon oriental, sont plus importantes que les couleurs écaille.

• **TRAITS** Les marques bleues contrastent avec un ton plus pâle de bleu argenté. Les taches doivent être rondes et bien définies. Une flamme sur la tête est très appréciée.

• **REMARQUE** Les surfaces crème tout comme le dessin identifient ces chats comme des Tabby écaille de tortue.

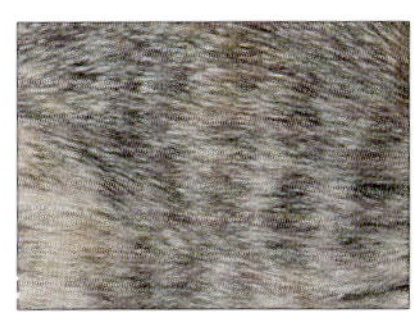

FOURRURE : courte, fine et brillante

Option poil long Oriental à poil long moucheté écaille noir argent	Caractère Vif

Pays d'origine	Ancêtres	Date
Grande-Bretagne	x siamois	1950-1960

MOUCHETÉ CHOCOLAT

En Angleterre on l'appelait « Egyptian Mau », mais ce nom était déjà retenu aux États-Unis pour un chat tacheté et tiqueté.

• **TRAITS** Les mouchetures sont dues à des nuances riches de brun chocolat, jouant sur le bronze agouti de la couleur de base. Les marques doivent être de forme arrondie et régulièrement espacées.

• **REMARQUE** La ligne unicolore sur l'épine dorsale qu'on trouve parfois chez les chatons, est un défaut sérieux chez les adultes.

FOURRURE : courte, fine et brillante

Option poil long	Caractère
Oriental à poil long moucheté chocolat	Vif

Pays d'origine	Ancêtres	Date
Grande-Bretagne	x siamois	1950-1960

TABBY CLASSIQUE LILAS

Une claire définition des marques est importante chez ce chat. Une couleur sombre doit contraster avec la teinte de base.

• **TRAITS** Les marques tabby lilas contrastent avec un fond beige frais et doivent être bien définies. Le ventre est plus clair, avec des mouchetures lilas. Les marques sur chaque épaule dessinent un papillon alors que celles des flancs ont la forme d'une huître entourée d'anneaux.

• **REMARQUE** Aux États-Unis, ce Lilac est parfois appelé « Lavender ».

FOURRURE : courte, fine et brillante

Option poil long	Caractère
Oriental à poil long Tabby classique lilas	Vif

Pays d'origine	Ancêtres	Date
Grande-Bretagne	x siamois	1950-1960

Smoke noir

Il a une origine plutôt compliquée où se mêlent des sangs de siamois, de chinchilla, d'oriental noir et de havana. Si on y ajoute du siamois Red-Point, on a quelque chance, avec l'appoint d'un Silver Shaded, de produire un oriental Smoke noir.

• **Traits** Malgré l'aspect noir, le sous-poil est blanc. Celui-ci doit représenter un tiers de la longueur du poil. Un effet fumé régulier est désirable, sans traces argentées.

• **Remarque** Des marques tabby très pâles sont souvent présentes chez les orientaux Smoke, créant un effet de soie moirée.

Fourrure : courte, fine et brillante

Option poil long	Caractère
Oriental à poil long Smoke noir	Vif

Pays d'origine	Ancêtres	Date
Grande-Bretagne	x siamois	1950-1960

Smoke noir et blanc

Une teinte bien définie caractérise ce chat dont la popularité ne cesse de grandir depuis quelques années. Il a été l'un des premiers chats bicolores.

• **Traits** Le sous-poil est d'un blanc très pur alors que le poil présente un tipping noir très important, ce qui donne vraiment l'impression d'un bicolore. La distribution des surfaces blanches et noires est très variable.

• **Remarque** L'oriental bicolore a été produit avec un apport de sang de chats seychellois, destiné à mieux fixer le blanc.

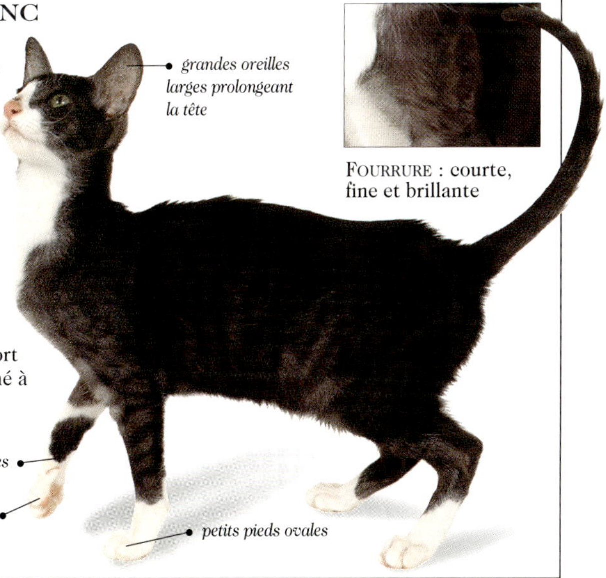

Fourrure : courte, fine et brillante

Option poil long	Caractère
Oriental à poil long Smoke noir et blanc	Vif

Pays d'origine	Ancêtres	Date
Grande-Bretagne	x siamois	1950-1960

TABBY TIQUETÉ ROUX

Les Tabby tiquetés se reconnaissent à l'absence de dessins dans leur robe, ce qui n'est pas le cas des autres variétés de Tabby, chez les orientaux.

• **TRAITS** On doit trouver deux, idéalement trois, bandes de couleur rouge sombre sur chaque poil. Le contraste est fondé sur ce rouge chaud se détachant d'une couleur de base abricot.

• **REMARQUE** On ne doit pas voir une ligne unicolore sur le dos. Des marques tabby doivent être visibles sur la face, les pattes et la queue.

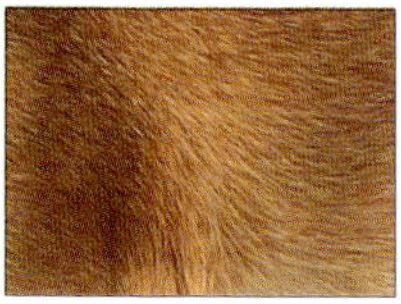

FOURRURE : courte, fine et lustrée

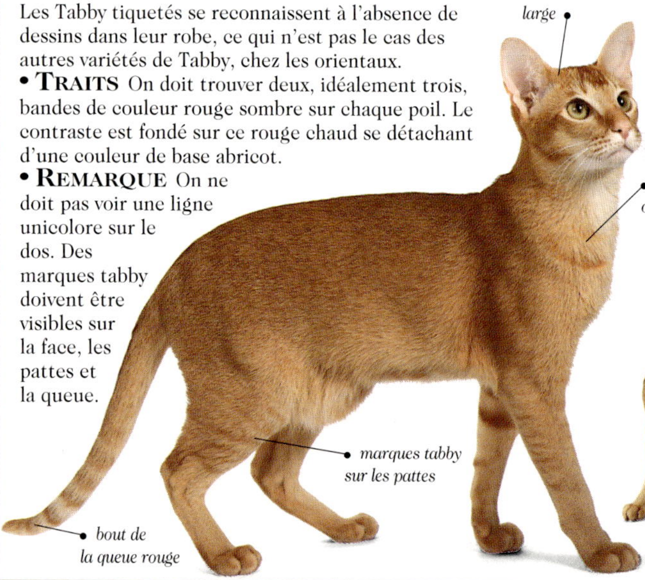

Option poil long	Caractère
Oriental à poil long Tabby tiqueté roux	Vif

Pays d'origine	Ancêtres	Date
Grande-Bretagne	x siamois	1950-1960

TABBY TIQUETÉ LILAS

Le contraste est primordial chez les Tabby tiquetés mais aucune trace de marques tabby traditionnelles sur le corps n'est admise. Une nuance plus sombre, pourtant, peut exister sur le dos.

• **TRAITS** Ici, le tiquetage d'un lilas sombre contraste avec un beige froid. Le nez, les coussinets et le pourtour des yeux sont d'un lilas pâle, bien qu'on puisse y trouver des traces de rose. Les yeux doivent être verts, sans trace d'une autre couleur.

• **REMARQUE** Des marques tabby peuvent être visibles sur le ventre.

FOURRURE : courte, fine et lustrée

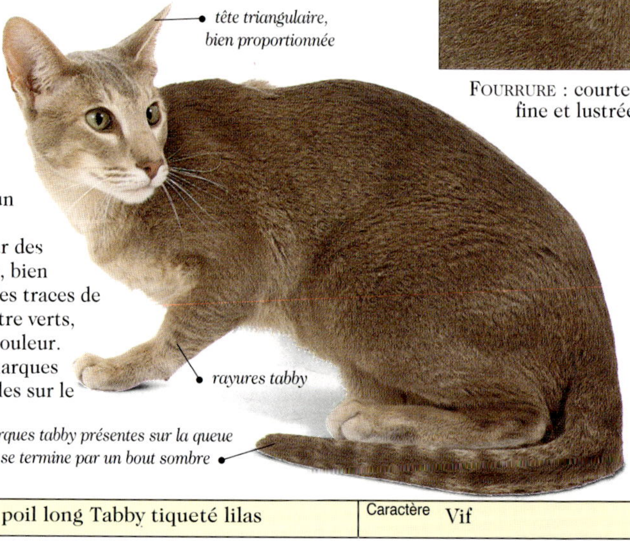

Option poil long	Caractère
Oriental à poil long Tabby tiqueté lilas	Vif

Pays d'origine	Ancêtres	Date
Grande-Bretagne	x siamois	1950-1960

Tabby tiqueté caramel

L'effet miroitant de la robe résulte du tiquetage sur chaque poil, qui doit présenter deux ou trois bandes de couleur sur sa longueur.

• **Traits** Les marques d'un fauve bleuâtre contrastent avec la couleur de base beige agouti. Il ne doit pas y avoir de taches, de rayures ou de mouchetures, mais des marques tabby sont admises sur le ventre. La couleur caramel plus sombre doit être visible à l'arrière des membres postérieurs et sur le bout de la queue.

• **Remarque** Même si la couleur est plus sombre sur le dos, une ligne définie est considérée comme un défaut.

FOURRURE : courte, fine et lustrée

Option poil long	Caractère
Oriental à poil long Tabby tiqueté caramel	Vif

Pays d'origine	Ancêtres	Date
Grande-Bretagne	x siamois	1950-1960

Tabby classique chocolat

Les orientaux Tabby peuvent présenter des surfaces blanches sur leurs lèvres et sur la mâchoire, mais elles doivent être très limitées.

• **Traits** Les marques tabby classique d'un brun chocolat sont en contraste avec la couleur de base bronze agouti.

• **Remarque** Le contour des yeux est brun chocolat, mis en valeur par le vert des yeux.

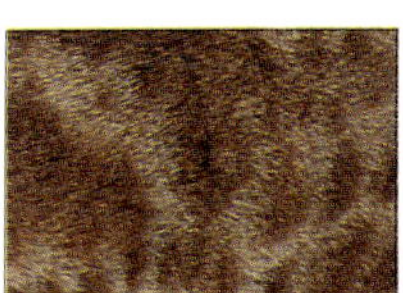

FOURRURE : courte, fine et lustrée

Option poil long	Caractère
Oriental à poil long Tabby classique chocolat	Vif

Pays d'origine	Ancêtres	Date
Grande-Bretagne	x siamois	1950-1960

TABBY TIQUETÉ CHOCOLAT

Là, comme dans la plupart des multiples variétés d'orientaux descendants de siamois, on a produit un type à partir de siamois Tabby-Point, de havana et de poils courts sans pedigree. Le résultat est plus que satisfaisant. Cet oriental a beaucoup de charme.

• **TRAITS** L'originalité de ce chat lui vient du tiquetage chocolat qui piquète la robe de fond agouti bronze. Les pointes des poils sont noires ou, pour le moins, sombres. Ici le tabby est confiné à la tête, aux pattes et à la queue.

• **REMARQUE** Tant de types de siamois provoquent une certaine confusion. Ainsi, cette variété est appelée *Chestnut* aux États-Unis. Ce qui ne varie pas, c'est la couleur des yeux qui doit être d'un vert pur sans la moindre trace d'une autre nuance.

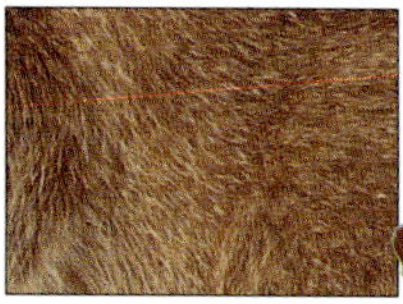

FOURRURE : courte, fine et lustrée

Option poil long	Caractère
Oriental à poil long Tabby tiqueté chocolat	Vif

Pays d'origine Grande-Bretagne	Ancêtres x siamois	Date 1950-1960

MOUCHETÉ NOIR ARGENT

Cet oriental est remarquable par le contraste vif entre la couleur de base et les marques du corps.

• **TRAITS** Alors que les marques visibles sur la tête ressemblent à celles d'autres Tabby classique, les marques du corps forment des mouchetures de taille variable, bien distribuées et nettement délimitées.

• **REMARQUE** Deux rangées de mouchetures visibles sur le ventre, mouchetures sur le dos à la place d'une ligne unicolore.

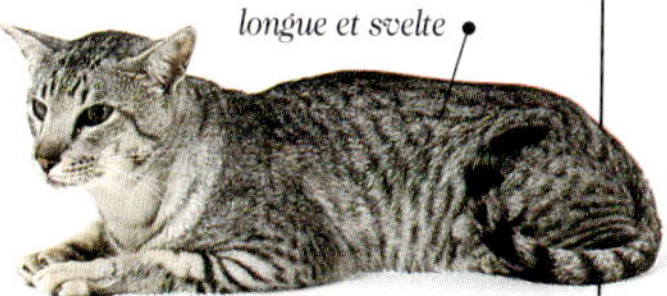

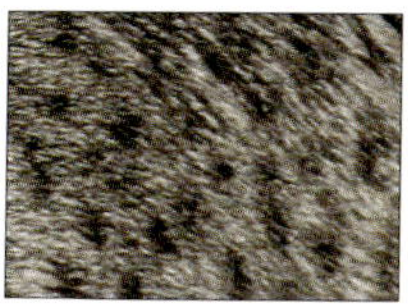

FOURRURE : courte, fine et lustrée

Option poil long Oriental à poil long moucheté noir argent	Caractère Vif

Pays d'origine Grande-Bretagne	Ancêtres x siamois	Date 1950-1960

TABBY CLASSIQUE CHOCOLAT ARGENT

Le contraste entre la couleur de fond et les marques est le plus net chez les variétés sombres, comme ici le chocolat.

• **TRAITS** Les marques chocolat se détachent du chocolat argenté plus pâle de la couleur de base. La tête de ce chat s'inscrit dans un triangle presque parfait.

• **REMARQUE** Chat très intelligent, très gai, très beau avec ses rayures courant sur tout le corps, il n'est pas très répandu mais peut être assuré d'une popularité grandissante.

FOURRURE : courte, fine et lustrée

Option poil long Oriental à poil long Tabby chocolat argent	Caractère Vif

LES MAU ÉGYPTIEN

Le mau égyptien a dû, au début, sa popularité à une supercherie. On a voulu faire croire qu'il était le descendant direct des chats de l'ancienne Égypte alors que, bien entendu, il s'agit d'un animal reconstitué à partir du siamois Tabby-Point. On peut dire que ce mau ressemble beaucoup à ceux dont on retrouve la figuration sur les peintures tombales de l'ancienne Égypte et que « sacré » ou non, c'est un très bel animal. Les États-Unis où, en 1957, il a vu le jour, lui portent toujours le même intérêt. Des essais d'élevage sont aussi faits en Europe.

Pays d'origine	Ancêtres	Date
États-Unis	Poils courts sans pedigree	1950-1960

ARGENT

Le mau égyptien a eu comme ancêtres réels *Gepa* et *Ludol*. Ce couple appartenait à la princesse Troubetskoy, descendante exilée d'une turbulente famille russe. Quand elle débarqua aux États-Unis, en 1957, elle affirma, avec une ingénuité à peine déguisée, que les deux chats qui l'accompagnaient descendaient en droite ligne des animaux que les Égyptiens avaient divinisés sous les traits de la déesse *Bastet*. Elle gagna beaucoup d'argent car ce fut à qui voudrait avoir des descendants de ces chats pharaoniques…

• **TRAITS** Le mau égyptien se situe à mi-chemin entre l'aspect assez lourd de l'American Shorthair et la ligne svelte des races orientales. Le menton est arrondi.

• **REMARQUE** Les femelles sont en général un peu plus minces.

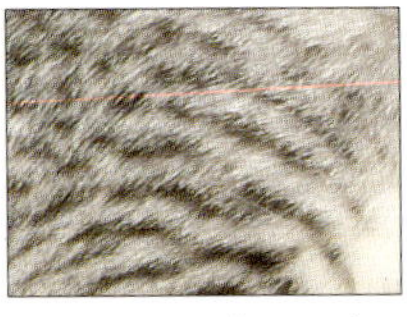

FOURRURE : dense, fine, soyeuse, élastique

Option poil long	Caractère
Néant	Vif, sensible

Pays d'origine	Ancêtres	Date
États-Unis	Poils courts sans pedigree	1950-1960

Bronze

Il n'existe que trois variétés de couleur chez le mau égyptien. Les mouchetures y sont associées avec le tabby et doivent être clairement définies. La couleur de base, assez claire, se compose de poils rayés à bout noir. Chaque poil doit comporter au moins deux bandes. La queue est annelée.

• **Traits** Les taches sont arrondies et distribuées assez régulièrement sur le corps. Leur aspect, sur le bas de la poitrine, les a fait surnommer « boutons de veste ». Chez les jeunes chats, elles sont moins nettement délimitées.

• **Remarque** La mue rend le moucheté moins apparent.

Fourrure : dense, fine, soyeuse, élastique

Option poil long	Caractère
Néant	Vif, sensible

Pays d'origine	Ancêtres	Date
États-Unis	Poils courts sans pedigree	1950-1960

Smoke noir

L'opposition dans les couleurs, chez ce mau, prend deux ans pour se développer pleinement. Le tiquetage, fait de la racine blanchâtre et de la pointe noire des poils, crée un contraste vivant quand l'animal se déplace.

• **Traits** Les yeux sont larges, ovales et placés en oblique. Leur couleur peut aller du vert émeraude au vert assez pâle.

• **Remarque** Malgré leur sang oriental, les mau égyptien sont des chats calmes. Le beau noir de leur couleur peut s'atténuer et passer au marron s'ils sont trop exposés au soleil.

Fourrure : dense, fine, soyeuse, élastique

Option poil long	Caractère
Néant	Vif, sensible

LES ABYSSINS

C'EST BIEN l'abyssin qui ressemble le plus au chat de l'ancienne Égypte. Il représente sans doute la race la plus vieille des chats domestiques. En 1868, ce ne furent pas les soldats mais un diplomate qui, d'Addis-Abeba, ramena à Londres un chat nommé *Zula* et dont le poil était étrangement tiqueté. Après de nombreux essais de croisements avec des chats sans pedigree, on réussit à obtenir des portées avec le tiquetage rappelant le pelage du lièvre. Présenté en 1882, il n'a été universellement reconnu qu'en 1925.

Pays d'origine	Ancêtres	Date
Grande-Bretagne	Poils courts tiquetés	1860-1870

LILAS

L'abyssin lilas a, au cours des dernières années, fait une percée au point de devenir presque commun. Il se montre à la fois intelligent et réservé.

• **TRAITS** Les abyssins ont le type oriental avec un corps souple et musclé. La tête s'inscrit dans un triangle, avec un léger stop sur le nez. Les yeux sont larges, en amande. Chez l'abyssin lilas, le corps doit être d'un gris rose lilas, avec le tiquetage plus foncé. L'arrière des pattes et le ventre sont plus pâles.

• **REMARQUE** Actuellement, l'abyssin lilas, tout comme d'autres couleurs nouvelles, n'est pas reconnu mondialement.

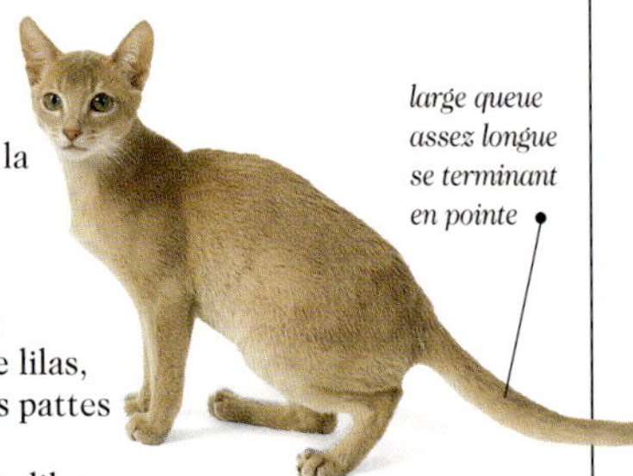

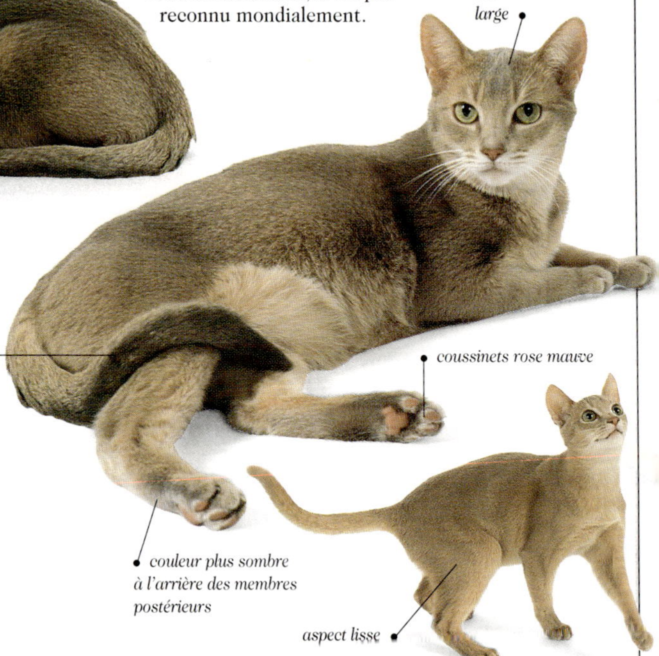

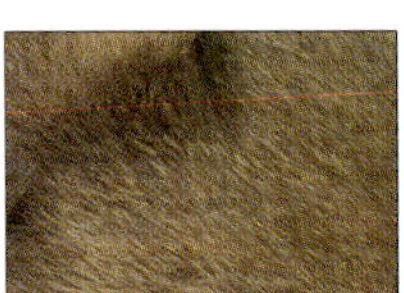

FOURRURE : courte, fine et tiquetée

Option poil long	Caractère
Somali lilas	Réservé

Pays d'origine	Ancêtres	Date
Grande-Bretagne	Poils courts tiquetés	1860-1870

Bleu

L'abyssin bleu paraît assez difficile à obtenir. Il reste, d'ailleurs, encore rare en Europe.

• **Traits** La couleur de base de cet abyssin est un gris-bleu chaud, tiqueté de gris acier plus sombre contrastant avec le sous-poil avoine. Cette dernière nuance se retrouve sur la poitrine, le ventre et l'intérieur des pattes.

• **Remarque** Cette couleur bleu tiqueté était-elle celle des anciens chats égyptiens ? Question sans réponse !

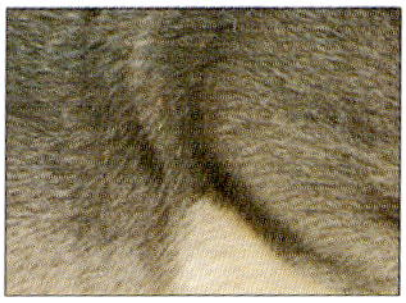

Fourrure : courte, fine et tiquetée

Option poil long	Caractère
Somali bleu	Réservé

Pays d'origine	Ancêtres	Date
Grande-Bretagne	Poils courts tiquetés	1860-1870

Chocolat

De création très récente, l'abyssin chocolat est loin d'être reconnu partout. En tout cas, il est, comme ses frères d'autres couleurs, intelligent et sociable. Solide, musclé, il adore grimper aux arbres.

• **Traits** Tous les abyssins possèdent une élégance et une souplesse qui masquent leurs qualités athlétiques. La couleur et les marques sont d'une importance capitale. Un chocolat plus sombre s'étend sur les pattes postérieures.

• **Remarque** Les éleveurs cherchent, à améliorer encore ses couleurs.

Fourrure : courte, fine et tiquetée

Option poil long	Caractère
Somali chocolat	Réservé

Pays d'origine Grande-Bretagne	Ancêtres Poils courts tiquetés	Date 1860-1870

NOIR ARGENT

Parmi les abyssins argentés reconnus, on compte le noir, le bleu et le Sorrel, mais chez tous, le sous-poil doit être blanc.

• **TRAITS** Ici, le tiquetage sur le dos, le bout de la queue et sur les membres postérieurs est noir. Tout reflet jaune sur la fourrure est un défaut.

• **REMARQUE** L'abyssin argenté a surtout été développé en Grande-Bretagne et en Nouvelle-Zélande.

FOURRURE : courte, fine et tiquetée

Option poil long Somali argent	Caractère Réservé

Pays d'origine Grande-Bretagne	Ancêtres Poils courts tiquetés	Date 1860-1870

FAUVE

Les chatons abyssins ont le haut du crâne sombre et un tiquetage nettement plus foncé que celui des adultes, bien que celui-ci n'apparaisse pas avant la troisième semaine.

• **TRAITS** La couleur fauve est une nuance affaiblie du roux. Ici, la base de la fourrure est d'un gris rosâtre « gorge de pigeon » avec un tiquetage fauve prononcé. Des rayures sur la poitrine, les pattes ou la queue ne sont pas admises.

• **REMARQUE** Actuellement, cette variété est peut-être la mieux établie aux États-Unis.

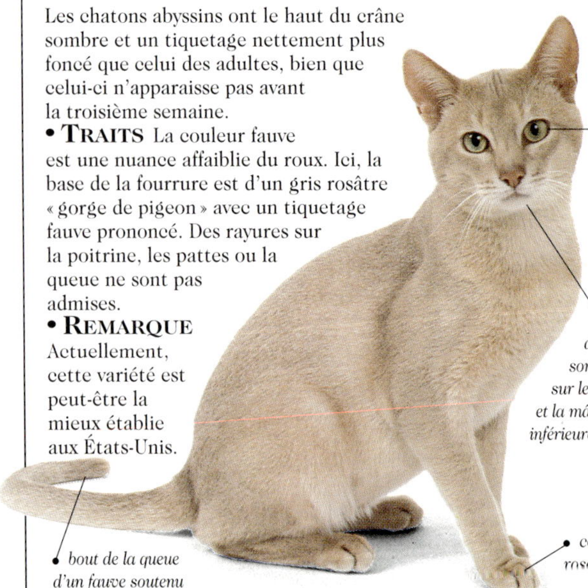

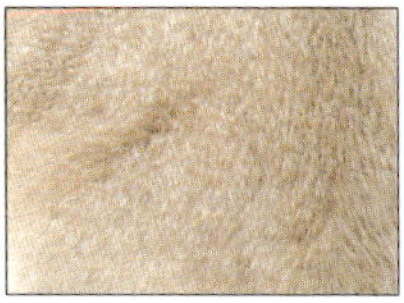

FOURRURE : courte, fine et tiquetée

Option poil long Somali fauve	Caractère Réservé

Pays d'origine Grande-Bretagne | Ancêtres Poils courts tiquetés | Date 1860-1870

SORREL

L'abyssin Sorrel est, avec l'abyssin lièvre, le plus répandu de sa race. Peu de chats ont autant d'élégance. De plus, leur entretien est facile. Peu prolifiques, ils ont des portées de trois ou quatre petits.

• **TRAITS** La couleur est abricot profond à la base, plus claire en surface, avec un tiquetage chocolat.

• **REMARQUE** On a parfois voulu aller du roux (*Sorrel*) au rouge mais désormais on considère cette variété comme immuable.

FOURRURE : courte, fine et tiquetée

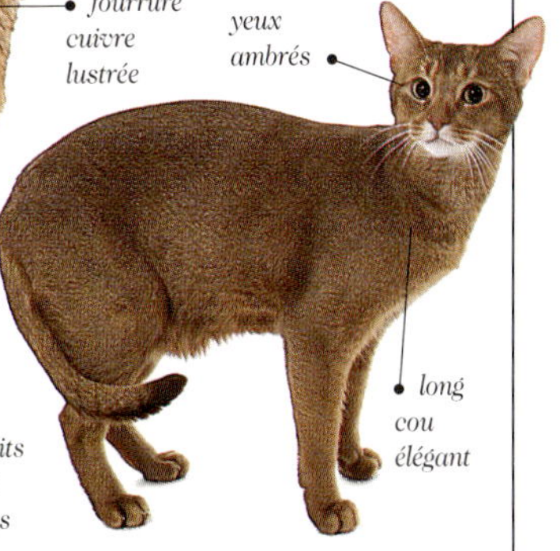

Option poil long Somali Sorrel | Caractère Réservé

Pays d'origine Grande-Bretagne | Ancêtres Poils courts tiquetés | Date 1860-1870

LIÈVRE

Les éleveurs européens ont voulu, avec cet abyssin lièvre (appelé aussi abyssin type) établir une différence entre les types européen et nord-américain. Elle porterait surtout sur la forme, plus ou moins arrondie, de la tête. Mais il faut espérer qu'un allongement encore plus prononcé de la tête sera empêché par le standard, qui, pour l'abyssin, est assez strict. On doit le respecter.

• **TRAITS** C'est à l'abyssin lièvre que revient l'appellation d'abyssin type car il est le père réel de toutes les variétés actuelles.

• **REMARQUE** L'abyssin a été reconnu officiellement en 1926.

FOURRURE : courte, fine et tiquetée

Option poil long Somali Ruddy | Caractère Réservé

Pays d'origine	Ancêtres	Date
Grande-Bretagne	Poils courts tiquetés	1860-1870

Sorrel Silver

Ce chat présente bien les caractéristiques de sa race : robe fine, serrée, douce au toucher, sans taches ni rayures. Une ligne plus sombre le long de la colonne vertébrale est acceptée. Les yeux, ambrés, verts ou jaunes, sont cerclés de noir.

• **Traits** La couleur, ici, est primordiale. Le poil est brun tirant sur le roux avec un tiquetage brun plus foncé et noir. Le sous-poil est blanc, parfois légèrement ombré. La teinte du ventre peut aller de l'orange foncé à l'abricot.

• **Remarque** La seule marque tabby apparente et autorisée se situe sur la tête.

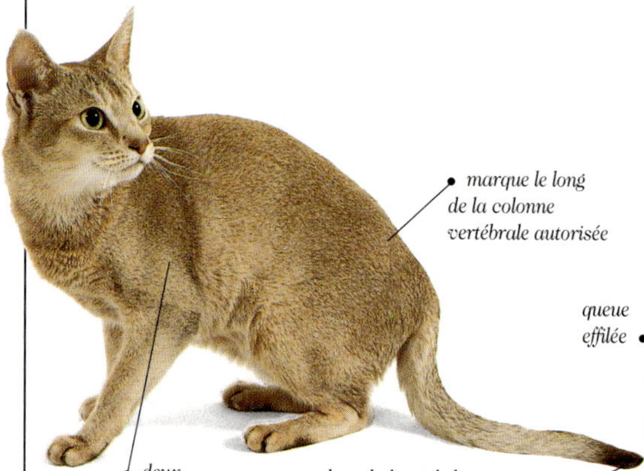

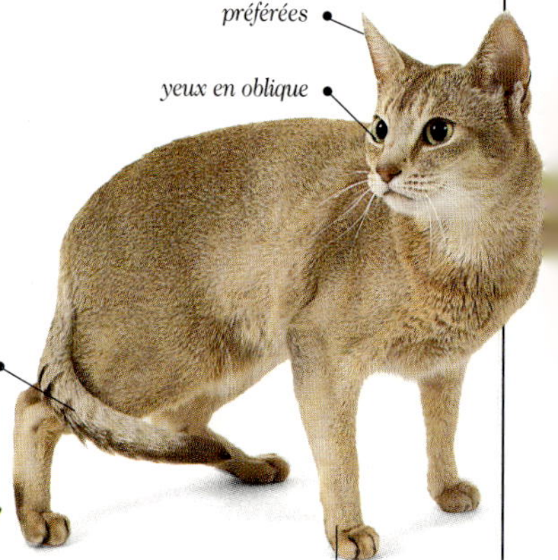

Fourrure : courte, fine et tiquetée

Option poil long	Caractère
Somali Sorrel Silver	Réservé

LES ABYSSINS SAUVAGES

Très récemment des chercheurs, intéressés par les races félines, ont porté beaucoup d'attention à un chat dont la robe rappelait celle de l'abyssin. Il serait originaire de Singapour. Il convient en effet d'admettre que ses marques sont assez semblables à celles des premiers abyssins qu'on pouvait voir à Londres à l'époque victorienne. Mais il ne s'agit pas d'un hybride né d'unions entre chats sauvages et chats domestiques. Un troisième membre de ce groupe, ressemblant à « l'abyssin sauvage » est le « ceylonais ». L'abyssin sauvage est aujourd'hui développé dans les élevages en Italie et ailleurs.

Pays d'origine Singapour	Ancêtres Poils courts sans pedigree	Date 1980-1990

LIÈVRE (OU TYPE)

Les ancêtres de ces chats vivaient à l'état sauvage dans la région de Singapour. Aujourd'hui, on en découvre aux États-Unis, élevés, notamment, par Tord Svenson. On cherche à lui conserver son apparence « sauvage » et à minimiser les effets dus à des unions de sangs trop proches. L'élevage ne peut se poursuivre qu'avec des chats séparés par au moins cinq générations.

• **TRAITS** Actuellement, ces chats n'existent que sous la forme lièvre ou « ruddy » (roux sombre). La couleur va jusqu'au roux doré avec un sous-poil roux orange. Le tiquetage noir est visible sur tout le corps et des rayures annelées marquent les pattes et la queue.

• **REMARQUE** L'élevage sélectif, chez l'abyssin, en réalité un Tabby tiqueté, a éliminé les marques tabby, laissant un simple tiquetage. Sa présence chez l'« abyssin sauvage » est considérée comme une caractéristique distinctive.

FOURRURE : courte, fine, dense, collée au corps

Néant	Caractère Indépendant, aimable

LES OCICATS

ÉLEVEUSE dans le Michigan, Mme Virginia Daly désirait fixer un motif tabby sur un siamois. Une union entre une chatte abyssin x siamois Seal-Point et un mâle siamois Chocolate-Point donna naissance, en 1964, à un très joli chaton présentant des taches dorées très chaudes sur un fond ivoire. Appelé *Dalai Talua*, ce chat a été à la base d'une nouvelle race baptisée ocicat parce que son pelage ressemble à celui de l'ocelot. Tom Brawn, un autre éleveur, développa la race.

Pays d'origine	Ancêtres	Date
États-Unis	Siamois x abyssin/siamois	1964

CHOCOLAT

Aux États-Unis, des American Shorthair ont été utilisés pour donner diverses couleurs à ce chat. En Europe, on ne commença que récemment à développer la race : le premier chaton est né en 1984.

• **TRAITS** C'est un chat bien bâti dont on remarque facilement les mouchetures. Il n'y a pas un rapport obligatoire entre la couleur de la robe et celle des yeux ; ceux-ci ne doivent pas être bleus. L'impression de solidité et de force est un caractère important.

• **REMARQUE** Ocicat est la contraction de *ocelot* et *cat* (chat-ocelot).

FOURRURE : courte, douce et lustrée

Option poil long	Caractère
Néant	Vif et aimable

Pays d'origine États-Unis	Ancêtres Siamois x abyssin/siamois	Date 1964

Type

L'ocicat type peut être considéré comme un type intermédiaire. La robe entière, à part le bout de la queue, est composée de poils tiquetés, et les mouchetures sont visibles sur tout le corps.

• **Traits** Une couleur plus claire se trouve sur le pourtour des yeux, le menton, la mâchoire et aussi le ventre. Les marques sur la tête, les pattes et la queue sont très sombres et se détachent sur la robe.

• **Remarque** Pendant la période de mue, les mouchetures sont souvent moins nettes.

Fourrure : courte, douce et lustrée

Option poil long Néant	Caractère Vif et aimable

Pays d'origine États-Unis	Ancêtres Siamois x abyssin/siamois	Date 1964

Argent

Caractère distinctif chez l'ocicat, les lignes sombres du cou et des pattes ne sont pas continues. Elles sont marquées par les mouchetures. Les lignes longeant l'épine dorsale seront remplacées par des mouchetures.

• **Traits** Chez l'ocicat argent, l'opposition entre les taches très sombres et la couleur de base blanc argent est très nette. Les coussinets sont noirs ; le nez est rouge brique cerné de noir.

• **Remarque** Ce sont les American Shorthair qui ont, chez cet ocicat, apporté le gène argent.

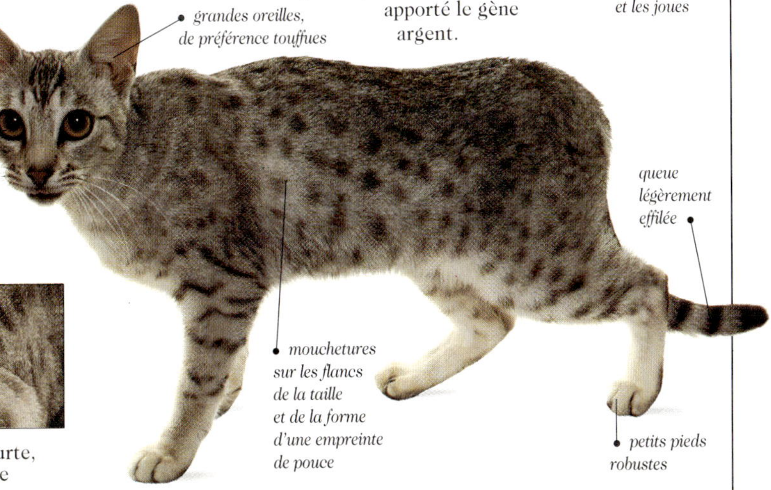

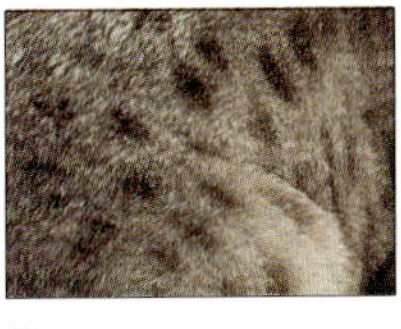

Fourrure : courte, douce et lustrée

Option poil long Néant	Caractère Vif et aimable

Les California Spangled

Ce chat est né, en 1971, dans l'imagination d'un scénariste d'Hollywood, Paul Casey. Au cours d'un voyage en Tanzanie, il apprit qu'on venait d'y abattre les derniers léopards. L'idée lui vint de recréer, mais à la taille du chat, l'animal disparu. Avec une obstination méritoire, il mélangea les sangs de siamois, de British Shorthair, d'American Shorthair, de Manx et d'autres Félidés d'Afrique et d'Asie. À la douzième génération, le California Spangled Cat était né et fut lancé à grands renforts de publicité en 1986.

Pays d'origine	Ancêtres	Date
États-Unis	Multiples	1971

Or

Cinq générations lui ont donné une première nature. Six autres en ont fait une race sans doute fixée. L'apparence du « chat tacheté de Californie » est bien celle d'une panthère de taille réduite. En revanche, il n'a rien de la férocité du léopard. Au contraire, il fait preuve de gentillesse et s'attache à son maître.

• **Traits** La variété or du California présente une base de couleur or avec des taches très caractéristiques. Les rayures marquent la tête et les mouchetures créent sur la robe des dessins d'un très bel effet.

• **Remarque** La façon bruyante choisie pour faire connaître ce chat a provoqué une vive polémique aux États-Unis.

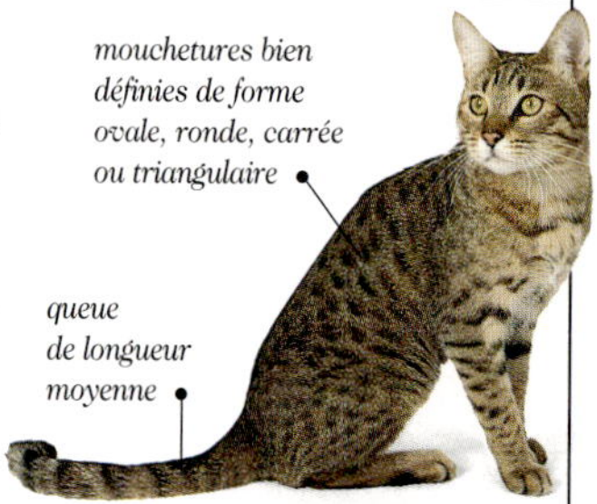

Fourrure : courte, douce et lisse

Option poil court	Caractère
Néant	Affectueux et vif

Pays d'origine États-Unis	Ancêtres Multiples	Date 1971

ARGENT

L'apparence « naturelle » de ce Félidé a été obtenue sans le moindre recours à des chats sauvages ou à des unions consanguines, mais est le résultat de huit lignées séparées.

• **TRAITS** Le contraste entre les marques sombres et la couleur de base qui, ici, est argentée, constitue un élément important.

• **REMARQUE** Le chat présenté ci-contre et qui appartient à Paul Casey, est âgé de 10 mois.

FOURRURE : courte, douce et lisse

Option poil court Néant	Caractère Affectueux et vif

Pays d'origine États-Unis	Ancêtres Multiples	Date 1971

BLEU

Puisque ce chat a été désigné comme symbole vivant de la nécessaire protection des animaux à la robe tachetée, il n'est pas surprenant qu'on attache une très grande importance à la qualité de ses marques.

• **TRAITS** Seules les couleurs des diverses variétés de ce chat créent une différence, le dessin étant similaire chez tous, sauf chez le Snow Leopard (panthère des neiges) dont les petits naissent blancs et dont les marques mettent 18 mois à se developper.

• **REMARQUE** Paul Casey assure que son but n'était pas de populariser ce chat mais d'attirer, l'attention sur la menace pesant sur ses congénères sauvages.

FOURRURE : courte, douce et lisse

Option poil court Néant	Caractère Affectueux et vif

Pays d'origine	Ancêtres	Date
États-Unis	Multiples	1971

CHARCOAL

Parmi les California, ce Charcoal (charbon de bois) ne diffère que par la très sombre couleur de la robe. Elle domine sans pour cela annihiler les taches, plus sombres encore, des mouchetures. Comme ses congénères, c'est un animal intelligent, sociable envers les autres chats ou les chiens et très dévoué à son maître.

• **TRAITS** Un bon contraste est essentiel.

• **REMARQUE** Le visage très expressif souligne le caractère individuel de chaque chat.

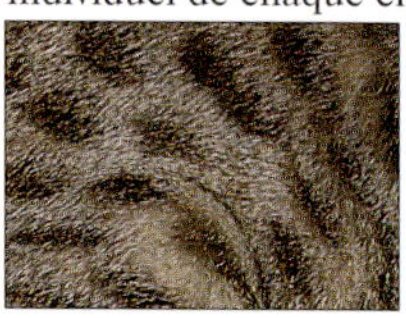

FOURRURE : courte, douce et lisse

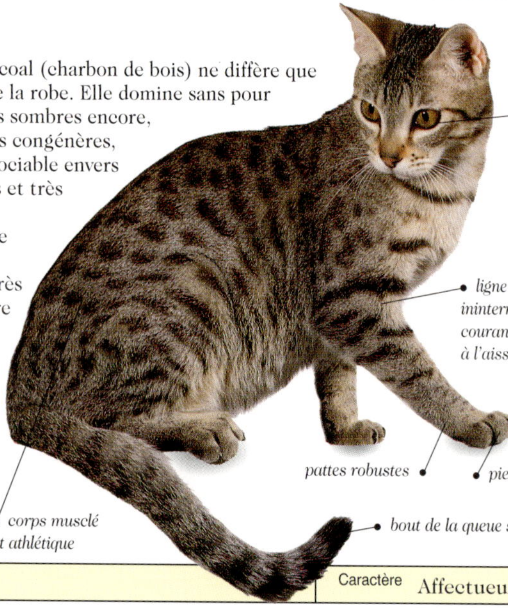

Option poil court	Caractère
Néant	Affectueux et vif

Pays d'origine	Ancêtres	Date
États-Unis	Multiples	1971

BRUN

La tête du California Spangled est moyenne aussi bien en largeur qu'en longueur, et la forme des pommettes encastre bien les yeux. La mâchoire et le menton sont bien développés.

• **TRAITS** Malgré les pattes relativement longues, le corps de ce chat reste près du sol quand il se déplace. Cela est dû au fait que leurs articulations forment des ongles très prononcés, de sorte que les pattes avant sont rejetées en arrière, restant bien en-dessous du corps.

• **REMARQUE** Les pattes de derrière montrent la même particularité et dépassent le corps de beaucoup quand le chat chasse à l'approche.

FOURRURE : courte, douce et lisse

Option poil court	Caractère
Néant	Affectueux et vif

Les bengales

Pendant longtemps on n'a pas cru pouvoir apprivoiser et moins encore domestiquer le vrai chat du Bengale, celui qui vit, encore relativement nombreux, dans toute l'Asie du Sud-Est. Véritable petite panthère, cet animal, même capturé jeune, gardait sa hargne et sa férocité. Ce n'est qu'en 1963 qu'une généticienne, Jean Sugden, parvint à obtenir un premier résultat en croisant une femelle asiatique et un poil court sans pedigree. Le programme d'élevage essaie de transmettre à une race domestique les marques du chat sauvage.

Pays d'origine	Ancêtres	Date
États-Unis	Asiatique x sans pedigree	1963

Léopard

Un chaton bengale nommé *Kinkin* fut produit et élevé avec une portée de chats domestiques. Cette chatte fut ensuite accouplée avec son père et donna des petits, unicolores et marqués. En 1981, Jean Sugden, devenu Mrs Mill, et le docteur Willard Centerwall, autre généticien, se mirent à développer le bengale.

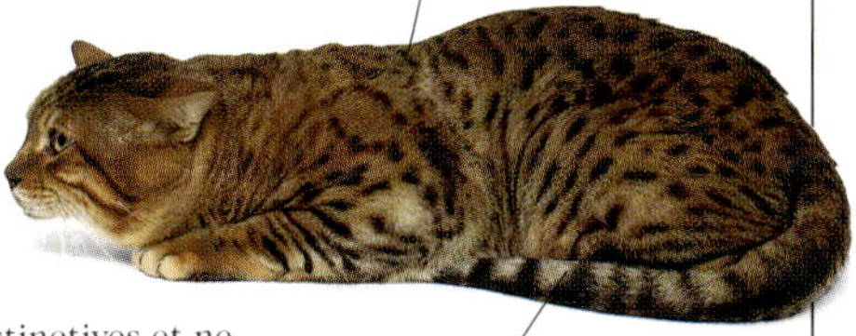

• **Traits** Les marques du bengale sont très distinctives et ne ressemblent pas du tout à celles d'un Tabby moucheté. Les grandes taches sont disposées horizontalement et forment même parfois des rosettes. Une constitution robuste, due à son origine sauvage, est un trait essentiel de cette race.

• **Remarque** Des variétés Sorrel (rousses) et Mink (vison) existent désormais.

Fourrure : dense, douce et soyeuse

Option poil court	Caractère
Néant	Aimable et doux

CHATS SANS PEDIGREE

POUR LES Anglais, il est devenu le British Shorthair. En Amérique, on en a fait l'American Shorthair. En Europe, le chat des rues ou chat de gouttière est à l'origine de la race de l'européen. Classé ou non, il reste le plus nombreux et le plus populaire. Si les bicolores sont les plus courants, il existe également des couleurs plus rares, comme le chocolat. On le croise souvent avec des partenaires titrés et il participe ainsi activement à la création de nouvelles variétés. Mais, par définition même, il reste le chat sans pedigree, donc sans caractéristiques précises, celui que Rudyard Kipling appelait : le chat qui s'en va tout seul.

Pays d'origine	Ancêtres	Date
Égypte	Chats sauvages africains	1500 av. J.-C.

BLEU ET BLANC

C'est le type de chat qui, à l'époque victorienne, a permis de développer le British Shorthair. Pour cela, il a fallu éliminer les marques blanches afin de produire le bleu unicolore tel qu'on le connaît aujourd'hui en tant que race. Le manque de sélection dans les unions de poils courts sans pedigree est responsable du fait que chez ces chats, des marques blanches sont toujours nettement visibles.

• **TRAITS** Chez les chats sans pedigree, les deux couleurs s'entremêlent souvent. Un triangle blanc peut marquer la poitrine.

• **REMARQUE** On peut admettre largement cette variété même si un élevage sélectif lui donne désormais une spécificité.

FOURRURE : courte, dense et rêche

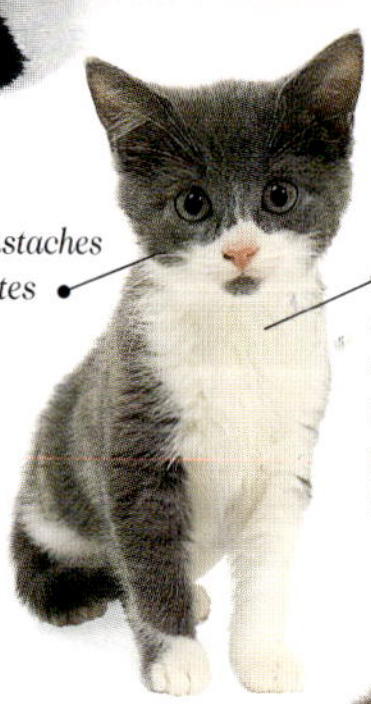

Option poil court	Caractère
Sans pedigree à poil long bleu et blanc	Sociable

Pays d'origine	Ancêtres	Date
Égypte	Chats sauvages africains	1500 av. J.-C.

Noir et blanc

Cette variété a connu une grande vogue pendant le XIXe siècle mais elle a décliné un peu depuis que les chats exotiques connaissent un grand succès. Mais ce chat reste un choix excellent car il s'adapte bien et est facile à entretenir.

• **Traits** L'aspect du bicolore sans pedigree est beaucoup plus divers que celui des chats de race. Dans l'exemple ci-contre, les poils blancs se distinguent nettement parmi les surfaces à dominante noire.

• **Remarque** La couleur des yeux varie avec les individus.

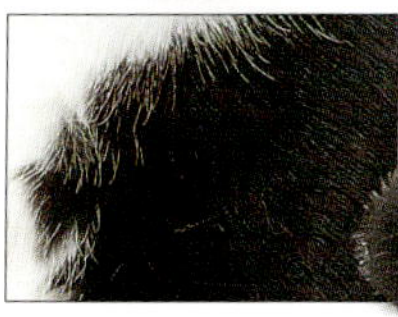

Fourrure : courte, dense et rêche

Option poil court	Caractère
Sans pedigree à poil long noir et blanc	Sociable

Pays d'origine	Ancêtres	Date
Égypte	Chats sauvages africains	1500 av. J.-C.

Blanc et écaille

Le gène rouge à la base de la couleur écaille de tortue provient de chats turcs, nord-africains et orientaux.

• **Traits** Les marques typiquement écaille de tortue comprenant du noir avec des marques de couleur rouge sont mises en valeur par la base blanche de la fourrure.

• **Remarque** Les chats de cette variété sont en général accommodants et ont une longue vie.

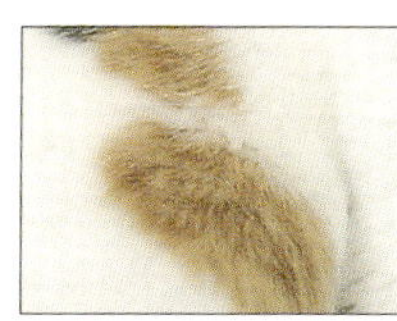

Fourrure : courte, dense et rêche

Option poil court	Caractère
Sans pedigree à poil long blanc et écaille	Sociable

Pays d'origine	Ancêtres	Date
Égypte	Chats sauvages africains	1500 av. J.-C.

BLEU CRÈME

Ce bleu crème doit son existence à des sangs d'un chat crème et d'un chat bleu avec une goutte d'écaille de tortue.

• **TRAITS** En Grande-Bretagne (le standard est différent aux USA), un bleu crème à pedigree doit avoir les deux couleurs bien mélangées. Chez les chats sans pedigree, le crème et le bleu sont en général bien séparés.

• **REMARQUE** Des mâles bleu et crème ne sont produits que si le capital génétique du chat contient un chromosome spécial très rare.

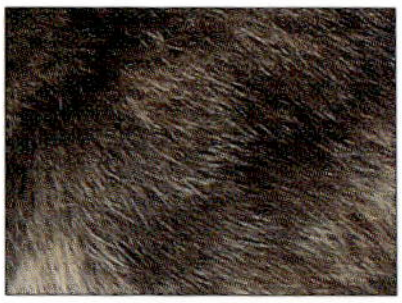

FOURRURE : courte, dense et rêche

Option poil long	Caractère
Sans pedigree à poil long bleu crème	Sociable

Pays d'origine	Ancêtres	Date
Égypte	Chats sauvages africains	1500 av. J.-C.

ÉCAILLE ET BLANC

Même si la mère est marquée de façon caractéristique, il est impossible de prédire le marquage des chatons. Il reste variable.

• **TRAITS** Dans cette variété, les couleurs foncières de l'écaille de tortue doivent être dominantes par rapport au blanc.

• **REMARQUE** La coloration écaille est due à une disparition progressive, au début du stade embryonnaire, de l'un des deux chromosomes sexuels de la femelle, lorsque la couleur correspond à des gènes sur l'un ou l'autre. Dans certaines cellules, le gène porteur du rouge cesse de fonctionner, dans d'autres, c'est le noir.

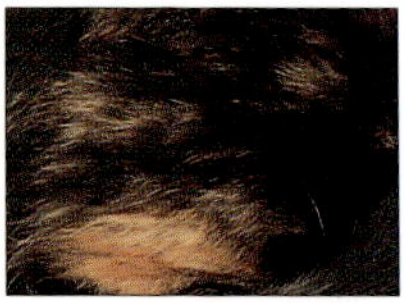

FOURRURE : courte, dense et rêche

Option poil long	Caractère
Sans pedigree à poil long écaille et blanc	Sociable

Pays d'origine	Ancêtres	Date
Égypte	Chats sauvages africains	1500 av. J.-C.

TABBY CLASSIQUE ROUX ET BLANC

On les appelle parfois « carotte et blanc » parce que la couleur de fond de leur robe est plus orange que rouge. Les marques tabby sont rouge sombre.

• **TRAITS** Le blanc de la fourrure est réparti au hasard et, parfois, la surface blanche chevauche les parties colorées. Le type de ces chats présente beaucoup de ressemblance avec le British Shorthair, mais ils sont en général plus petits.

• **REMARQUE** Les marques tabby ne sont pas non plus aussi bien réparties que chez un chat de race.

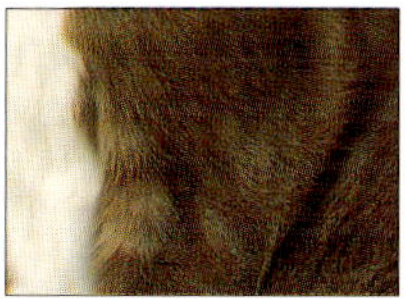

FOURRURE : courte, dense et rêche

marques variables

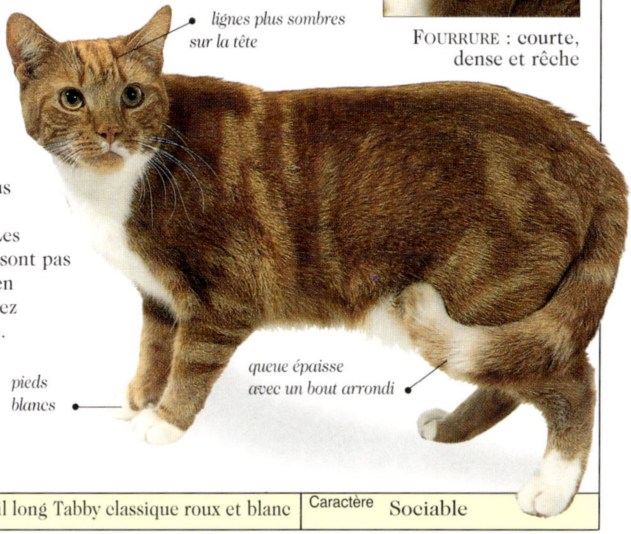

lignes plus sombres sur la tête

pieds blancs

queue épaisse avec un bout arrondi

Option poil long		Caractère	
Sans pedigree à poil long Tabby classique roux et blanc		Sociable	

Pays d'origine	Ancêtres	Date
Égypte	Chats sauvages africains	1500 av. J.-C.

TABBY TIGRÉ BLEU ET BLANC

Les marques tabby sont connues depuis des centaines d'années. La forme tigrée est apparue en Grande-Bretagne sans doute au XVIIe siècle.

• **TRAITS** Non seulement les marques prennent des formes différentes chez chaque individu, mais la profondeur du bleu n'est pas égale. Le contraste entre la couleur de fond et les taches n'est pas le même chez tous.

• **REMARQUE** La relative grandeur et la distribution du blanc ne change plus chez le chaton.

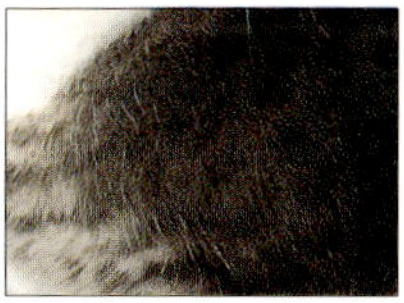

FOURRURE : courte, dense et rêche

taches d'un blanc pur contrastant avec le bleu

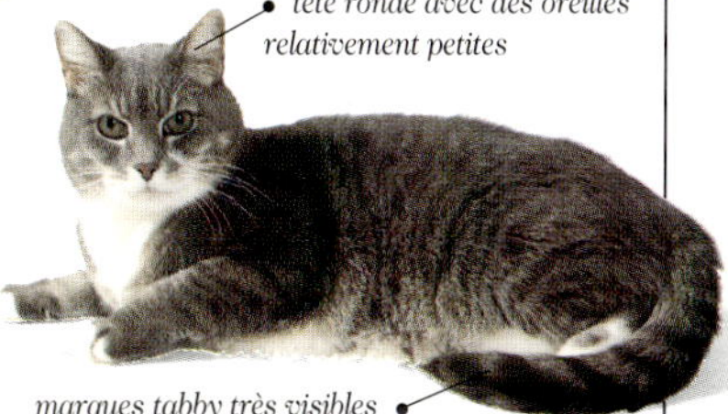

tête ronde avec des oreilles relativement petites

marques tabby très visibles

Option poil long		Caractère	
Sans pedigree à poil long Tabby tigré bleu et blanc		Sociable	

Pays d'origine	Ancêtres	Date
Égypte	Chats sauvages africains	1500 av. J.-C.

TABBY CLASSIQUE BRUN ET BLANC

Les marques discontinues dues aux dessins tabby plus sombres offrent un excellent camouflage lorsque le chat est à la chasse.

• **TRAITS** Ici, les marques tabby sombres contrastent nettement avec la couleur de fond plus claire. Ici, le blanc est très restreint.

• **REMARQUE** Ce chat très calme est sans doute le plus répandu en France.

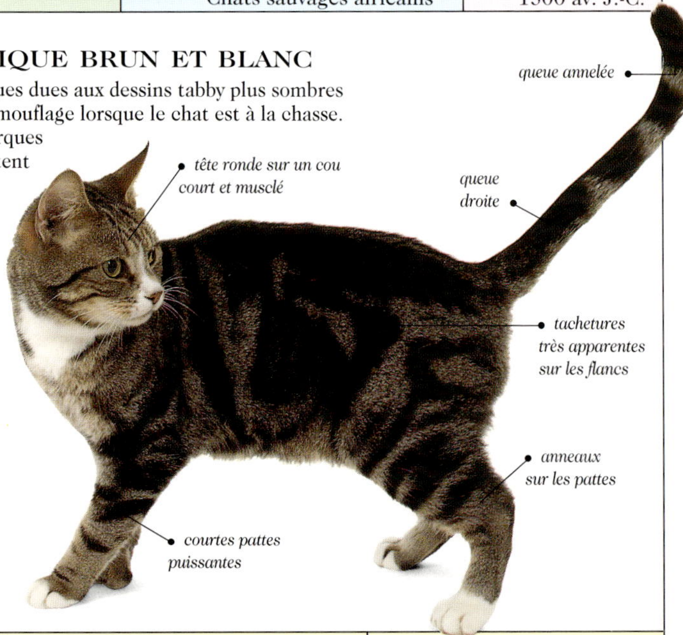

FOURRURE : courte, dense et rêche

Option poil long	Caractère
Sans pedigree à poil long Tabby classique brun et blanc	Sociable

Pays d'origine	Ancêtres	Date
Égypte	Chats sauvages africains	1500 av. J.-C.

MOUCHETÉ BRUN

Une des raisons pour lesquelles les marques tabby sont si répandues chez nos chats domestiques, est le fait que ce dessin est génétiquement dominant. Comme de très nombreux chats sans pedigree sont issus de rencontres fortuites, les gènes tabby sont très largement distribués parmi la population féline d'un pays.

• **TRAITS** D'une manière générale, les mouchetures forment des lignes verticales plus ou moins régulières.

• **REMARQUE** Des élevages sélectifs ont permis d'obtenir les marques symétriques et équilibrées telles qu'on les voit chez les tabby de race.

FOURRURE : courte, dense et rêche

Option poil court	Caractère
Sans pedigree à poil long moucheté brun	Sociable

Pays d'origine	Ancêtres	Date
Égypte	Chats sauvages africains	1500 av. J.-C.

TABBY BLANC ET BRUN

Ici, le tabby ne s'étend pas sur les zones blanches.

• **TRAITS** Une telle quantité de blanc ne serait pas acceptée chez un chat à pedigree. Bien que les marques tabby soient peu nombreuses, il s'agit là de toute évidence d'un tabby moucheté et non d'un tabby tigré.

• **REMARQUE** D'après une étude réalisée sur les chats sans pedigree, les chats tabby, en Australie notamment, sont plus nombreux dans les cités nouvelles. Ce serait dû aux immigrants qui débarquent avec leurs chats.

FOURRURE : courte, dense et rêche

Option poil court	Caractère
Sans pedigree à poil long Tabby blanc et brun	Sociable

Pays d'origine	Ancêtres	Date
Égypte	Chats sauvages africains	1500 av. J.-C.

TABBY TIGRÉ BRUN

Il présente habituellement un menton blanc. Ici, cette couleur s'étend sur le nez et la mâchoire.

• **TRAITS** Les marques ne sont pas particulièrement régulières, de sorte que le noir est plus évident à certains endroits. De même, les rayures de la queue sont irrégulières.

• **REMARQUE** Les marques tabby étant un trait dominant, il y aura toujours des chatons tabby dans n'importe quelle portée dont l'un des parents est tabby.

FOURRURE : courte, dense et rêche

Option poil long	Caractère
Sans pedigree à poil long Tabby tigré brun	Sociable

CRÉDITS DES CHATS

Nous sommes profondément reconnaissants aux nombreux propriétaires et éleveurs qui se sont déplacés, parfois de très loin, avec leurs chats pour nous permettre de les photographier pour ce livre ; sans leur aide et leur enthousiaste coopération, cet ouvrage n'aurait pas vu le jour. Les chats, ainsi que le nom de leurs propriétaires et éleveurs, sont mentionnés dans cette liste, avec l'indication précise de leurs positions dans la page.

ABRÉVIATIONS

Les numéros des pages, en gras, sont suivis des indications suivantes :

b	bas
c	centre
g	gauche
d	droite
h	haut

Les noms des chats sont précédés de leur titre selon les abréviations suivantes :

GrPr	Grand Premier
Pr	Premier
GrCh	Grand Champion
Ch	Champion
ChEur	Champion européen
ChInt	Champion international
GrChEur	Grand Champion européen
GrChSup	Grand Champion suprême
GrPrSup	Grand Premier suprême

• **1 c** *Midamist Shynal* J Bright (C Bone)
• **2hg (grand-mère)** *Ch Fleic Mimosa Magic* P et J Choppen (P et J Choppen) ; **hc (arrière grand-père)** *GrCh Fleic Chocolate Imperial* P et J Choppen (P et J Choppen) ; **hd (mère)** *Ch Jasrobinka Angelique* P et J Choppen (P et J Choppen) ; **bg (chaton)** *Ch Jasrobinka Annamonique* P et J Choppen (P et J Choppen)
• **3 c** *Pandapaws Mr Biggs* S Ward-Smith (J Varley et J Dicks)
• **5 b** *Skogens Volla* A S Watt (A Moss et J Higgins) ; **cg** *Bealltainn Bezique* T Straestone (T Straestone) ; **hd** *UK GrCh Nobilero Loric Vilesilensa* AE et RE Hobson (M Reed)
• **8 bd** *Marble Masquerade* F Wagner (B Street et G Pascoe) ; **cg** *Kajenka Juniper* K Jenkins (J North)
• **9 bc** *ChInt Amaranthoe Lasalle* K ten Broek (K ten Broek) ; **bg (chaton)** *Ch Donna Eurydice de Lassalle* K ten Broek (K ten Broek) ; **h** *Ch Comte Davidov de Lasalle* K ten Broek (K. ten Broek)
• **11 bd** *Friskie* (Bethlehem Cat Sanctuary)
• **12-13 c** *GrCh Aerostar Spectre* J E D Mackie (S Callen et I Hotten)
• **13 cg (blanc)** *Ch Miletree Memories* R Towse (P Kratz) ; **dc (collier)** *Sitah Orllando* M Harvey (M Harvey)
• **16 bc (chaton)** *Sheephouse Diamond Lil* J Bradley (J Bradley) ; **bg (adulte)** *Ch Lancendel Santa Claw* P Ross (G Ellins et B Hollandt) ; **bd (chaton)** *Sheephouse Precious Pearl* J Bradley (J Bradley) ; **cg** *Satinmist Charlie Brown* I Worsley-Waring (I Worsley-Waring) ; **cd (chaton)** L Berry *Kavida Amethyst* (L Berry) ; **cd (chaton)** L Berry *Kavida Cadberry* L Berry (L Berry) ; **cd (chaton)** *Kavida Primetime* L Berry (L Berry) ; **gc (adulte)** *Adixish Talisman* M Acton (M Acton) ; **h (chaton)** *Lipema Monty Moon* P Brown (P Brown) ; **h (chaton)** *Lipema Melisa* P Brown (P Brown) ; **h (chaton)** *Lipema Melisa* P Brown (P Brown) ; **h (chaton)** *Lipema Muriel* P Brown (P Brown) ; **hg (adulte)** *Adkrish Mary Contarie* C Andrews (P Brown)
• **17 bg (chaton)** *Rejuta Irrisistible* T et R Quick (T et R Quick) ; **bg (chaton)** *Rejuta Prize Guy* T et R Quick (T et R Quick) ; **bg (chaton)** *Rejuta Sacramentosam* T et R Quick (T et R Quick) ; **bd adulte** *Sarouks Sweet William* W et J Benson (T et R Quick) ; **cg (chaton)** *Sargenta Blue Gismo* U Graves (U Graves) ; **cg (chaton g.)** *Leolee Larnyen Poppy* (S Lee Soper) ; **cg (chaton d.)** *Leolee Leetee* (S Lee Soper) ; **cd** *GrCh Wellmar Flamenco* J Martin (M Frew) ; **hc** *GrCh Miletree Masquerade* R K Towse (P Allen) ; **hg (chaton)** *Westways Jane Seemoor* A West (E Button) ; **hd** *Ch Leolee Sweet Song* (S Lee Soper) ; **hd (dessous)** *Indalo Knights Templar* B Pridham (B Pridham)
• **18 bd** *GrPr Honeycharm Pandarella* B Patch (A Tonks) ; **hd** *Pr Shermese Elysium* C Simpson (F et D Powell)
• **19 bc** *Cobby Chops Kitten* M Tolliday (M Tolliday) ; **bc** *Cobby Chops Kitten* M Tolliday (M Tolliday) ; **bg** *Cobby Chops Kitten* M Tolliday (M Tolliday) ; **c** *Cobby Chops Clarida* M Tolliday (M Tolliday) ; **h** *Cobby Chops Confetti* M Tolliday (M Tolliday)
• **20 bd** *Ch Watlove Windser* H Watson (H Watson)
• **21 hd (arrière grand-père)** *GrCh Fleic Chocolate Imperial* P et J Choppen (P et J Choppen) ; **chaton 1-6** *Jasrobinka Annamonique* P et J Choppen (P et J Choppen) ; **chaton 1-6** *Jasrobinka Dominique* P et J Choppen (P et J Choppen) ; **chaton 1-6** *Jasrobinka Jade Princess* P et J Choppen (P et J Choppen) ; **chaton 1-6** *Jasrobinka Jean Pierre* P et J Choppen (P et J Choppen)
• **22 tout** *Picwick Puff Dragon* P Rogers (P Rogers) ; **bd** *GrCh Miletree Masquerade* R K- Towse (P Allen)
• **23 cd, bg, bc, et bd** *GrCh Pannaduloa Yentantethra* J Hansson (J Hansson)
• **23 hc et hd** *GrCh Aerostar Spectre* J E D Mackie (S Callen et I Hotten)
• **26 bg** *Honeymist Blue Seastar* M. Howes (M Howes) ; **bd** *Kaleetay Dextoniatoo* J Marshall (T Cornwall) ; **cd** *Lipema Shimazaki* P Brown (G Dean) ; **cd** *Jardinage Penny Royale* D Jardine (G Dean)
• **27 b** *Shaird Bare Essentials* A Rushbrook et J Plumb (A Rushbrook et J Plumb) ; **cd** *GrCh Maruja Samson* M Moorhead (M Moorhead) ; **hd** *Pr Bobire Justin Tyme* I E Longhurst (A Charlton)
• **30 bg** *Susian Just Judy* S Kempster (M Way) ; **hg** *GrCh Chermicican Santa Fe* G et S Sanders (G et S Sanders) ; **hd** *Ch Bartania Pomme Frits* B Beck (B Beck)
• **31 cg** *Parthia Angelica* (M A Skelton) ; **cd** *Ch Sargenta Silver Dan* U Graves (U Graves) ; **hg** *Ch Leolee Sweet Song* S Lee Soper (S Lee Soper) ; **hd** *Ch Ballantyne Sadrazam* L Miles (L Miles)
• **32 b** *Shaird Bare Essentials* **A** Rushbrook et J Plumb (A Rushbrook et J Plumb) ; **c** *GrCh Aerostar Spectre* J E D Mackie (S Callen et J Hotten) **h** *Zultan Paquita Ballet* J Powell (B et B Raine)
• **35 cg (somali)** *Sitah Orllando* M Harvey (M Harvey)
• **36 bc** *Ch Benedicte de Lasalle* K ten Broek (K ten Broek)

CHATS À POIL LONG OU MI-LONG

• **40 tout** *GrCh Adievo Ladydido* P Woodman (P Woodman)
• **41 bg et cd** *Annelida Shalom* A Ashford (M Butler Aust) ; **hg** *Ch Gleeway Iceberg* G Lee (G Lee) ; **hd** *Ch Lafrabella Queynote* I Bangs (G et S Sanders)
• **42 bg et bd** *Picwick Puff Dragon* P Rogers (P Rogers) ; **hg et hd** *Ch Chrysellus Cream Emperor* R Smith (G Miller)
• **43 bg** *Honeymist Blue Seastar* M Howes (M Howes) ; **bd** *Ch Lollipop Blue Rascall* M Edwicker (G Miller) ; **h** *Bowmans Lilac Rhapsody* E Frankland (D Thompson)
• **44 bg et bd** *Ch Honeymist Black Domino* M Howes (M Howes) ; **hg et hd** *Ch Bowmans Rose Dream* A L Frankland (A L Frankland)
• **45 bg** *GrCh Chermicican Santa Fe* G et S Sanders (G et S Sanders) ; **bd** *Ch Honeycharm Amanda* B Patch (B Patch) ; **hg et hd** *Ch et GrPr Cherub Hendel* A Cromton (A Bowman)
• **46 bg** *Chermicican Teaseme* G et S Sanders (G et S Sanders) ; **hg et hd** *Crystaldee Bi Design* C et K Smith (E Baldwin)
• **47 bg** *Chermicican Who Dundat* G et S Sanders (G et S Sanders) ; **bd** *Pr Myway Beau Sabreur* I Witney

(A Tonks) ; **hg et hd** *Adirtsa Choc Ice* D Tynan (C et K Smith)
• **48 bg et bd** *GrChSup Honeycharm Jasmine* B Patch (B Patch) ; **hc et hd** *Honeymist Roxana* M Howes (M Howes)
• **49 hc** *Humdinga Heartsease* B Haigh (C Evans) ; **hd** *Angieal Naughty Butnice* A Mitchell (A Mitchell)
• **50 b** *Honeycharm Channell* B Patch (B Patch) ; **cg** *Annelida Madonna* A Ashford (A Ashford) ; **hd** *GrPr Honeycharm Pandarella* B Patch (A Tonks)
• **51 b** *Crystaldee Hope* C et K Smith (C et K Smith) ; **hg et hd** *Casalina Dolly Mixture* E Baldwin (E Baldwin)
• **52 bg et bd** *Primabella Blueberry pie* (C Gook) ; **h** *Watlove Hamish* H Watson (H Watson)
• **53 bg et bd** *Adraylo Silva Gabriella* N Holt (M Harvey) ; **hg et c** *Ch Pieris Thomasina* A et M Baker (A et M Baker)
• **54 b** *Honeymist Taboo* M Howes (M Howes) ; **cd** *Sarasamsan Honkytonk Angel* S Corris (C Gook) ; **h (chaton)** *Rejuta Irrisistible* T et R Quick (T et R Quick) ; **h (chaton)** *Rejuta Prize Guy* T et R Quick (T et R Quick) ; **h (chaton)** *Rejuta Sacramentosam* T et R Quick (T et R Quick) ; **hd (adulte)** *Sarouks Sweet William* W et J Benson (T et R Quick)
• **55 bg** *Celebrity Silver Bonbon* D Slater (D Slater) ; **bd** *GrCh Bellablanca Thumbelina* S Greaves (S Greaves) ; **hg et hc** *Mowbray Tanamera* D Cleford (D Cleford)
• **56 bg et bd** *Mandarin Halcyon* D Thomson (D Thomson) ; **hc et hd** *Ch Diwenna Mandarin* D Went (D Thomson)
• **57 b** *Zultan Paquita Ballet* J Powell (B et B Raine) ; **hc et hd** *Penumbra Samsons Secret* J Palfreyman (J Palfreyman)
• **58 bg et bd** *Ch et GrPr Bessjet Silver Dollar* J Smith (C Wall) ; **h** *Pickwick Exquisite Pixie* P Rogers (P Rogers)
• **59 b** *Taloola Oopsadaisy* (J Saunders (J Saunders) ; **cg et hd (adulte)** *Cashel Golden Yuppie* A Curley (A Curley) ; **cd (chaton)** *Cashel Golden Alice* A Curley (A Curley)
• **60 b** *GrPr Bellrai Faberge* B et B Raine (B et B Raine) ; **hg et hd** *Bellrai Creme Chanel* B et B Raine (B et B Raine)
• **61 cg** *Ch Ambergem Orlandos* A Burke (A Burke) ; **cd et b** *Adhuilo Meadowlands Alias* P Hurrell (S Josling) ; **hd** *Klason Matterhorn* Mary Harrington (M Harrington)
• **62 tout** *Anneby Sunset* A Bailey (A Bailey)
• **63 b** *Impeza Chokolotti* C Rowark (E Baldwin) ; **h** *Ch Watlove Mollie Mophead* H Watson (H Watson)
• **64 b** *Amocasa Beau Brummel* I Elliott (I Elliott) ; **hd et c** *GrCh Anneby Trendsetter* A Bailey (A Bailey)
• **65 bg et bd** *Ch Dermask Dolly Daydream* J Bettany (M Allum) ; **hg et hd** *GrCh Anneby Charisma* A Bailey (A Bailey)
• **66 b** *Ch Watlove Windser* H Watson (H Watson) ; **hg et hd** *Ch Jonalynn Munchkin* J et L Wallett (J et L Wallett)
• **67 bg et bd** *Impeza Chokolotti* C Rowark (E Baldwin) ; **h** *Ch Crystaldee Frilly Knickers* C et K Smith (C et K Smith)
• **68 tout** *Saybrianna Tomorrows Cream* A Carritt (A Carritt)
• **69 bg et bd** *Schwenthe Kisca* F E Brigliadori (F E Brigliadori et K Robson) ; **hg et hd** *Panjandrum Bestman* A Madden (E Leach)
• **70 bc et bd** *Ch et GrPr Panjandrum April Suprice* A Madden (A Madden) ; **h** *GrCh Adivelo Anchantress* D Wedmore (C Flynn)
• **71 tout** *Schwechinthe Katha* F Bridgliadori (F Robinson)
• **72 bg et bd** *Boemm Shantung Silk* K Bairstairs (G Rankin) ; h *Aesthetikat Toty Temptress* Mrs G Sharpe (H Hewitt)
• **73 bc et bd** *Panjandrum Pan Yan* A Madden (A Madden) ; **c (chaton)** *Shandatal Yelena* S Talboys (S Talboys) ; **cg et hd** *Panjandrum Swansong* Anne Madden (S Talboys)
• **74 bg** *Shanna's Snowy Fleur* M Harms (M Harms) ; **bd** *Shanna's Demiz Sayah* M Harms (I Halewyck) ; **cd (adulte)** *Ch Yemin de Saint Glinglin* H Den Ouden (M Harms)
• **75 cd et b** *Shanna's Essen Demir* M Harms (D Hondijk Zuuring) ; **h** *Shanna's Tombis Hanta Yo* M Harms-Moeskops (G Rebel van Kemenade)
• **76 b et cd** *Shanna's Boncuk Bertje* M Harms (Ad Senders) ; **h** *Shanna's Yasmine Sevince* M Harms (H Dieman)
• **77 b et cd** *Shanna's Yacinta-Sajida* M Harms (M Harms), **hc et hd** *Kazibelli Kedi's Tamar* M Bosch (G Rebel van Kemenade)
• **78 tout** *Ch Lady Lubna Leanne Chatkantarra* T Boumeister (J van der Werff)
• **79 tout** *Ch Ballantyne Sadrazam* L Miles (L Miles)
• **80 tout** *Chantonel Snowball Express* R Elliot (R Elliot)
• **81 b et cd** *Jardinage Penny Royale* D Jardine (G Dean) ; **hc (adulte)** *Ohope White Mischief* C Andrews (P Brown) ; **hd et c (chaton)** *Lipema Major Balmerino* P Brown (P Brown)
• **82 b** *Lipema Shimazaki* P Brown (G Dean) ; **h (chaton)** *Lipema Monty Moon* P Brown (P Brown) ; **h (chaton)** *Lipema Melisa* P Brown (P Brown) ; **h (chaton)** *Lipema Muriel* P Brown (P Brown) ; **hd (adulte)** *Adkrish Mary Contarie* C Andrews (P Brown)
• **83 tout** *Quinkent Honey's Mi-Lei-Fo* I A van der Reekweg (I A van der Reekweg)
• **84 tout** *Koonluv White Fury* A Rowsell (T Cornwall)
• **85 cd et bd** *Charlemma Blue Balco* D Froud (D Gourd) ; **hg et hc** *USA GrCh Honeycoon Voodoo Boy* K Muller (T Cornwall)
• **86 bg et bd** *Namrib Silvasand* H Horton (J Lindsey) ; **c (chaton)** *Caprix Dinah* T Cornwall (M et Mme Harley) ; **cg (adulte)** *Caprix Marvellous Marvin* T Cornwall (T Cornwall) ; **hd** *Caprix Dynamite* T Cornwall (T Cornwall)
• **87 bg et bd** *Kaleetay Dextoniatoo* J Marshall (T Cornwall) ; **hc et hd** *Purpuss Mainchance* T et S A Morgan (T Morgan)
• **88 b** *Caprix Silver Mist* T Cornwall (T Cornwall) ; **c** *Charlemma Fire Dancer* D Froud (Col. et E Stapleton) ; **hd** *Koonluv Chevrolet* A Rowsell (T Cornwall)
• **89 bc et bd** *Bealltainn Cadillac* Sheeman (T Cornwall) ; **cg et hd** *Adixillo Coon Laura* C Evans (H Horton)
• **90 tout** *Skogens Modi* A S Watt (G Elston et K Harvey)
• **91 bd** *Skogens Volla* A S Watt (A Moss et J Higgins) ; **cg et t** *Skogens Magni* A S Watt (K Garratt)
• **92 bc et cd** *Skogens Odin* M et M Laine (A S Watt) ; **hc et hd** *Skogens SF Eddan Romeo* A S Watt (S Garett)
• **93 tout** *Olocha A Danveef* (H von Groneburg)
• **94 tout** *Ladibyrd Ragadam* S Ward-Smith (C M Carter et M Sumpter)
• **95 tout** *Pandapaws Blue Flash* S Ward-Smith (C M Carter et M Sumpter) ; **bc** *Pandapaws Mr Biggs* S Ward-Smith (J Varley et Jon Dicks)
• **96 tout** *Adhuish Alefeles Topaz* R J Allen (P G et M Frayne)
• **97 bd** *Sitah Kissamayo* M Harvey (M Harvey) ; **hg et hc** *Sir Duncan Van Manja* M Van Zweden (L Warwick)
• **98 bc et cd** *Vestisler Risingstar* L Warwick (L Warwick) ; **hg et hd** *Bonzer Fandango* J Ponsford (L Warwick)
• **99 bg et bc** *Melody Von Haimhaurschloss* N Reiger (J Holderer-Hortensius) ; **cd** *Bealltainn Bezique* T Straestone (T Straestone) ; **hd** *Kelmscott Falcon* T Straestone (T Straestone)
• **100 tout** *Frafadi's Silver Aurora* D Hondijk Zuuring (D Hondijk Zuuring)
• **101 bc** *Uptomalian Forgetmenot* F Upton (F Upton) ; **c et hd** *Uptomalian Jessica Rabbit* F Upton (L Warwick)
• **102 tout** *Pakvjia Pennyfromheaven* J Buroughs (T Tidey)
• **103 b** *Pr Pandai Feargal* E Corps (B V Rickwood) ; **hc et hd** *Blancsanglier Rosensoleil* A Bird (A Bird)
• **104 bc et cd** *Pr Blancsanglier Beau Brummel* A Bird (A Bird) ; **h** *Ronsline Whistfull Spirit* R Farthing (R Farthing)
• **105 bc et cd** *Jeuphi Golden Girl* J Phillips (L Cory) ; **hd et hc** *Dasilva Tasha* J St. John (C Russel et P Scrivener)
• **106 b** *Ch Apricat Silvercascade* R Smyth (E et J Robinson) ; **hd et c** *GrCh Soleil Imperial Rufus* L Howard (L Howard)
• **107 b** *Mossgems Sheik Shimizu*

M Mosscrop (H Grenney) ; **hc et hd** *GrPr Nighteyes Cinderfella* J Pell (J Pell) • **108 tout** *Favagello Hamlet* J Bryson (R I Bryson) • **109 b et cd** *Kennbury Dulcienea* C Lovell (K Harmon) ; **c et hd** *Favagello Brown Whispa* J Bryson (J Bryson) • **110 tout** *Polar Star* L Price (L Williams) • **111 tout** *Shilley Wilderbras* C M Balemans (Famille Wouters) • **114 tout** *Maggie* (Bethlehem Cat Sanctuary) • **115 bg et bc** *Dumpling* (Bethlehem Cat Sanctuary) ; **hc** *Dan-I-Lion* (V Warriner) • **116 cg et hd** *Dan* (D et C Ellis) • **117 cd et bd** *Mr Beau* (V Warriner) ; **hc et hd** *Stardust* (V Warriner)

CHATS À POIL COURT

• **118 tout** *Ch et GrPrSup Welquest Snowman* A Welsh (A Welsh) • **119 b** *Ch Lancendel Girl Friday* P Ross (J Bradley) ; **hg et hd** *GrCh Miletree Twinkle* R Towse (R Towse) • **120 bc (adulte)** *Adixish Talisman* M Acton (M Acton) **c (chaton)** *Kavida Primetime* L Berry (L Berry) ; **cd (chaton)** *Kavida Amethyst* L Berry (L Berry) ; **hc et hd** *GrCh Westways Purfect Amee* A West (G B Ellins) • **121 hc et hd** *GrCh Maruja Samson* M Moorhead (M Moorhead) ; **bg (chaton)** *Kavida Cadberry* L Berry (L Berry) ; **bd** *Satinmist Charlie Brown* I Worsley-Waring (I Worsley-Waring) • **122 bc et bd** *GrCh Blakewood Tuteine* G B Ellins (G B Ellins) ; **g** *Miletree Black Rod* R Towse (R Towse) ; **hd** *Susian Cara Mia* S Kempster (S Kempster) • **123 bc et cd** *Ch Bartania Pomme Frits* B Beck (B Beck) ; **hg (chaton)** *Sheephouse Tallullah* J Bradley (J Skinners) ; **hd** *Bradlesmere Nerine* J Shaw (B Hollandt) • **124 b** *Ch Sargenta Silver Dan* U Graves (U Graves) ; **cd (chaton)** *Sargenta Blue Gismo* U Graves (U Graves) ; **hc** *GrCh Wellmar Flamenco* J Martin (M Frew) • **125 bc et bd** *Tammeko Tamoshanter* M Simon (R Taylor) ; **hd** *Ch Wellmar Boson* J Martin (J Martin) • **126 bc** *GrCh Tammeko Marmaduke* M Simon (M Simon) ; **hg et hc** *Ch Tammeko Cappuccino* M Simon (M Simon) • **127 cg et bd** *Susian Just Judy* S Kempster (M Way) ; **hc et hd** *GrCh Miletree Masquerade* R K Towse (P Allen) • **128 b** *Miletree Magpie* R Towse (M Le Monnier) ; **cd (adulte)** *Ch Lancendel Santa Claw* P Ross (G Ellins et B Hollandt) ; **hc (chaton)** *Sheephouse Precious Pearl* J Bradley (J Bradley) ; **hd (chaton)** *Sheephouse Diamond Lil* J Bradley (J Bradley) • **129 bg et cd** *Wellmar Keziah* J Martin (A M Gothard) ; **hd** *GrCh Starfrost Dominic* E Conlin (C Greenall)

• **130 bc et bd** *Ch Adreesh Lotte* J Bradley (K McKenna) • **130 c et hd** *Ch Semra Smokeancoke* M Sutton (J M Allison) • **131 bc et cd** *GrCh (CA) Ch (GCCF) Westways Dusty Miller* A West (A West) • **131 cg et hd** *Ch Phykell Milliways* M Sparshot (Mrs R K Towse) • **132 tout** *Kavida Hamilton* L Berry (V Clerkin) • **133 bc** *Boadicat Bertie* P Griffiths (J Jones) ; **cd** *Cordelia Cassandra* J Codling (C Excell) ; **g et hd** *Boadicat Bizzie Lizzie* P Griffiths (L Berry) • **134 bg et bd** *Kavida Sweet Georgia Brown* L Berry (L Berry) ; **cd** *Beeblebox Plum Crazy* J Crafer (C Boyd) ; **hd** *Adhuish Cattino* C Excell (C Excell) • **135 bg et cd** *Boadicat Camilla* P Griffiths (L Berry) ; **hc** *Adhuish Carnival Queen* C Excell (C Excell) ; **hd** *Kavida Misty Daydream* L Berry (L Berry) • **136 cg et cd** *Blondene Choochy chops* G Butler (M Smith) ; **hg** *Tzarkesh Aint Misbehavin* J Rogers (M Smith) • **137 c et b** *Adqwesh Avra* Mme Farmer (S W McEwen) ; **hd** *Pennydown Penny Black* S W McEwen (S W McEwen) • **138 bg et bc** *ChInt Silvery Glow Dwarrelhof* A P Groeneuegen (A P Groeneuegen) ; **c** *French Can Can* M Schuriderski (E Christian Tilli) • **139 bc et cd** *ChEur None Such of the Golden Rainbow* A P Groeneuegen (A P Groeneuegen) ; **hc** *Pennydown Touch of Class* S W McEwen (S W McEwen) • **140 tout** *Myrneen Cloudy Man Sell* L Price (L Williams) • **141 bc et cd** *Myrneen Timmiswara* L Williams (L Williams) ; **hd** *Minty* L Williams (H Walker et K Bullin) • **142 bd** *Adrish Alenka* L Price (L Williams) ; **hc et cd** *Tattleberry Signed* J Hellman (L Williams) • **143 tout** *Ngkomo Ota* A Scruggs (L Marcel) • **144 tout** *Delicious Panda Vanzechique* M Wijers (M Wijers) • **145 tout** *Lucky Boy Wildebras* C M Balemans (C M Balemans) • **146 b** *Esmaralda Wildebras* C M Balemans (C M Balemans) ; **cg et hc** *Ambre de Brentwood Drive* M Lisart (M Wijers) • **147 bg et hd (chaton)** *Linkret Evie* M Trompetto (J Swinyard) ; **bd et cg** *Linkret Barclay Mews* M Trompetto (M Trompetto) • **160 tout** *ChInt et Pr Rimsky de Santanoe* L Kenter (L Kenter) • **161 bg et bd** *Eldoria's Crazy Girl* O van Beek et Aat Quast (O van Beek et Aat Quast) ; **h** *Eldoria's Graziana* O van Beek et Aat Quast (O van Beek et Aat Quast) • **162 bg et cd** *Eldoria's Goldfinger* O van Beek et Aat Quast (O van Beek et Aat Quast) ; **h** *Eldoria's Yossarian* O van Beek et Aat Quast (O van Beek et Aat Quast)

• **163 tout** *ChInt Orions Guru* Lomaers (Mulder-Hopma) • **164 tout** *Aurora de Santanoe* L Kenter (L Kenter) • **165 bc** *ChInt Amaranthoe Lasalle* K ten Block (K ten Brock) ; **bg (chaton)** *Donna Eurydice de Lasalle* K ten Brock (K ten Brock) ; **h** *Ch Comte Davidof de Lasalle* K ten Brock (K ten Brock) • **166 tout** *Pr Adkrish Samson* P K Weissman (P K Weissman) • **167 b** *Ch Adhuish Anak Barong* P K Weisman (P K Weissman) ; **hc et hd** *Rastacat Yzella* J Cross (J Cross) • **168 bc et cd** *Amaska Fantasia* S Luxford-Watts (S Luxford-Watts) ; **hg et hd** *Leshocha Little Gem* E Himmerston (E Himmerston) • **169 bc et cd** *Amaska Tia Maria* S Luxford-Watts (S Luxford-Watts) ; **hg et hd** *Leshocha Little Gem* E Himmerston (E Himmerston) • **169 bc et cd** *Amaska Tia Maria* S Luxford-Watts (S Luxford-Watts) • **170 bd** *Leshocha Azure My Friend* E Himmerston (E Himmerston) ; **hc et hd** *Myowal Rudolph* J Cornish (T Compton) • **171 b** *Lohteyn Whispered Word* L Heath (J Green) ; **hc et hd** *Ch Myowal Moppers Blues* G Cornish (G Cornish) • **172 tout** *Capillatus White Simba* J Cook (J Cook) • **173 bg et cd** *Adhuish Grainne* N Jarrett (J Burton) ; **hc et hd** *Adhuish Happy Joker* M et H Benson (J Burton) • **174 b** *GrCh Ikari Donna* S Davey (J Plumb) ; **hc et hd** *Sailorman Horay Henery* K Hardwick (K Hardwick) • **175 bg et cd** *Washtog Oil Slick* C Plumbly (C Plumbly) ; **hd** *Washtog Introeverything* C Plumbly (C Plumby) • **176 b** *GrPr Berilleon Dandi Lyon* B Lyon (M Chitty) ; **cg et hd** *Myowal Susie Sioux* G Cornish (J et B Archer) • **177 bd** *Pr Bobire Justin Tyme* I E Longhurst (A Charlton) ; **hg et hc** *UK GrCh Nobilero Loric Vilesilensa* AE et RE Hobson (M Reed) • **178 tout** *Riahon Auda Bebare* Shana Scanlin (A Rushbrook et J Plumb) • **179 tout** *Shaird Bare Essentials* A Rushbrook et J Plumb (A Rushbrook et J Plumb) • **180 tout** *Shearling Faerie Neem* Mary Harrington (M Harrington) • **181 bc (adulte)** *Shearling Annie Smith Peck* Mary Harrington (M Harrington) ; **bg (chaton)** *Shearling Swiss Bliss* Mary Harrington (M Harrington) • **182 tout** *Astahazy Zeffirelli* (M von Kirchberg) • **183 tout** *GrCh Aerostar Spectre* J E D Mackie (S Callen et I Hotten) • **184 tout** *GrCh Pannaduloa Yentantethra* J Hansson (J Hansson) • **185 bg et bd** *Ch Willowbreeze Goinsolo* M. et Mme Robinson (T K Hull-Williams) ; **hd** *Dawnus Caruso* A Douglas (A Douglas)

• **186 bg** *Leolee Sweet Song* S Lee Soper (S Lee Soper) ; **cd** *Leolee Larnyen Poppy* S Lee Soper (S Lee Soper) ; **hc et hd** *Ch Pannaduloa Phaedra* J Hansson (J Hansson)
• **187 b et cd** *GrCh Dawnus Primadonna* A Douglas (A Douglas) ; **hg et hd** *Pr Parthia Black Watch* M Skelton (O Watson)
• **188 b** *Midamist Shynal* J Bright (C Bone) ; **hc et hd** *Rocamadour Heightofashion* K Holder (K Holder)
• **189 b** *Midamist Taffetalace* J Bright (J Bright) ; **hc et hd** *Ch Darling Copper Kingdom* I George (S Mauchline)
• **190 bc et cd** *Ch Sisar Brie* L Pummell (L Pummell) ; **hc et hd** *GrPr Bluecroft Sunsationallad* P Mapes (M Brazier)
• **191 bc et cd** *Indalo Knights Templar* B Pridham (B Pridham) ; **h** *Parthia Giselle* M Skelton (S Johnson et P Norman) ;
• **192 b** *Peryorsia Casandra* L E Martin (L E Martin) ; **hc et hd** *Jophas Mysticetti* J Reed (M Saunders)
• **193 b** *Ch Bosan Carmen* S Bell (L E Martin) ; **h** *Ch Rondell Christmas Cracker* F Jackson (F Jackson)
• **194 tout** *Braeside Moonflower* H Hewitt (H Hewitt)
• **195 bc et cd** *Ch Hobberdy Hokey Cokey* A Virtue (A Virtue) ; **hg et hd** *Braeside Red Sensation* H Hewitt (H Hewitt)
• **196 bc et cd** *GrCh Bambino Alice Bugown* B Boizard-Neil (B Boizard-Neil) ; **h** *Ch Bambino Seawitch* B Boizard-Neil (B Boizard-Neil)
• **197 b et cd** *Kamehahd Pecious Purrdy* D Tomlinson (D Tomlinson) ; **hc et hd** *Ch Mootam Flyaway Peter* S Fearon (S Hillman)
• **198 tout** *Ch Bambino Dreamy* B Boizard-Neil (B Boizard-Neil)
• **199 bg et bd** *Impromptu Crystal* M Garrod (M Garrod) ; **hc et hd** *Oakenshield Blue Willow* C Kemp (C Kemp)
• **200 bd** *Adhuish Atlas* T J H Bishop (M S Hodgekinson) ; **cg et hd** *Adonis* D Bishop (D Bartlett)
• **201 bg** *Yanazen Birmanie* D Bartlett (M Harvey) ; **bd** *Tajens Rula Girl* T Jenkinson (D Bartlett) ; **cd (chaton)** *Tajens Irridescent Opal* T Jenkinson (T Jenkinson) ; **hc** *Pearls Princess* M Martin (T Jenkinson)
• **202 bc** *Tajens Isabella* T Jenkinson (T Jenkinson) ; **bg (chaton)** *Tajens Oliver* T Jenkinson (T Jenkinson) ; **cd** *Yanazen Bonnechance* D Bartlett (M Harvey) ; **hc** *Yankie Doodle Dandy* J Elkington (S Klein)
• **203 bc et cd** *Adhuish Plumtree* N J et C Young (M S Hodgekinson) ; **h** *Amber* H Foreshaw (A Crowther)
• **204 tout** *Lasiesta Miss Puddleduck* G W Dyson (G W Dyson)
• **205 bd et cd** *Ballego Betty Boo* J Gillies (J Gillies) ; **hg et hd** *Lasiesta Nutcracker* J P Dyson (D Boad)
• **206 bc et cd** *Kartush Benifer* C et T Clark (C et T Clark) ; **hc et hd** *Kartush Cyberleh* C et T Clark (C et T Clark)
• **207 tout** *Favagello Tabitha* J Bryson (J Bryson)
• **208 b** *Astahazy Zoltan* (M von Kirchberg) ; **cg (chaton)** *Braeside Sunsukinyasohn* H Hewitt (H Hewitt) ; **hc** *Yolanda Maple Zuzi Late* Y Symes (H Hewitt)
• **209 b et cd** *Lasiesta Blackberry Girl* G W Dyson (G W Dyson) ; **cg et hc** *Vatan Mimi* D Beech et J Chalmers (J Moore)
• **210 tout** *Boronga Black Savahra* P Impson (R Stanbrook)
• **211 (chatons)** *Silvaner Pollyanna et chaton sans nom* C Thompson (C Thompson) ; **c (adulte)** *Silvaner Kuan* C Thompson (C Thompson)
• **212 tout** *GrCh Sukinfer Samari* J O'Boyle (J O'Boyle)
• **213 bg et bc** *ChPr Adixish Minos Mercury* A Concanon (A Concanon) ; **h** *Patrican Palomino* S Humphris (G Ford)
• **214 bg** *Adhuish Champignon Sattin* N Williams (N Williams) ; **cd** *Adhuish Tuwhit Tuwhoo* N Williams (N Williams) ; **h** *Marilane Bryony* G Ford (G Ford)
• **215 b et cd** *Sunjade Brandy Snap* E Wildon (E Tomlinson) ; **h** *Scilouette Angzhi* C et T Clark (C et T Clark)
• **216 b et cd** *GrPr Jasrobinka Jeronimo* P et J Choppen (B et T Plumb) ; **cg et hd** *Shelemay Logan* B Castle (L Flint)
• **217 bg et cd** *Simonski Sylvester Sneakly* S Cosgrove (S Cosgrove) ; **hg et hd** *Tenaj Blue Max* J Tonkinson (K Iremonger)
• **218 bg et bd** *Sayonora Cinnamon Specs* G Worthy (C Harrison) ; **h** *Salste Mr Mistoffelees* S Franklin (S Franklin)
• **219 b** *Bosskats Jenny Anydots* G Hemmings (G Hemmings) ; **hc et hd** *Ercit Diadem Chelone* K et L Spencer-Mills (K et L Spencer-Mills)
• **220 b** *Joysewel Ernisteminway* J Stevens (L Muffett) ; **hg et hd** *Ch Jasrobinka Angelique* (P et J Choppen)
• **221 b** *Felides Vivres Purr-sé* Y C Kleyn (A P Groeneuegen) ; **hc et hd** *Myomah Madelaine* K Toft (S Elliot)
• **222 b** *Siaforebur Black Marketeer* L Muffett (L Muffett) ; **hg (adulte)** *Salste Kaneelbusterboy* S Franklin (K McGrath) ; **hc (chaton)** *Salste Kaneelbobby* S Franklin (S Franklin) ; **hd (chaton)** *Salste Kaneelbusterboy* S Franklin (S Franklin)
• **223 bc et cd** *Parthia Angelica* M A Skelton (M A Skelton) ; **cg et hc** *Lynfield New Moon* E Morse (L Muffett)
• **224 tout** *Salste Edwin* S Franklin (D et A Popham)
• **225 bc et bd** *Scintilla Silver Whirligig* P Turner (D Walker) ; **hc et hd** *Greysbrook Polly Doodle* M Hornet (P R Wilkinson)

• **228 bd (chaton)** *Karthwine Elven Moonstalk* R Clayton (M Crane) ; **cg et cd (adulte)** *Kingcup Lilac Wine* M Cook (P Gillison) ; **hd (chaton)** *Karthwine Elven Moonstalk* R Clayton (M Crane)
• **229 cg et bd** *Giselle Chocolate Ceres* C Bachelier (V Spragg) ; **hc et cd** *GrCh Emarelle Milos* M R Lyall (R Hopkins)
• **230 bg** *Charriet Cupid* H et C Patey (H et C Patey) ; **cd (chaton)** *Satusai Fawn Amy* I Reid (I Reid) ; **hc** *Giselle Silver Spirit* C Bachelier (E et S Hoyle) ; **hd (chaton)** *Braeside Marimba* H Hewitt (H Hewitt)
• **231 bc et cd** *Ch Anera Ula* C Macaulay (C Symonds) ; **hc et hd** *Lionelle Rupert Bear* C Bailey (C Tencor)
• **232 tout** *Adqwesh Chi Chi Chablis* A Cooper (A Cooper)
• **234 tout** *Gogees Jungle Jim* G Johnson (M Hornett)
• **235 b et cd** *Thickthorn Carroway* G Johnson (S Sweeny) ; **h** *Gogees Firespot* G Johnson (M Hornett)
• **236 tout** *Carragato Lassik* T Edwards (V Maria Tatti) ;
• **239 bg** *Jungle Spirit* F Wagner (G Pascoe et B Street) ; **cg** *Jezabel Jamberee* F Wagner (G Pascoe et B Street) ; **cd et hd (adulte)** *Gogees Warhawk* G Johnson (G Pascoe et B Street)
• **240 bg (chaton)** *Misty* (P Pickering) ; **cg et bd** *Sinbad Sailor Blue* (V Lew)
• **241 bg et bd** *Crumpet* (Bethlehem Cat Sanctuary) ; **hg** *Esther* (D et C Ellis) ; **hd** *Peanut* (P Pickering)
• **242 b** *Vikivashti* (D Fagg) ; **hc et hd** *Dreamy Woman* (Bethlehem Cat Sanctuary) ; **hg et hd** *Thomson* (D et C Ellis)
• **243 bg et bd** *Truffles* (V Warriner)
• **244 bc et cd** *Tiger* (D et C Ellis) ; **h** *Friskie* (Bethlehem Cat Sanctuary)
• **245 bg et bd** *Rosie* (V Warriner) ; **hc et hd** *Nigel* (D et C Ellis)
• **249 hd** *Grimswald de Shiva Devale* M et S Gubbel-Noens (M et S Gubbel-Noens)
• **252 b** *Eldoria's Crazy Girl* O van Beck et Aat Quast (O van Beck et A Quast)
• **254 hg et hd** *Braeside Pikilo* H Hewitt (H Hewitt)
• **256 b** *GrCh Starfrost Dominic* E Conlin (C Greenall)

Glossaire

• **Agouti**
Combinaison de bandes claires et sombres sur chaque poil, notamment chez les Tabby.

• **Albinos**
Chat sans pigmentation, d'aspect blanc pur avec des yeux roses.

• **Arlequin**
Description aux États-Unis du dessin Van.

• **Asian**
Chat de type burmese, mais qui ne présente ni la couleur, ni les marques, ni la longueur de la robe du burmese.

• **Bajoues**
Plis dans les joues, surtout chez les chats mâles non castrés.

• **Barres**
Rayures associées aux Tabby, mais considérées comme un défaut chez les chats de couleur unie.

• **Bicolore**
Chat présentant une surface unicolore avec des taches de blanc.

• **Bleu**
Couleur bleu-gris.

• **Calico**
Description américaine de l'écaille de tortue et blanc.

• **Cameo**
Poils avec un tipping crème ou rouge, en parlant du chinchilla, du Shaded et des Smoke.

• **Carnivore**
Animal qui se nourrit d'aliments d'origine animale.

• **Cassure**
Malformation typique de la queue, plus communément associée avec le siamois et d'autres races d'origine orientale.

• **Chaleurs**
Période où la femelle est prête à s'accoupler.

• **Champagne**
Description américaine de la forme lilas du tonkinois et du burmese.

• **Champion**
Titre accordé à un chat après un certain nombre de victoires en exposition.

• **Chatterie**
Endroit où les chats sont gardés ou élevés et dont le nom peut figurer dans le pedigree.

• **Chinchilla**
Tipping coloré, le reste du poil étant clair ou blanc.

• **Chocolate**
Marron moyen ou pâle, plus clair que le Seal chez les chats Colourpoint.

• **Chromosome**
Structure double filiforme présent dans le noyau de la cellule et portant le matériel génétique codé dans les gènes.

• **Chromosome sexuel**
Paire de chromosomes qui détermine le sexe.

• **Collerette**
Poils plus longs autour du cou.

• **Collier**
Marques plus sombres qui entourent le cou, pas toujours complètes.

• **Congénital**
Problème de santé non héréditaire qui survient avant la naissance.

• **Consanguinité**
L'union entre chats ayant un lien de parenté proche, comme entre frère et sœur.

• **Coup de crayon**
Lignes minces et sombres visibles chez les Tabby.

• **Coussinet**
Chair apparente sous le pied.

• **Croisement**
L'union de deux races différentes.

• **Dessin himalayen**
Couleurs plus sombres aux extrémités du corps, pouvant être modifiées par la température de celui-ci.

• **Dessin Van**
Robe blanche dans son ensemble avec queue et tête colorées.

• **Dilué**
Forme plus pâle de la couleur comme le crème (version diluée du roux).

• **Dominant**
Se dit d'un gène hérité éventuellement d'un seul parent mais, néanmoins, invariablement apparent dans la progéniture.

• **Dressées**
Décrit des oreilles pointues.

• **Duvet**
Poil secondaire doux et court.

• **Écaille de tortue**
Chat généralement femelle présentant des couleurs noire, rouge claire et rouge sombre dans la robe.

• **Échelle de points**
Système de notes utilisé par les juges.

• **Enregistrement**
Inscription d'un chaton dans une association féline sur la base de son certificat de naissance précisant son ascendance.

• **Étalon**
Chat mâle utilisé en élevage.

• **Famille**
Groupe réunissant des individus de même race.

• **Félin**
Membre de la famille des chats.

• **Flamme**
Marque généralement blanche entre les yeux, du front jusqu'au nez.

• **Gants**
Surface de fourrure blanche derrière le pied du birman.

• **GCCF**
Governing Council of the Cat Fancy (G.-B.).

• **Gènes**
Information codée déterminant la spécificité de l'animal.

• **Gouttière**
Chat domestique sans pedigree.

• **Haret**
Chat domestique qui est retourné à la vie sauvage.

• **Hybridation**
Production de progéniture par l'union de différentes espèces ou races.

• **Lacets**
Fourrure blanche qui court des pieds jusqu'à l'arrière des pattes chez le birman.

• **Lignée**
Groupe de chats ayant un lien de

parenté sur plusieurs générations.

• **Lignes mascara**
Lignes sombres reliées aux yeux.

• **Lilas**
Couleur d'un gris rosâtre pâle.

• **Lynx-Point**
Terme américain qui décrit le Tabby-Point.

• **Manteau**
Surface du dos proche de la tête.

• **Marque de scarabée**
Marque en forme de M sur la tête des Tabby.

• **Marques tigrées**
Marques distinctives de rayures sur le Tabby, ressemblant au squelette d'un poisson.

• **Masque**
Couleur plus sombre sur le visage des races du type siamois.

• **Mélanine**
Pigmentation noire.

• **Membrane de l'œil**
Membrane mince qui devient visible au coin de l'œil si le chat est malade ou mal nourri, autrement appelée la troisième paupière.

• **Mitaines**
Fourrure blanche sur les pattes antérieures, comme chez le ragdoll.

• **Mue**
Pertes de poils selon la saison.

• **Museau**
Comprend le nez et les mâchoires.

• **Mutation**
Changement intervenant dans les gènes et produisant une modification inattendue dans l'aspect des chatons par rapport à celui de leurs parents.

• **Neutre**
Chat qui a été castré (pour le mâle) ou stérilisée (pour la femelle).

• **Oriental**
Terme utilisé pour décrire des chats d'aspect mince et svelte, comme le siamois.

• **Ovariectomie**
Ablation des ovaires chez la femelle.

• **Panache**
Décrit une couverture de poils épais sur la queue, typique des chats à poil long.

• **Particolore**
Robe composée de deux couleurs ou plus, comme l'écaille et blanc.

• **Pedigree**
Généalogie d'un chat pur sang indiquant ses ancêtres sur plusieurs générations.

• **Pewter**
Décrit le chat Silver Shaded avec des yeux orange ou cuivre.

• **Poils de garde**
Poils qui forment la robe.

• **Poils secondaires**
Poils rêches à bout épais.

• **Points**
Surfaces plus sombres de la tête, des oreilles, des pattes, des pieds et de la queue portant des marques de type siamois.

• **Portée**
Chatons nés ensemble d'une même mère.

• **Pur sang**
Le résultat d'unions sélectives dans une même race sur plusieurs générations.

• **Râblé**
Forme du corps compacte comme chez le British Shorthair.

• **Récessif**
Trait génétique hérité de génération en génération mais pas toujours apparent.

• **Reconnaissance**
Acceptation d'un standard par une fédération féline.

• **Riser**
Manx avec trace de queue.

• **Robe de surface**
Comprend les poils de garde.

• **Robe double**
Poil épais et long sur un sous-poil court et doux.

• **Rouille**
Traces de poils rougeâtres sur la robe d'un chat noir.

• **Rumpy**
Chat sans trace de queue.

• **Sable**
Description américaine du burmese brun, forme la plus sombre de la race.

• **Seal**
Couleur d'un brun sombre comme chez les chats à marques siamoises.

• **Shading**
Teinte plus sombre mais de même couleur que celle de la base du poil.

• **Sous-poil**
Poils doux sous les poils de garde fournissant une isolation.

• **Standard**
Critères selon lesquels les chats d'une race donnée sont jugés.

• **Stop**
Modification du profil du nez.

• **Strabisme**
Vice de conformation de l'œil.

• **Stumpy**
Chat avec un restant de queue.

• **Tabby**
Marques de la robe qui peuvent être rayées, tachetées, mouchetées ou tiquetées agouti.

• **Tabby tacheté**
Tabby écaille de tortue.

• **Tipping**
Bout des poils coloré.

• **Tiquetage**
Bandes de couleur visibles sur les poils.

• **Tricolore**
Robe présentant trois couleurs distinctes.

• **Truffe**
Peau colorée sur le nez, dénudée de poils.

• **Type**
Taille et forme générales du chat.

• **Vison naturel**
Description de la couleur de la forme la plus sombre du tonkinois, équivalent à celle du siamois Seal Point.

• **Yeux vairons**
Yeux de couleurs différentes, en général bleu et orange.

INDEX DES RACES

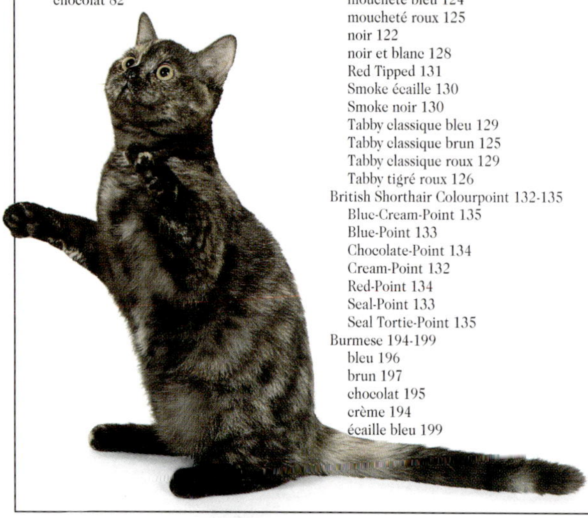

INDEX DES COULEURS

ADRESSES UTILES

Fédération féline française
75 rue Claude-Decaen
75012 Paris
Tél. : 46.28.26.09

Cat-Club de Paris
75 rue Claude-Decaen
75012 Paris
Tél. : 46.28.26.09

Association féline
21 rue Franklin
75016 Paris
Tél. : 45.20.67.14

REMERCIEMENTS

L'AUTEUR tient à remercier tout particulièrement Fiona Henrie, Phyllis Choppen, Marga Harms, Marijke Wijers, Marc Henrie, Colin Walton et Irene Lyford pour leur aide dans l'élaboration de cet ouvrage.
Il remercie aussi Jane Laing, Mary-Clare Jerram, Gill Della Casa, Rita Hemsley, Therese Clarke, Daphne Negus et la baronne Miranda von Kirchberg pour leur précieuse collaboration.

CRÉDITS PHOTOGRAPHIQUES
Toutes les photographies de cet ouvrage sont l'œuvre de Marc Henrie, à l'exception de celles des pages 14-15, prises par Jane Burton.
L'éditeur tient à remercier les photographes et les organismes suivants qui ont autorisé la reproduction des photographies indiquées ci-dessous : Bridgeman Art Library : 7 bg ; Chanan Photography 7 h ; 31 bg ; 36 hcg ; 149 b ; 149 hg ; 149 hd ; 151 h ; 152 b ; 152 hg ; 152 hd ; 153 h ; 157 b ; 157 h ; 237 c ; 237 bg ; 237 gd ; 237 h ; 238 h ; Michael Holford 6 hg ; Johnson Photography 25 hd ; Dr Andrew S. Nash, University of Glasgow Veterinary School 26 h ; Science Photo Library 8 hd ; Through the Cat's Eye 153 b ; Tony Stone Worldwide 8 c ; Tetsu Yamazaki 27 cg ; 31 bd ; 49 b ; 112 b ; 112 h ; 113 bg ; 113 bd ; 113 h ; 148 g ; 148 d ; 150 bg ; 150 hg ; 150 bd ; 150 hd ; 154 bg ; 154 hd ; 154 hg ; 154 hd ; 155 bg , 155 bd ; 155 hg ; 155 hd ; 156 g ; 156 d ; 158 ; 159 bg ; 159 bd ; 159 hg ; 159 hd ; 181 h ; 226 bd ; 226 c ; 226 hd ; 227 bg ; 227 bd ; 227 hg ; 227 hd ; 233 d ; 233 g ; Dave King 7 bd ; 116 bc ; 116 cd ; 151 bg ; 151 cd.
Les photos en noir et blanc des pages 6 et 18 sont extraites de l'ouvrage *The Book of the Cat* de Frances Simpson, édité par Cassel and Co, Ltd., en 1903.

Gardes dessinées par Caroline Church
Tous les autres dessins par Janos Marffy
Recherche iconographique : Julia Pashley